数字经济税收问题研究

谢 芬◎著

西南财经大学出版社
Southwestern University of Finance & Economics Press

中国·成都

图书在版编目(CIP)数据

数字经济税收问题研究/谢芬著.—成都:西南财经大学出版社,
2023.9
ISBN 978-7-5504-5894-9

Ⅰ.①数… Ⅱ.①谢… Ⅲ.①信息经济—税收管理—研究—中国
Ⅳ.①F812.42

中国国家版本馆 CIP 数据核字(2023)第 149553 号

数字经济税收问题研究
SHUZI JINGJI SHUISHOU WENTI YANJIU

谢 芬 著

责任编辑:植 苗
责任校对:廖 韧
封面设计:墨创文化
责任印制:朱曼丽

出版发行	西南财经大学出版社(四川省成都市光华村街 55 号)
网 址	http://cbs.swufe.edu.cn
电子邮件	bookcj@swufe.edu.cn
邮政编码	610074
电 话	028-87353785
照 排	四川胜翔数码印务设计有限公司
印 刷	四川五洲彩印有限责任公司
成品尺寸	170mm×240mm
印 张	12.5
字 数	247 千字
版 次	2023 年 9 月第 1 版
印 次	2023 年 9 月第 1 次印刷
书 号	ISBN 978-7-5504-5894-9
定 价	78.00 元

前　言

　　伴随着新一轮科技革命和产业变革，以互联网、人工智能、云计算、区块链等为代表的数字生产力得到了长足发展，并逐渐成为世界经济和社会秩序的主宰力量。随着几个世纪以来的时间与空间概念不断转变，时空压缩愈演愈烈。数字经济发展速度之快、辐射范围之广、影响程度之深前所未有，它正推动生产方式、生活方式和治理方式深刻变革，成为重组全球要素资源、重塑全球经济结构、改变全球竞争格局的关键力量，也正在成为大国深度布局和抢先发展的主战场。

　　数字经济是一种新兴经济形态，其技术基础、商业模式、企业基因特质、消费者行为趋向、环境生态等与工业时代相比，发生了较大变化。一般而言，税收要以其所存在的经济环境为汲取之源，现有税收制度是建立在传统工商业经济基础之上的，税制设计更加注重对从事机器化大生产所必需的固定资产和资本征税；而数字经济构成中的无形资产所占比重较高，且资产具有高度流动性，传统税制下的税收优惠政策为数字经济的税源流动提供了广阔空间，部分从事数字经济的企业和依附于数字平台赚取收益的个体，可能通过隐匿、转移收入及利润的方式，实现少缴税、多留利的目的。

　　新兴的信息、数字和网络技术的推广应用，为个人和组织赋能。掌握并熟练应用新型数字生产工具的组织和个人，对企业生产方式和个人收入方式进行了全面的革新，继而在税收博弈中呈现出了一些新特征。数字经济下的企业呈现出"巨无霸"和"满天星"两极分化特征，其中"巨无霸"代表着那些市场占有率高、营业额和利润规模大、管理专业性强的大型互联网企业和平台公司；"满天星"则代表着数量多、高度精简瘦身的小微企业和个体经营者。数字经济税收博弈出现了强者太强可能打破原有博弈均衡和小企业太小导致税收征管成本过高的问题，使得原有的税收征管面临着较大挑战。

如果数字经济与实体经济的税收负担不均衡，既会损害税收公平，也可能造成过多的经济社会效率损失，长此以往将会对整个经济的活力和健康持续发展带来负面影响。新的数字经济及其相应产生的税收问题的识别、诊断与破解变得日益迫切。本书深入数字经济内在运行机制层面，从税制设计的税源、税率、征税对象等税制要素出发，努力探究现有税收制度、税收政策和税收征管中的数字经济与现有税收制度的抵牾之处及其产生的原因，着眼于提升数字经济与税收制度的适配性，尝试提出更加公平、有效的现代税收制度建议。

数字经济尚处于动态演进之中，学者们对数字经济及其税收问题的研究尚处于早期探索阶段，很多认识也没有形成定论。本书在研究中参考了诸多同行前期研究所取得的成果，在此诚挚地表示敬意和谢意。本书为笔者在北京大学访学期间的研究成果，在此特别感谢北京大学和四川省社会科学院提供的访学机会。限于写作时间和笔者水平，本书难免有所疏漏，还请专家读者批评指正。未来，笔者将以本书为起点，针对研究中存在的不足，继续在数字经济税收领域展开探索。

谢芬

2023 年 5 月

目　录

第一章 导论

第一节 研究背景

一、科技革命带动信息技术快速迭代

随着计算机和互联网的诞生，人类生产生活工具的革新进入了新纪元。网络通信技术大幅提升了信息传输效率，机器人和人工智能对人类的职业岗位形成了极大的替代，基于大数据形成的超级计算能力显著提高了资源配置的精准度，遵循摩尔定律不断提速的技术创新正在破坏原有的空间习惯，随着几个世纪以来的时间与空间概念不断转变，时空压缩愈演愈烈。尤其是进入 21 世纪后，互联网的日益普及和广泛应用，更加强化了新兴技术创新成果在经济社会各个领域的嵌入程度，伴随着链接点的剧增，规模效应和网络效应进一步彰显，网络力量的辐射范围和辐射强度快速膨胀。当前，5G（第五代移动通信技术）、人工智能、大数据、区块链等技术创新成果，正以难以置信的更新迭代速度对经济社会带来史无前例的冲击。税收作为国家调节经济社会的重要制度性安排，在科技革命和技术变革的剧烈震动之下，也必然受到多重因素影响，经济社会对税收制度和税收政策的要求也必然相应而变。因此，税收研究需要积极主动地加强对技术变革带来的种种影响的审视，并从多个层面稳步推进相关变革调整，以便制度与技术更相容、更匹配。

二、互联网企业主体成长壮大

借助新兴数字化技术，互联网企业突破了传统企业在经营范围、地域覆盖、服务人数和经营时间等方面的诸多限制，一经诞生，其商业模式和

盈利前景就受到了资本界的广泛追捧。技术与资本合力，再加上我国超过14亿人口形成的超大市场规模优势，以腾讯科技（深圳）有限公司（以下简称"腾讯"）和阿里巴巴集团控股有限公司（以下简称"阿里巴巴"）为代表的互联网平台企业，快速成长为在全球范围内都具有较大影响力的巨无霸型企业，在细分领域也形成了北京京东世纪贸易有限公司（以下简称"京东"）、百度在线网络技术（北京）有限公司（以下简称"百度"）、小米科技有限责任公司（以下简称"小米"）、滴滴出行科技有限公司（以下简称"滴滴出行"）、北京快手科技有限公司（以下简称"快手"）、网易（杭州）网络有限公司（以下简称"网易"）等颇具实力的企业，在这些大型互联网公司打造的平台之上又产生了大量"互联网+"创新创业公司，三大梯队一起构成了我国近几年新增市场主体的主要来源。这些新兴互联网企业，一方面通过各种方式在用户锁定、成本消减、价格优惠、服务质量等方面，对传统的实体经营企业进行降维式打击，很多企业被迫转型或破产倒闭；另一方面，支付手段的即时化和在线化，极大地便利了供需双方，对于撮合交易、提升效率和减少资源的闲置浪费起到了极好的促进作用，也成为灵活用工就业的最大平台。国家税收来源于企业和民众的经济商业行为，新兴互联网企业的生产组织方式、商业形态和居民的收入获得方式已经产生了较大变化，这些新变化对于税制体系意味着什么，引起了我们的思考。

三、网络终端用户快速增长

伴随着数字技术的迭代升级和互联网企业的快速成长，近年来，我国电脑和手机等电子终端用户快速增长，各种手机应用 App、小程序如雨后春笋般被设计出来并投入市场供消费者使用。根据国内互联网权威统计监测机构提供的数据：截至 2022 年 12 月底，中国互联网用户规模，达到了10.67 亿人，相应地，网络普及率也有了显著上升，全体国民中已有75.6% 的人接触和使用互联网。无论是中青年人，还是老年人和儿童，手机电脑等电子产品的拥有量、使用频率和使用时长都在逐渐增加，微信聊天、网络购物、掌上阅读、线上办公学习等日益常见，在人们惊喜于一个新的应用为工作和生活带来便利并决定更多摸索以寻得更多技术和工具赋能时，人们被技术异化和技术控制的程度也越来越严重。信息茧房不利于一个人获得全面、客观、理性的认知，投其所好式的信息投喂，容易让人们在"一条道上走到黑",社会的分化与对立日益严重;大数据杀熟现象消耗了稀缺宝贵的社会诚信资源,通过精准画像猎取最大利润凸显了不受控制的资本和技术恶果;支付扣款渠道的隐蔽化和便利化,使得粗心大意或科技素养有限的群体面临着巨大的财富跑冒滴漏风险,贫富差距进一步拉大。技术伦理问题和经济伦理问题在税收制度和税收政策制度中应该置于什么样的框架和立场进行考量,也值得我们细细斟酌。

四、虚拟世界得以构建并不断丰富

新兴技术、互联网企业和用户合力打造了一个与现实世界并行的虚拟世界,现实世界的运行规则被迁移和投射到了网络虚拟世界,而且现实世界中不存在的场景、无法满足的需求,也可以在虚拟世界中借助技术手段得以实现。虚拟世界一旦被建构起来,其除了单纯地复制和拓展现实世界之外,也可能对现实世界的秩序和规则带来诸多负面冲击。尤其是作为网络原住民的Z世代①,他们在声光电的强刺激下成长起来后,回归现实生活难免会觉得乏味和无趣,可能诱发多种心理疾病;习惯了虚拟网络世界的随心所欲和自由洒脱之后,他们对现实生活中的师长管教、组织约束也就相对难以适应,少数人甚至会对社会道德礼仪和法律规则嗤之以鼻。虚拟世界的产品和服务创造的边界在哪里?政策监管的底线在哪里?在符合监管底线的基础上,相关部门如何通过差异化的税收政策,调节企业的成本利润曲线,实现多供应优质产品和服务而少供应甚至不供应劣质产品和服务的经济调控目标?这些问题是摆在我们税务研究者面前亟须解决的全新命题。

五、数字经济蓬勃发展

随着新的数字网络技术加速创新和在各个领域的拓展应用,数字经济迅速兴起并成长壮大起来,数字经济对整个经济社会带来了史无前例的影响,并逐渐成为大国角逐的重要领域。中国信息通信研究院发布的数据显示:2022年,我国数字经济规模首次突破50万亿元,达到50.2万亿元,占GDP(国内生产总值)比重为41.5%,同比名义增长10.3%,是我国重要的经济增长力量。在"十四五"规划中,我国对数字经济发展进行了系

---

① Z世代,也称"网生代""互联网世代"等,是一个网络流行语,即新时代人群。

统规划，对未来5~10年数字经济、数字社会、数字政府和数据市场四个方面进行了全面部署。"十四五"规划纲要当中的第五篇专门进行了量化要求，到2025年数字经济核心产业增加值占GDP比重从7.4%提高到10%①。按照清华大学江小涓研究团队的预测，到2025年，组成互联网数字经济的产业数字化和数字产业化两部分，其总和将超过GDP的50%。到那时，数字经济是我国经济增量的主要贡献者和存量的半壁江山，它在中国经济结构中会占到非常重要的位置。如前所述，构成数字经济的技术基础、企业基因特质、消费者行为趋向、环境生态与工业经济时代相比，发生了较大变化，数字经济必然会对建立于工商业经济基础上的现有税收制度带来诸多冲击。数字经济对现有的税收制度造成了哪些冲击？这些冲击是如何产生并在社会中逐步传递的？基于数字经济这一新的经济形态，未来应该如何进行税制设计以便使两者更好地协同共生？这些问题引起了我们的关注和思考。

第二节　研究意义

一、深化对数字经济及其税收相关问题的认识

与传统的工业经济相比，数字经济在商业模式、经营业态和组织方式等方面差异明显，组成这种经济形态的商业模式、经营业态、主体特质和运行逻辑等呈现出了新的特点，需要我们放下固有观念和既有认知，秉持一种开放、客观、理性的态度，认真地观察、比较数字经济与工业经济的异同，辩证地分析数字经济对经济社会等各个领域带来的积极影响和消极影响；同时，数字经济本身也尚处于发展早期，经济形态还未完全成熟定型，各种构成要素还在不断地衍变之中，产业边界也比较模糊，对经济社会各个领域的影响还需要一个较长的时期才能彻底释放出来。本书参照国

---

① 关于数字经济的统计标准，至今在学术界尚无定论，中国信息通信研究院、中国社会科学院和清华大学三个机构都在积极探索数字经济的统计口径、方法和指标。一般而言，中国信息通信研究院采用的是宽口径，在数字经济发展早期，研究者也更期待说明所关注和研究问题的重大性和必要性，因而被使用得较多。中国社会科学院则采用小口径，与国外的统计更为接近。此处三个比例正是在使用不同口径之下得到的结果，为了保持内容的真实性，特将三组数据都如实呈现出来。

内外现有的关于对数字经济认识的相关成果，结合工作中长期对各大数字经济企业的调研所得和作者作为使用者及参与者的切身感受，聚焦于数字经济及其税收相关问题，深入分析这种新的经济形态对传统税制带来的冲击，以及数字经济税收征管实践中产生的现实问题，着力从税收功能和税收伦理的角度全面审视数字经济税收问题。构筑在这种宽厚基础之上的研究，有利于深化我们关于当下蓬勃发展的数字经济及其带来的税收相关问题的认识，这是本书第一个层面的研究意义。

二、提升税收制度与数字经济的适配性

税收必须以其所存在的经济环境为汲取之源，如果税收所处的经济形态已经产生了显著变化而税收还是固化不变，那么税收职能注定难以实现。当前的税收制度主要是建立在工业经济基础之上的，税制设计更加注重对从事机器化大生产所必需的固定资产和资本征税，而在数字经济背景下，无形资产所占比重较高，且资产具有高度的流动性，传统税制下的税收优惠政策为数字经济的税源流动提供了广阔的空间，部分从事数字经济的企业和依附于数字平台获得收入的个体，可能通过隐匿转移收入及利润的方式，实现少缴税、多留利的目的。如果整个经济体系里有占比接近一半的经济总量纳税负担过低，为了维持整个经济社会的正常运转，其他企业必然要承受超出其应缴税率的超额税收负担。税收归宿过度失衡既损害税收公平，又会造成过多经济社会效率损失，长此以往将会对整个经济的活力和健康可持续发展带来致命影响。本书深入数字经济内在运行机制层面，从税制设计的税源、税率、征税对象等税制要素出发，努力探究现有税收制度、税收政策和税收征管中的数字经济与现有税收制度的矛盾所在及其产生的原因。在未来税制设计中着力提升数字经济与税收制度的适配性，有利于构建形成更加公平、有效的现代税收制度，这是本书第二个层面的研究意义。

三、发挥税收功能引导数字经济良性健康可持续发展

税收除了为政府组织收入之外，还可以发挥调控经济运行和调节收入分配等作用。经济决定税收，但税收也对经济产生反作用。作为一种经济杠杆，增税或减免税可以影响社会成员的经济利益，从而对企业和个体的行为产生引导作用，继而对资源配置和经济运行产生影响，并实现经济调

控目的。税收规范着政府、企业和个人之间的分配关系，可以根据不同税种的分配调节能力差异，选择合适的税种对社会公平问题和贫富差距问题等予以观照。此外，税收覆盖范围广且具有强制性，可以综合反映国家经济运行的质量和效率。我们既可以通过税收变动情况掌握国家宏观经济变动趋势，也可以在征管活动中及时洞悉并纠正企业生产经营和会计财务中存在的问题，促进新兴产业健康可持续发展。数字经济作为一种新兴经济形态，其在发展早期需要政策的规制和引导，使其逐渐超越短期化、唯利润、投机性等纯商业化倾向，在企业发展壮大过程中兼顾社会责任和商业利益，实现可持续健康发展。本书直面数字经济发展相应滋生的经济伦理问题和科技伦理问题，思考如何通过税收制度的设计引导数字经济时代的企业主体和居民主体趋善避恶，尽管无法完全达到理想状态，但显然税收的作用和责任也不容忽视，这是本书第三个层面的研究意义。

第三节　数字经济税收文献述评

一、国外数字经济及其税收文献综述

20 世纪中后期，计算机与互联网相关技术诞生并得到了快速发展，新的技术产品成本与市场规模实现了良性互动，消费者对电子产品和互联网的使用频率及依赖程度不断提高，网络空间得以建立并不断丰富，数字经济逐渐成为现代经济活动的主要组织形式。到 20 世纪 90 年代中后期，数字经济概念得以提出，随后有关数字经济的定义、内涵、特征、分类、测度指标、经济社会影响等的研究也逐步拓展开来，形成了丰硕的学术研究成果，下面将对这些研究成果进行梳理和简要介绍。因为数字经济及其税收问题的研究尚处于早期发展阶段，所以在文献梳理中，本部分将重点对一些代表性作者的经典文献进行介绍，以便为其他研究者提供参考借鉴。同时，因为该领域研究的早期化特征也可能使一些更具有标志性的成果因为作者的偏好、视野、积累等方面的限制而有所遗漏，所以特别在此加以说明。

一是数字经济概念的提出及界定。学术界普遍认为，数字经济概念（digit economy）是由美国 IT 咨询专家唐·塔普斯科特（Don Tapscott）于 20 世纪 90 年代中后期提出的，因为其开创性的历史贡献，他也被公认为

"数字经济之父"。其在出版的《数字经济：网络智能时代的希望和危险》一书中，分析了美国"信息高速公路"（information superhighway，I-Way）普及之后带来的经济形态变革，并将此命名为"数字经济"[1]，同时明确数字经济是建立在信息数字化和知识基础之上的一系列经济活动[2]，形成了认识数字经济的初步框架。此后，其他学者也对数字经济概念进行了界定，其中以 MIT 媒体实验室的创立者尼古拉斯·尼葛洛庞帝（Nicholas Negroponte）界定的数字经济概念为大家所熟知。他将数字经济的本质界定为"利用比特而非原子"，特别强调了数字经济的网络性特质，认为数字经济是基于互联网（internet）发展起来的一种重要经济形式。此后，随着数字经济在推动经济增长中的作用逐步显现，各国政府和国际组织开始关注并评估数字经济发展，其中自然也给出了对数字经济的定义。在各国政府中，日本通产省最早于1997年5月在其相关报告中从四个特征来界定数字经济，从中可以看出，日本政府在早期更多的是把数字经济等同于电子商务（以下简称"电商"）[3]。美国商务部在1999年6月发布的《浮现中的数字经济》报告中认为，电商和信息技术两者共同构成了数字经济，其中电商是一种主要的交易途径，信息技术则是推动数字经济变革的关键性力量，对电商发展起到基础性支撑作用[4]。

随着数字技术日新月异的发展，数字经济的边界也在逐步拓展，各国对数字经济的理解和政策着力点也逐渐分化。尽管侧重点各不相同，但中国、韩国和俄罗斯大都将数字经济看作一种与以往经济呈现出较大差异的新经济活动形式。2016 年在二十国集团领导人第十一次峰会（G20 杭州峰会）上通过的《G20 数字经济发展与合作倡议》，将数字经济视为"使用数字化的知识和信息作为关键生产要素、以现代信息网络为重要载体、以信息通信技术的有效利用作为效率提升和经济结构优化的重要推动力的一系列经济活动"。该倡议敏锐地把握了数字化带来的历史性机遇，为世界经济摆脱低迷、重焕生机指明了新方向，提供了新方案，带来了新希望。俄罗斯联邦政府下属的相关专家委员会则把数字经济定义为"以保障俄联

---

① 陈亮. 数字经济核算问题研究 [M]. 北京：中国财政经济出版社，2021：5.
② 徐翔. 数字经济时代：大数据与人工智能驱动新经济发展 [M]. 北京：人民出版社，2021：42.
③ 田丽. 各国数字经济概念比较研究 [J]. 经济研究参考，2020（40）：101.
④ 陈亮. 数字经济核算问题研究 [M]. 北京：中国财政经济出版社，2021：7.

邦国家利益为目的的在生产、管理和行政等过程中广泛应用数字化信息技术的经济活动。"韩国则将网购、电子交易和搜索服务等都包括进数字经济，泛指包括互联网在内的以信息通信产业为基础的所有经济活动。

二是数字经济特征与类型。唐·塔普斯科特（1996）指出了数字经济包含的数字化、虚拟化存在等 12 个特征。日本通产省于 1997 年 5 月在其相关报告中将数字经济界定为具备四种特征的经济形态：①人员、材料和资金等资源要素不必依赖于物理移动；②合同签订、资产积累和价值转移能够通过电子化手段实现；③支撑这种经济形态的技术基础快速发展；④电商广泛发展，数字化渗透进人们生活的方方面面。

三是测度数字经济的指数及指标研究。数字经济的规模到底有多大？其在传统领域的应用情况如何？这是在认识和思考数字经济时必然要面对的问题。为了将数字经济从感性的现象层面深化到可以量化比较的理性层面，对数字经济及其经济社会影响进行观察监测显得尤为必要。国际货币基金组织（IMF）主办的主题为"衡量数字经济"的第五届统计论坛曾指出，传统宏观统计指标体系和方法无法完全反映数字技术或被数字技术赋能的产品服务创造的增加值，可能是造成当前全球经济增长缓慢的原因之一。为了准确测度数字经济的体量和影响，以便更好地把握宏观经济形势和制定相应的经济政策，我们迫切需要对数字经济发展情况进行科学的评价和测算。在开展的相关研究中，大致可以分为直接法和对比法两类，其中直接法就是直接估算该区域数字经济的规模体量，对比法就是通过比较得到相对发展程度。现在已经构建起来的国际数字经济指数有 4 种：①欧盟数字经济与社会指数。在应用时，人们也经常采用首字母缩写方法将其简称为 DESI。它是一个合成指数，主要用来表征欧盟各国在数字经济方面的发展规模、普及应用比例等情况。人们一般通过对特定被观察国家的宽带接入规模比例、技术型人力资本拥有情况、互联网使用、数字化程度和公共服务数字化水平五大领域的 31 个二级指标进行计算后得出。②世界经济论坛（WEF）发布的网络准备度指数（NRI）。WEF 认为，信息化准备度、信息化应用情况和大环境是驱动数字经济发展的关键力量，因而其更加关注信息技术领域。③国际电信联盟（ITU）发布的信息与通信技术（ICT）发展指数（IDI）。IDI 从 ICT 接入、使用和技能等方面设置了 11 个指标，可以对不同国家及其不同时段进行比较。④美国商务部数字经济咨询委员会（DEBA）和经济合作与发展组织（OECD）关于数字经济衡量指标的建议。美国商务部提出了数字经济估算的实践操作 3 个步骤和组成数字经济的 4 个部分，因为起步比较早，形成的评价体系较为成熟。OECD 评价中详细罗列了数字经济的支撑领域和关键采分点，指明了在开展数字经济测量时要着重关注的六大领域[①]。

四是数字经济税收研究。OECD 税收政策与管理中心主任帕斯卡·圣塔曼（Pascal Saint-Amans，2019）认为，经济数字化转型带来的一个突出问题是已运行百余年的国际税收规则不能很好地满足全球经济现代化的需要，通过开展税基侵蚀与利润转移（BEPS）项目虽然取得了一定的成效，但数字化带来的根本性税收挑战仍然没能得到有效解决。他基于自己的特殊身份，借助对 OECD 组织积极开展的税收规则制定工作的熟悉优势，系统梳理了 2015 年以来税收和数字化方面的工作源起及演进历程[②]，深度呈现了各利益相关国家在数字经济税收冲突中的诉求和应对策略，并对未来数字经济国际税收规则的发展趋势进行了预判。格奥尔格·科夫勒（Gerog Kofler，2018）认为，现行的国际直接税框架在设计时是以实体企业为对象的，而基于现代信息和通信技术的数字经济相应而生的新型商业模式的一个共有特征是价值创造分散且与实体存在脱钩。在愈演愈烈的国际税收竞争态势下，这种直接税的国际税收框架的弊端在新型商业模式的冲击下暴露得更加明显。他以亚马逊（Amazon）公司和谷歌（Google）公司的商业模式为原型，重点讨论了亚马逊公司的线上零售商业模式和谷歌的网络广告商业模式存在的异同，并分析了两种商业模式在国内税收制度和国际税收规则下的优势与不足，评估了按照显著经济存在原则扩展的虚拟常设机构（PE）以及针对数字化交易征收预提税、均衡税等不同应对方案的效果，认为当前 OECD 组织的数字经济税收探索只能算是权宜之计，仍需持续努力以寻求长效解决方案。荷兰莱顿大学的凯斯·范·拉德（Kees Van Raad）教授兼具丰富的理论研究和实践经验，是国际税收协定领域的权威人物，他主要分析了经济数字化后价值创造模式的变化导致的国家之间税收利益的重新配置，继而将其在国际税收的双边协定和多边协定中予以反映。他认为，中国是一个具有混合特征的国家，既有上海这样类似于发达

---

① 徐清源，单志广，马潮江. 国内外数字经济测度指标体系研究综述 [J]. 调研世界，2018 (11)：52-55.

② 因为数字税收的国内税收和国际税收是高度联动的，所以此处没有具体限定在国际税收领域。

国家的地区，又在很多地方具有明显的发展中国家的典型特征，而且在地域面积和产业链上具有广泛的跨度。他建议中国在谈签协定时，要更加关注谈判对象的特征，寻找可能的突破口和合作点，以便更高效、更高质量地达成双方都比较满意的税收协定（韩霖 等，2018）。

二、国内数字经济文献综述

20世纪90年代中后期，我国学者姜奇平（1998）、胡曙光（1998）、乌家培（1999）等在对数字经济概念提出和美国商务部发布数字经济相关报告后，就将其及时地翻译并引入国内，围绕美国的"信息高速公路"计划以及数字经济同知识经济、信息经济之间的内在关联与区别，对建立在信息技术基础之上的数字经济对我国长期经济增长的作用展开了探索性研究。但2000年以后，随着互联网泡沫的出现，关于这一主题的讨论热度增长有所放缓。2015年以后，关于数字经济的研究逐渐回暖。到2017年年初，随着我国大型互联网公司的快速成长和影响力的不断扩大，关于数字经济的研究进入了快速增长期。尤其是近年来数字经济问题得到了学术界的广泛关注，关于数字经济及其税收问题的研究形成了一系列相关成果。因为涉及的成果较多，无法全面呈现，此处只对部分有代表性学者的研究及其观点进行述评。

一是数字经济基础理论研究。我国学者姜奇平对于数字经济的关注和研究起步早、成果多、认识深刻，尤其是关于数字经济价值本体的分析，对于我们认识数字经济具有奠基性作用。姜奇平（2020）认为，对数字经济的认识应从价值本体入手，通过工业经济与数字经济的比较中得出。工业经济的价值一般内含于标准化、单一化、同质化特点之中，数字经济的价值本体则高度依赖于创意和特色，特别强调个性、多元和差异，而且这种价值大都以附加价值形式体现出来。数字经济与工业经济相比，其多出来的附加价值体现着技术支撑下表现出的产品和服务在质量、创新、体验的本质。姜奇平还对"创造新价值"在工业经济与数字经济背景下的不同含义进行了区分，认为增加值对应着工业经济创造的交换价值，而附加值则代表着数字经济创造的新价值。随后，他又将数字经济的价值本体从一般交换价值中分离出来，实现了从形式与实质双重维度探讨数字经济的价值本体的目标。江小涓从2018年开始对数字经济领域给予了较多关注，并形成了一系列重磅研究成果，具体体现在两个方面：①从产业角度尤其是服务业入手，考察了数字经济对服务业效率提升、商业模式转变的影响；继而从服务业拓展至包含三大产业结构的整个经济领域，在从点到面拓展的同时，也以服务业为基点，再具体向下延伸至具体的体育、文化等细分领域，分析了数字经济对特定行业的影响；在此基础上，又对数字经济的发展历程进行梳理，对数字经济的发展趋势进行预测。②从公共管理角度入手，研究了大数据时代下社会各领域经过系统深刻的变革后，在高度联通时代背景下，政府与企业边界的合理划分和服务贸易全球化后对政府经济治理能力的挑战等问题。除了这些宏观层面的研究之外，随着数字经济平台公司对社会各个方面的负面影响的逐步呈现，江小涓还针对数字经济平台公司的监管和治理，展开了深入的研究。江小涓和黄颖轩于2021年发表了《数字时代的市场秩序、市场监管与平台治理》一文，在分析维持市场和社会正常运行的自发秩序、行政秩序、法律秩序的基础上，创新性地提出了"技术秩序"概念并将其视为数字时代平台治理的关键抓手，相关探索所形成的观点和建议极具启发意义。陈春花基于对企业微观主体的深度调研，主要从微观的组织生态打造和组织管理的角度研究数字经济，基于连接改变了存在方式、共生改变了发展模式和当下改变了价值方式三大认知，洞悉数字化的本质，并在2021年出版的《价值共生：数字化时代的组织管理》一书中，对其相关研究成果进行了集成式展现。该书描述了在技术变革影响下，经济社会经历数字化转型后呈现的生产生活图景，并在此前提下分析了重塑企业和组织的管理体系的必然性、目标及着力点，为数字时代的新商业模式探索、组织结构重塑和企业文化创新提供了诸多启示。

二是数字经济测度方法研究。中国信息通信研究院较早开始了对我国数字经济发展的跟踪观测，探索形成了一整套数字经济测度方法指标体系，连续多年发布数字经济发展报告，为政府和学术界把握我国数字经济发展情况提供了有力支撑，其测度所得的数据也被学术界广泛引用。许宪春的研究团队也一直致力于统计和测度数字经济的科学方法，相关研究成果也极具启发意义。

三是数字经济批判研究。在数字经济对社会经济运转效率和创新带来积极影响的同时，其负面影响也随着时间的推移逐渐显现出来。一批社会学、政治学、法学领域的研究者和机构，对数字经济带来的对人的异化和控制趋严、虚假信息快速扩散导致的治理风险、通过用工平台逃避就业员工社保责任等问题予以关注和研究，为我们理性客观认识数字经济问题提供了参考。例如，由中共中央党史和文献研究院主办的《国外理论动态》杂志在 2021 年第 2 期发表了一系列对数字资本主义的批判文章，其中张苏和张美文（2021）对国外学者关于数字资本主义和数字异化问题的研究进展进行了梳理，极大地开阔了我们对数字经济的认识视野；王鸿宇和蓝江（2021）从生产、生活再到权力治理全面剖析了数字资本主义时代的情感问题，对数字经济主导下的社会人文、社会心理状况进行了深入的揭示，使我们对于周遭生活正在发生的数字化变革有了更深刻的体验。

三、国内数字经济税收文献综述

一是电商税收研究。刘怡早在 1998 年就开始研究电子贸易对传统税制的影响，深入分析了依靠互联网蓬勃发展起来的网络电子贸易对于传统税制要素的影响和国际税收的冲击，为此领域的研究提供了前瞻性的探索。基于对税收问题研究的长期积累，数字经济发展在企业生产经营、利润成本核算和国家税收征管分配等方面的考量自然纳入了税收研究的考量之内，刘怡对数字经济税收问题的研究内含于其相关税收研究成果之中，为后续研究的开展提供了很好的参考。谢波峰在 2014 年发表了《对当前我国电子商务税收政策若干问题的看法》一文，其中指出我国当时的电商税收政策并非处于"真空"状态，根据国外学者的相关研究成果判断征税对电商经济的影响无须过度夸大，建议从消费转型角度展开电商税收政策的设计。朱军和蔡昌分别从税收流失的角度分析了电商税收领域存在的问题。朱军在 2013 年发表了《我国电子商务税收流失问题及其治理措施》一文，其中介绍了美国学者测算本国整体和部分州电商税收流失的方法，并采用回归分析下的"平均税负法"首次对我国电商的税收流失规模进行了估算，还揭示了影响电商税收治理的因素。蔡昌于 2017 年发表了《电商税收流失测算与治理研究》一文，其中区分了电商零售的 B2C 模式和 C2C 模式[①]，认为当时的 B2C 模式是税务机关的征税盲区，并通过社会实验方法对税收流失进行抽样调查和税收流失规模测算，测算了淘宝和天猫两个电商平台的电器等七大行业的 420 个商家的增值税和个人所得税流失

---

① B2C（business-to-consumer）和 C2C（customer to customer）是电子商务的两种模式，其中 B2C 是商家直接面向消费者销售产品和服务的商业零售模式，C2C 则是个人与个人之间的电子商务。

情况，并在此基础上对全国电商平台税收流失情况进行了推演估算。

二是促进数字经济发展的税收政策研究。蔡昌和赵艳艳于2020年发表了《促进数字经济发展的税收政策选择与治理对策》一文，其中分析了税收政策影响数字经济发展的作用机理和现行税制与数字经济发展政策需求的不适应性，在参照国际经验的基础上，提出了促进数字基础设施投资、扩大数据要素参与分配等税收政策建议。刘禹君于2019年发表了《促进数字经济发展的税收政策研究》一文，其中指出传统税收体制在收入和成本确认、利润实现以及增值税抵扣等方面与数字经济的特殊性都存在诸多抵牾之处，不能很好地体现税收政策对数字经济发展的支持导向，由此提出了鼓励地方先行先试的税收政策设计、扩大税收优惠政策覆盖面等政策建议。之后，笔者在2022年发表的《促进新型基础设施建设的税收政策研究》一文中指出了新型基础设施在促进产业转型升级、推动经济高质量发展和促进共同富裕中所具有的基石作用，分析了税收政策影响新型基础设施研发、投资和推广应用的作用机理及传导路径，作为新一轮基础设施投资的重点领域和促进现代产业体系建设的关键支撑，提出了简化税制设定有效综合税率、整理形成专题性税收政策清单、在新型基础设施建设中扩大REITs（不动产投资信托基金）试行范围等促进新型基础设施建设的税收政策建议。

三是数字经济对税收的影响和挑战研究。张斌于2016年发表了《数字经济对税收的影响：挑战与机遇》一文，文中态度鲜明地表达了对数字经济所处发展阶段的判断，认为数字经济经过近20年的发展之后，已从边缘走向中心，对包括税收在内的社会各个领域都产生了深刻的影响，并具体从跨境电商对货物和劳务税等不同税种影响、国内电商对中央与地方税收分配影响、数字经济发展对税收征管影响等维度分析了数字经济对税收的影响，在此基础上对重构数字经济时代的税制进行了前瞻性思考。王雍君于2020年从税收改革的核心命题出发，非常具有创新性地构建了一个评估数字经济对税制影响的分析框架，与此同时，他还分析了数字经济对税收分配的影响。王雍君根据其建构的分析框架，识别发现了两类侵蚀路径，分别为通过破坏税收原则的有效性影响税收制度功能和通过侵蚀目的地及来源地两大原则冲击税收划分功能。王雍君深刻指出，侵蚀性影响从深层次上暴露了财政边界的有限性与期望构建无限大的共同市场之间的冲突。在详细的理论分析之后，其还强调税收改革要高度关注促进税收原则正常发挥作用，具体来说，就是矫正突破传统的税收制度与当前数字经济不相适应的税收影响。在传统经济下，财政边界与市场边界大致是相当的，而在数字经济下，理想的共同市场范围得到了大幅拓展，其边界已经远远超过了立足于传统经济市场边界之上对税收分享做出的以行政边界作为划分依据的界限，未来的税收改革应该以消弭财政边界与市场边界的这种冲突为重要着眼点。王敏和彭敏娇在其 2020 年发表的《数字经济发展对税收征纳主体行为的影响及政策建议》一文中指出，数字经济的涉税事项具有的隐秘、模糊和高度流动等特征，对征纳关系、征管对象和征管模式产生了深刻的影响，并根据数字经济发展阶段将征纳关系演变划分为早期纳税人税收不遵从机会增加、中期"税痛"加剧和成熟期纳税行为规范化三个差异明显的阶段，再基于此提出了探索税务与网络平台合作模式等优化税收征纳关系的建议。姚轩鸽（2019）和李香菊（2020）也分别从国内和国际的视角分析了数字经济对税收的影响及其应对思路。

四是数字经济税收的改革展望研究。冯俏彬对数字经济税收问题进行了全面系统的研究，2020 年对于法国等国家开征数字服务税带来的"我们跟还是不跟？"的实践困惑，其深刻指出，要基于对"电子商务—互联网经济—数字经济—经济数字化"的发展过程来理解认识这一问题。基于此，冯俏彬将数字税划分为对电商征税、经济数字税收和当时热议的数字服务税三个层面，并结合我国数字经济发展基础和发展目标，建议对数字服务税可以先作为一个重要议题进行研究，而实践层面则需要从长计议，也就是说并不赞成马上效仿法国等国家开征数字服务税。2021 年，冯俏彬发表了《数字经济时代税收制度框架的前瞻性研究：基于生产要素决定税收制度的理论视角》一文，可以算作数字经济税收研究的标志性成果。该文章从党的十九届五中全会做出的"数据成为一种新的生产要素"的论断出发，着力探寻特定历史阶段生产要素对税收制度进行影响和决定的作用机制，继而对数字经济时代的税收制度进行了前瞻性的设计。该文章逻辑思路清晰，论证有理有据，制度设计兼具战略性和落地性，为我们认识和研究数字经济税收问题提供了有益借鉴。白彦锋等人在其 2021 年发表的《税收底层逻辑的世纪变迁与启示：以数字经济下的"亚马逊税"为例》一文中指出，随着平台经济等形态的数字经济的迅猛发展，税收的底层逻辑实现了根本性变革，并通过三种不同层次的"亚马逊税"表现出来。该文章创新性地认为，数字经济对于国家出现以来的国家税收主体的税收底层逻辑产生了颠覆性影响，国际税收在整个税收体系中所占的分量和所发挥的影响显著增加，经济全球化遭遇困难且不可逆转，再叠加上不断提速的经济社会数字化转型趋势，国家税收向国际税收演变的"百年之变"势不可挡。基于这种宏观形势所发生的深刻而广泛的变革，白彦锋等人提出了加强平台经济垄断竞争的宏观调控、建立数字税收体系以便更好地统筹税源建设涵养及税收征管、加强线上线下征收体系筹融合等税收改革思路和建议。

五是数字经济国际税收冲突与合作的规则机制研究。各国信息、资本、人才的流动交互日益频繁，数字税收的国内层面和国际层面具有高度关联性，我们对数字税收问题的研究不能仅局限于国内层面，尤其是在当前这个国际税收规则重构的关键时期，数字经济的国际税收问题是影响国际税收规则走向的重要因素。因而，这一方面也得到了诸多学者的关注并形成了丰富的研究成果。

曹明星在数字经济国际税收方面进行了深入的探索，并形成了诸多重要研究成果。由 OECD 主导推动的"税基侵蚀与利润转移"（BEPS）方案在近年来的国际税收治理中产生了重要影响，曹明星在其 2014 年发表的《BEPS 方略：新威权主义重构国际税收秩序的集结号?》一文中对 BEPS 方略产生的历史背景、机制设计进行了深入的分析，在此基础上又对其发展趋势进行了研判，为相关研究提供了有益借鉴。该文章创新性地指出，基于节流理念进行的技术性国际税收方案设计无法从根本上解决经济全球化和数字化导致的国家之间经济失衡的问题，从新威权主义出发进行国家税收主权再造并重构国际税收秩序的"开源式"税制设计将成为未来的发展趋势，基于此提出中国模式和中国道路可能代表着一定的路径优势，在国际税收规则重构中也可能会迎来重大的自我完善机遇。之后，曹明星在其 2021 年发表的《OECD 数字税改方案述评：理论阐释、权益衡平与规则建构》一文中针对 OECD 上一年公布的《应对经济数字化税收挑战：支柱一和支柱二蓝图报告》进行了评估，认为新的改革方案虽然在框架的清晰度和规则的丰富性方面已经大为改观，但仍然存在理论阐释不明、利益偏倚和规则体系局限等不足，建议数字税改应基于还原市场国征税权的本质进行建构，以便构建更加统一、简化和公平的国际税收规则。同时，曹明星又在其 2022 年发表的《数字经济国际税收改革：理论探源、方案评析与中国抉择》一文中指出，数字经济使得全球化中的经济失衡加剧，由

OECD 主导的双支柱方案，围绕市场国征税权进行了改革，但也带有明显的欧美相互妥协和保护既得利益的色彩，还在工业经济税基公平权追溯和启动新兴产业发展方面对发展中国家的自主权进行了阻断。其建议，中国在数字经济国际税收规则重构中应审慎参与全球反避税领域的竞争与合作、平衡数字经济与实体经济发展，并从战略层面科学安排组织收入与经济增长的关系，其中的观点和建议极具启发性。

励贺林对于数字经济国际税收问题也给予了长期的关注，并取得了丰富的成果。励贺林于 2014 年发表了《苹果公司避税案例研究和中国应对 BEPS 的紧迫性分析及策略建议》一文，其中对苹果公司的税收筹划策略进行了深入细致的分析，通过案例将互联网跨国企业针对传统国际税收规则存在的漏洞规划达成双重不征税现象进行了揭示，认为中国应全面主张地域特定优势并重视对无形资产的利益主张。励贺林在其 2018 年发表的《对数字经济商业模式下收益归宿国际税收规则的思考》一文中分析了数字经济所具有的规模上的跨境隐身性、高度的数字依赖性、数据—用户—知识产权的协同参与性等特征，指出了数字经济商业模式下国际税收规则面临的联结度规则、所得定性、所得归属等难题，主张中国在相关应对中应坚持所得所属与价值创造相匹配、税负由实际受益人承担和居民管辖与地域管辖并重等规则，以便更好地维护我国政府和企业的税收权益。之后，励贺林又于 2021 年发表了《数字经济、价值创造和财富分配：基于税收视角的分析》一文，其中从价值创造的角度，通过对数字的价值链、数据要素、数据权属与收益的分析阐述了数据的价值创造过程和机理，认为基于数据要素创造的财富应该回馈公众，并以此推动数字经济的税收模式演化。

刘奇超对国际税收问题尤其是近几年围绕数字经济税收问题引发的国际税收冲突及应对方案关注多、认识深，并取得了一系列研究成果。刘奇超的相关研究成果主要体现在三个方面：一是对国外发达国家和地区由数字经济引发的新问题、新政策和新趋势进行引介分析，为我们加深对数字经济的国际税收冲突与合作的认识提供鲜活的参考资料。如他和何建堂、徐惠琳于 2015 年发表的《论欧盟在打击 BEPS 方面的功能定位和具体行动》一文，对数字经济背景下愈演愈烈的税基侵蚀与利润转移问题中欧盟的应对思路和应对方案进行了清晰的介绍。二是基于近期各国重点关注并逐步达成的双支柱方案和国际有效最低税等新的税收规则对我国经济社会的影响，积极开展政策储备性研究。三是针对数字经济涉及的新领域如机器人、虚拟货币等相关税收问题进行前瞻性的探索。

除了经济研究领域的学者外，崔晓静和赵洲（2016）、毛瑞鹏（2018）、徐飞彪和陈璐（2016）也从国际法、国际问题和国际关系协调机制等方面对数字经济的国际税收问题进行了研究，并形成了极具启发性的研究成果，为本书拓展研究思路、打开视野提供了有力的支撑。

四、简要评论

近年来，经过我国学术界各个学科领域专家学者的不懈努力，在数字经济领域已经积累了不少研究成果，但因为起步晚、关注人数相对较少，与国外数字经济研究成果相比，我们还有很大的差距，这与我国数字经济的蓬勃发展情况是不相称的。同时，数字经济既有共通的既定发展规律，又因为各个国家文化传统、人口规模、产业结构、执政理念等方面的差异呈现出国情视阈下的特质，我们需要立足于我国数字经济特色发展实践展开研究，为学术界丰富数字经济研究成果提供中国力量。此外，构成数字经济支撑的数字技术也在不断迭代演变之中，数字世界的本质特征就是连接以及由连接导致的性质改变。所以，对于既有的数字经济研究成果是我们认识的基础，但永远需要保持一种开放的、持续探索的态度，不断推进相关研究。因此，从我国与其他国家积累的数字经济研究成果、我国数字经济发展的特殊性亟待探索挖掘、数字经济本身就是在不断迭代演变之中三个层面来看，我们都需要将数字经济的研究不断推展到新领域、深化到新层面。

再聚焦到本书关注的数字经济税收研究，这个主题已经引起了诸多学者的关注，也产生了数量可观的研究成果，但从整体来看，产生的研究成果还是点状的，远远没有形成系统的研究体系，有分量的重磅研究成果还不太多。已有成果在学术界达成的共识度还比较有限，对实践发展和政策制定带来的影响也还比较微弱，因而数字经济税收问题研究还是一个需要不断加大研究投入力度的重要研究领域。正是基于这种认识，本书选择了这个主题，以进行一定的探索尝试。

第四节　研究方法与研究思路

一、研究方法

本书中使用的主要研究方法有五种：一是文献研究法。笔者充分借鉴国内外关于数字经济、税收以及数字经济税收方面既有研究成果，从中梳理出已经得到共性认识的领域，作为本书的理论研究基础，并在梳理文献中寻找研究空白点和突破口，以此作为本书的研究侧重点和独特视角。二是归纳演绎法。在对数字经济及其税收问题的认识上，笔者首先基于单个观察样本，在多个样本反复比较中，抽象归纳出数字经济及其税收问题的共性特点和普遍性问题；其次，努力将产业经济和税收研究的普遍性理论、基础性理论，用于指导对数字经济和数字经济税收具体问题的透视分析，灵活地将既有学术成果和形成的智慧迁移进本书的研究场景，从多个维度对研究问题进行把握，力争形成认识增量。三是案例研究法。笔者在第二章奠定本书研究的理论基础、第三章奠定本书的现实基础后，在第四章安排了数字经济税收舆情与典型案例，专门针对数字经济税收中出现的具有较强代表性并引起社会大众关注的典型问题进行了案例分析，通过解剖麻雀的方式，让读者对此问题有更直观、更深刻的感受，以便启发思考。四是对比研究法。笔者对工业经济与数字经济以及工业经济税制与数字经济税制进行了比较分析，对不同国家的数字经济税收治理经验进行了比较，以期对我国数字经济税制设计提供经验借鉴。此外，笔者还梳理了我国在数字经济发展不同阶段税收政策的调整方向，以期为大家提供一个历史演进维度下的纵向对比视角。五是调研访谈法。在本书前期准备中，笔者对数字经济场域中的企业主体、用户（消费者）和税务局以及其他相关政府部门进行了广泛深入的调研访谈，以便得到一些更鲜活、更真实的研究素材。

二、研究思路

本书的研究对象为数字经济税收问题，着力探索新兴的数字经济形态对现有税制的冲击影响，并寻求破解思路。整个研究沿着"理论分析—现状分析—经验借鉴—优化建议"的思路（见图1-1）逐步展开。

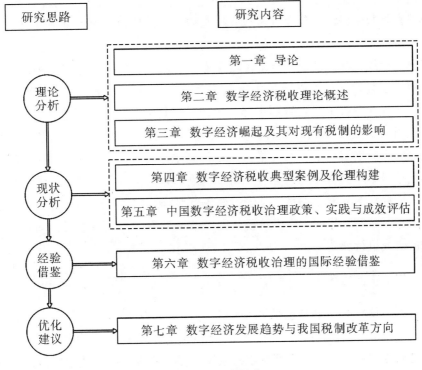

图 1-1　研究思路

第五节　逻辑框架与主要内容

一、逻辑框架

税收要与经济社会发展相适应才能更好地发挥其功能。当前正处于从工业经济向数字经济转变的关键时点，在这个新旧交替的时代，从理论上讲，建立于工业经济基础之上的税收制度在运行中必然存在着诸多冲突和摩擦；从现实来看，这种冲突与摩擦已经客观呈现并有愈演愈烈之势。因此，我们有必要对这一问题进行系统、全面、深入的审视与分析，需要系统分析数字经济税收问题出现的原因、问题的表现形式、问题产生和演变的生态系统（环境），在此基础上系统探寻解决问题的路径和方法。

基于这个认识和研究逻辑，全书共分七章，具体安排如下：第一章是导论；第二章是数字经济税收理论概述，重在奠定本书研究的理论基础；第三章是数字经济崛起及其对现有税制的影响，从现实角度分析新兴的数字经济对现有税收制度带来的冲击及其表现；第四章是数字经济税收典型案例及伦理构建，从数字经济税收典型案例出发，向读者呈现这种冲击的客观性及其影响；第五章是中国数字经济税收治理政策、实践与成效评估，从纵向分析了我国对数字经济税收治理的政策演进脉络和实践探索，突出当下我国数字经济税收治理面临的困境；第六章是数字经济税收治理的国际经验借鉴，重在参考借鉴其他国际数字经济税收治理的相关经验；第七章是数字经济发展趋势与我国税制改革方向，对本书进行总结，分析研究中存在的局限与不足，基于前面各章对问题的各种分析，对相关问题着力进行解答，指明数字经济税收制度改革的方向并提出建议，同时对未来的研究进行展望。

二、主要内容

第一章导论，主要包括六个部分：一是从技术变革、企业主体、用户、虚拟世界和数字经济五个维度介绍了本书的选题缘由和研究背景；二是从深化对数字经济及其税收的认识、提升税收制度与数字经济的适配性和促进数字经济健康可持续发展三个层面揭示了本书的研究意义；三是对国内外学者围绕数字经济税收问题展开的研究和已取得的成果进行了梳理，并进行了简要评论；四是对本书中所使用的主要研究方法和研究思路进行介绍；五是对本书的逻辑框架和各章主要内容进行介绍；六是对本书的创新与不足进行了分析。

第二章数字经济税收理论概述，主要包括四个部分：一是数字经济的理论概述，明确了数字经济的定义、主要特征、运行体系和主要内容、统计测度指标、发展阶段等基础理论；二是分析了支撑数字经济运行的内在逻辑和客观规律，分析了数字经济对整个经济体系的影响机理和传导机制；三是在对数字经济基础理论进行深入分析的基础上，再将分析由一般向特殊延伸，聚焦到数字经济税收的理论体系；四是对我国数字经济涉及的主要税种进行阐述，并初步形成数字经济税收分析的基础理论框架，以便我们后面对问题的分析能够建立在坚实的理论根基之上。

第三章数字经济崛起及其对现有税制的影响，主要包括四个部分：一是描述了数字网络通信等技术的产生和推广应用情况及其对人类生产生活的影响，以及在这种数字革命的赋能下带动的数字经济的蓬勃发展情况；二是从数字经济发展进程、发展现状、代表性数字经济企业三个层次对中国数字经济发展情况进行了全景式扫描；三是梳理了数字经济从产生以来，与其相应的税收规则的历史演进历程；四是从税制要素、税收征管、税收分享三个维度呈现了数字经济对税收形成挑战的具体表现。

第四章数字经济税收典型案例及伦理构建，主要包括五个部分：一是介绍了税收博弈与数字经济税收流失的基础理论，为后面的案例分析奠定观察与评估的理论靶点；二是选择了国际互联网巨头苹果公司和亚马逊公司，分析了它们的避税策略；三是选择了在我国电商领域引起较大社会反响的"空姐跨境代购"案，对其中的涉税问题进行了分析；四是选择了新近发生的引起重大税收舆情的"网红主播逃税"案作为案例，对直播电视市场及涉税情况进行概述；五是通过案例分析对数字经济税收伦理原则进行解析，并探索了数字经济税收伦理建设的必要性以及构建路径。

第五章中国数字经济税收治理政策、实践与成效评估，主要包括四个部分：一是系统检索国务院政策文件数据库，深入数字经济的具体表现形式层面，梳理了我国出台的数字经济政策及监管治理的演变历程；二是通过国家税务总局政策文件库，分门别类地梳理了针对数字经济各具体领域出台的税收政策文件，以便深入把握我国数字经济税收治理的政策主张和实践进展；三是对梳理中形成的认识进行了归纳提炼，从中概括总结了我国长期数字经济税收治理实践取得的成绩以及摸索出的成功经验；四是体现辩证思想并回归研究主题，重点对我国数字经济税收治理中存在的问题以及面临的困境进行了分析阐述。

第六章数字经济税收治理的国际经验借鉴，主要包括五个部分：一是介绍了美国的电商税收治理实践；二是介绍了法国数字税的出台背景和主要内容；三是介绍了中小数字创新企业发育良好的亚洲国家新加坡在构建数字经济国际合作机制方面的探索以及在商品与服务税方面的改革；四是介绍了印度开征均衡税的设计思路和运行情况；五是分析了前述四个国家数字税收治理实践对我国数字经济税收治理的启示和经验借鉴。

第七章数字经济发展趋势与我国税制改革方向，是本书的研究重点，基于相关问题提出解决方案，对本书进行总结，对未来的研究进行展望，主要包括三个部分：一是对数字经济发展及治理趋势进行分析，指出研究中存在的局限与不足；二是探讨数字经济对税收制度提出的新要求；三是对数字经济税制改革的展望，同时指明数字经济税收制度改革的方向并提出建议。

第六节　创新与不足

一、创新

本书是笔者对数字经济税收展开系统性研究的一种尝试。从该研究主题的已有成果来看，以万字规模计算的数字经济税收相关论文已有诸多呈现，将多个团队和学者的数字经济税收论文结集成书达到几十万字规模编著出版的著作也有零星出现，但以个人专著形式且达到几十万字规模的数字经济税收研究成果还比较少见。20多万字的成果规模、行文中一以贯之的思想观点、篇章结构上层层递进的逻辑层次等是一本个人专著的基本要求，支撑这些的基础至少包括三个：一是作者在学术兴趣驱动下对数字经济税收这一研究领域的长期关注；二是作者经年累月展开的对相关资料的搜集整理和消化应用；三是作者深思熟虑后形成的点滴认识、结晶和思想火花。经过数十年的发展，数字经济推动经济社会甚至人类文明形态发生剧烈变革，经济数字化已蔚然成势，数字经济正在不以人的意志为转移地逐步发展壮大。税收以经济为汲取之源，当经济本身的形态结构发生重要变革时，税收制度、税收政策、税收征管和税收文化等也必然要迎来变革时代。基于此，本书的创新可以归纳为以下四个方面：

一是研究视角的创新。在数字经济蓬勃发展和对传统税制带来明显冲击的背景下，笔者从问题出发进行研究，客观评估数字经济对建立于工商业经济之上的传统税收制度带来的影响冲击、新型经济形态与税制的矛盾冲突、数字经济国内税收制度与国际税收规则的内外问题的传导交织、数字经济税收冲突中征纳主体双方的旨向与方略等。强烈的问题意识和解决问题导向，可以为我们准确把握数字经济税收发展演变历史趋势、洞悉数字经济税收治理本质和探寻数字经济税收治理路径提供参考。

二是研究内容的创新。笔者紧紧围绕数字经济税收问题这一核心主题展开研究，从理论阐释、问题从笼统到个案的诊断与呈现、问题在国内国外的联动与交织、问题的解决思路等方面，对数字经济税收问题进行了全面、系统且深入的剖析，尤其是第二章关于数字经济税收对经济的影响机理分析，以及对于数字经济税收分析框架的探讨，均具有创新性；第四章关于数字经济税收伦理构建的分析，抓住了目前数字经济税收治理中容易被遗漏的重要方面；第五章将数字经济及其税收政策分析深入具体领域，对我国数字经济政策以及数字经济税收政策进行了系统梳理总结，对相关研究进行了拓展和深化；第六章在对美国、法国、新加坡、印度四个国家典型数字经济税收治理经验分析的基础上，归纳总结了他国数字经济税收治理经验对我国的启示和借鉴。这些内容在既有研究成果中是比较欠缺的，笔者正是通过长期积累和系统梳理，将数字经济税收涉及的诸多方面内容在本书中进行了集中呈现。

三是研究方法的创新。笔者对问题的剖析采用了多维度、多视角层层剥离的方法，首先是构建了数字经济及数字经济税收的基础理论体系，打好理论研究根基，为问题诊断分析提供了理论靶心和理论参照体系；其次从宏观、综合的层面进行笼统分析；再次又聚焦到一些典型案例中，具体分析利益矛盾双方的目标、策略和互动；最后在此基础上又将视野扩大到国际层面，分析国际税收中面临的冲突与合作机制的探索，其中使用的文献研究方法、历史研究方法、对比研究方法都进行了多层次的轮动转换，具有一定新意。

四是思想观点和研究结论的创新。笔者在对数字经济税收的长期关注积累中，凝聚了多学科、多领域的智慧成果，在研究准备中除了关注财税领域之外，还重点关注了产业经济、资本金融、区域经济、国民经济等经济学领域，而且在经济学科之外，也运用政治学、管理学、心理学、传播学、社会学等学科知识成果对数字经济税收问题进行了审视。在这种多学科交叉过程中，笔者形成了一些具有一定启发性和创新性的思想观点和研究结论。

二、不足

一方面，虽然数字经济近几年来发展迅猛，但从其诞生以来也只有20多年的历史，在我国将其引入并逐渐进入政策议程和学者研究视野的时间并不长。毋庸置疑，无论是从国际层面还是从国内层面来看，数字经济仍然是一个我们对其认识还非常有限的新生事物。另一方面，税源形成和税制建构完善需要一定的经济成长周期，新型经济形态相应的税收制度建设具有一定的滞后性。这两个方面的客观现实情况决定了对数字经济税收及其问题的认识还需要一个长期的探索过程，现有的一些尝试难免存在诸多不足。具体到本书，存在的不足主要表现在以下三个方面：

一是本书的呈现形式还比较单一，多以定性研究和文字描述为主，数据支撑还不够，图、表等更具表现力的呈现形式在书中使用不足，未能将全书各章节的层次结构更加明确、清晰地呈现出来，对研究中的创新点和亮点未能进行很好的展示。

二是笔者对数字经济企业进行了一定的调研，但因为部分客观因素影响，对互联网大型企业总部、地方分公司等的实地调研还不充分；书中对数字经济税收问题的认识和思考可能更多地站在了政府管理部门和学者的角度，而对互联网企业经营管理者、从业者的利益诉求和认识想法可能关注较少。

三是数字经济国际税收部分文献资料的质量和数量还不理想。国际税收问题涉及国家多且税收规则内容复杂，需要更加长期的积累和更深厚的学术功底，笔者因为专业积累及科研能力所限，在对他国数字经济税收治理经验的归纳、数字经济引发的国际税收冲突、形成中的数字经济国际合作机制构建的进展及趋势把握等板块，可能存在理解不到位、观点偏颇等问题。

第二章　数字经济税收理论概述

从 20 世纪 40 年代世界上第一台电子计算机诞生起，人类文明进入了新的历史发展阶段。随着计算机的普及应用以及由其延伸出的网络、智能化终端的不断更新换代，人类经济社会生活发生了重大变革，传统的企业经营管理模式受到了剧烈冲击并迎来了经济社会转型发展的黄金时期，由此引起的社会关注度也逐渐增多。20 世纪 90 年代中后期，数字经济概念由美国学者率先提出，并逐渐被世界各国越来越多的学者认识和接受。

任何事物的发展都有一个不断演进的过程。从点的突破到面的拓展，从先行者的触动、感受上升为一种可以被普遍观察和感知到的现象，从根植于实践遇到的困境，摸索调整形成的经验，到抽象概括为可以言说论证的理性认识，从概念界定到理论体系的构建都要经过一个逐步推进的过程，这是我们对新事物逐步加深认识的自然过程，尤其是对于新事物发展演变过程认识思考中所形成的标志性理论成果，更是我们开展后续探究和实践工作必不可少的支点。

对数字经济及其税收问题的研究也应遵循这个认识规律，也必须以数字经济及数字经济税收研究领域已经形成的相关理论体系为支撑。基于此，本章安排了四节内容：第一节主要介绍了数字经济的定义、特征、主要内容、统计测度等基础理论；第二节分析了数字经济适用规律及其对经济的影响机理；第三节分析了数字经济税收涉及的主要税种；第四节分析了数字经济税收的分析框架。本章通过从数字经济理论再到数字经济税收理论的层层深入，搭建形成数字经济税收问题研究的理论基础，以便对后面问题的分析诊断提供理论参照。

第一节　数字经济理论概述

一、数字经济定义

从 1995 年开始，互联网逐步被发展为商务工具。随着新的电子网络技术带来的全方位影响的逐步放大，学术界对其认识渐趋深入，新经济、知识经济、网络经济、数字经济等不同概念都曾被用来表达和界定这种新的经济形态，而且每一种概念都有一段不短的流行期和一批数量可观的拥趸者。对这几个概念进行比较分析后不难看出：新经济是相对于传统经济而言的，因为其与传统经济有诸多的不同，是明显不同的存在，而又还没有具体明确本质区别在哪里，所以就用"新经济"来代指；知识经济是从传统的信息经济延伸而来的概念，强调了这种经济富含人类智力成果的特征，但其概念对这种新的经济形态的技术支撑强调得还不够；在 21 世纪初互联网的威力和神奇被大众所惊叹时，网络经济这一概念获得了一定的传播力，但随着技术的迭代和形态的演变，网络经济显然无法将大数据、人工智能、区块链等新领域囊括其中；相比较而言，还是数字经济更能凸显这种经济形态的本质，也能涵盖更多的经济领域和行业类别，这也正是本书在对这几个概念进行比较选择时所考量的因素以及本书最终选择用"数字经济"这一表述来研究问题的原因。数字经济的概念与新经济、网络经济和知识经济的概念既有明显的区别，又存在着一定的内在联系，而且从 20 世纪 90 年代开始，新事物还处于不断演变中而尚未定型，人们在认识和说明同样的事物时，因为没有明确统一的标准，所以即便其所指的对象是相同的，在表达时选用的词汇也可能有所不同。因此，本书在对早期理论和实践的介绍中，也会关注新经济、网络经济和知识经济等相关内容。

美国未来预测专家和商业策略大师唐·泰普斯科特（Don Tapscott）1996 年在其出版的《数据时代的经济学：对网络智能时代机遇和风险的再思考》一书中，系统地对其关于数字经济的认识进行了阐述，并尝试对数字经济这一概念进行界定。数字经济在发展早期也曾与信息经济、网络经济、新经济等概念混合使用，随着数字技术的升级和数字经济影响的深入扩展，国内外学者和研究机构、政府部门在不同时期又对数字经济进行了不同的界定，目前尚未形成被人们普遍接受的统一概念。目前，学术界比较流行的几种关于数字经济的定义见表2-1。

表2-1　学术界比较流行的几种关于数字经济的定义

时间	主体	定义
2016	G20杭州峰会	数字经济是指以使用数字化的知识和信息作为关键生产要素、以现代信息网络作为重要载体、以信息通信技术的有效使用作为效率提升和经济结构优化的重要推动力的一系列经济活动
2017	经济合作与发展组织	数字经济是经济社会发展的数字化转型
2018	中国电子信息产业发展研究院（赛迪研究院）	数字经济是以数字技术为重要内容的一系列经济活动的总和
2020	中国信息通信研究院	数字经济是以数字化的知识和信息作为关键生产要素、以数字技术为核心驱动力量、以现代信息网络为重要载体，通过数字技术与实体经济深度融合，不断提高经济社会的数字化、网络化、智能化水平，加速重构经济发展与治理模式的新型经济形态
2022	《"十四五"数字经济发展规划》	数字经济是以数据资源为关键要素，以现代信息网络为主要载体，以信息通信技术融合应用、全要素数字化转型为重要推动力，促进公平与效率更加统一的新经济形态

通过分析比较本书认为，数字经济是指以数据为关键生产要素，以信息网络为重要载体，以信息通信技术为效率提升和经济结构优化重要推动力的一系列经济活动。数字经济模式的典型代表有在线广告服务、在线中介服务、在线市场、数据传输服务等。

二、数字经济的主要特征

唐·泰普斯科特在其出版的《数据时代的经济学：对网络智能时代机遇和风险的再思考》一书中专门描述了数字经济的12个特征[1]，分别如下：

（1）富含知识。数字经济内含了知识经济的意蕴，消费者创意以及信息技术对产品的渗透日益深入，产品和服务的知识含量与以往相比得到了大幅提高，智能产品日益普遍。数字经济因为是以脑力而非蛮力为基础

---

① 唐·泰普斯科特. 数据时代的经济学：对网络智能时代机遇和风险的再思考［M］. 毕崇毅，译. 北京：机械工业出版社，2016：62-88.

的，知识工作是其工作的主流，智力资产是企业的重要资产，尤其是知识型员工，企业的重要资产每天都在移动而不是固定在厂房和生产车间之内。

（2）数字化。数字化信息都可以用1和0表示的二进制体系表达，最开始这种二进制只用来表示数字，后来又拓展应用于表示大小写字母。随着时间的推移，数字化的应用范围又拓展到了图形和图片等类型更多的信息。在数字经济时代，信息通过数字形式即比特来体现，这与传统经济中信息以模拟或实体形式体现发生了很大的不同。海量信息被压缩后以光速传输，还可以将不同类型的信息整合创建多媒体文件，并将这些信息存储在互联网上，便于我们对已存储的海量文明实现即时访问，也可以将数字化设备直接装进口袋，通过移动终端及时访问查看。

（3）虚拟化。随着信息从模拟走向数字化，一个前所未有的新世界被创造了出来，真实事物在数字世界的孪生形态被复制出来，真实世界不存在的也可以通过虚拟世界创造出来。虚拟化改变了经济的演化路径，对组织类型及关系、经济活动本质等都带来了重要影响。

（4）分子化。传统组织结构遭受到了冲击而不断被瓦解或发生改变，充满活力的个人和实体等分子和集群成为经济活动的基础。原来形成企业存在基础的交易成本问题在网络工具介入后，获取信息和组织协调的成本大幅降低，工业时代的等级制度和工业经济逐步被分子化的组织和经济结构所取代。知识型员工（人类分子）成为构成企业的基本要素，通过向产品生产的每一个环节增添知识内容创造财富，具有创新创业精神而又充满活力并善于自学的员工利用新式工具展开合作，发挥其个人知识和创意的作用并创造价值。数字经济下的技术进步有利于微小分子的密切配合，进而形成稳定的结构。而且，这种技术也有助于分子之间形成动态化的关系，以便于其像液晶一样形成团队和集群，并能像液体一样自由流动。不断迭代升级的新的信息结构还可以增强形成这种新型关系的能力。组织机构的作用也就在于为分子活动提供基础结构，这与传统的等级制度大不相同。

（5）一体化/网络互联。数字经济是网络化的经济形态，在把分子集合成群成网的基础上，使用网络合作可以与其他人共同创造和共享财富。新的网络组织结构可以对传统的垂直业务流程进行水平化重组，凸显节约成本和提高响应速度的竞争优势。这种新的网络组织结构的边界是可流动、可渗透的，颠覆了传统上的组织的本质和功能。借助于新的技术网络，小企业瓦解了大公司在规模经济和资源控制方面的传统优势，同时还可以避免大公司组织结构僵化、等级制度限制和机构臃肿等方面的弊端。当然，大公司并不是没有生存空间，当其可以分解为密切配合的较小分子群时，它们也能在敏捷性、自治性和灵活性等方面表现出一定优势。

（6）去中间环节。技术的发展极大地便利了供应商和顾客之间的信息交换，数字网络会不断消减生产者和消费者之间的中间环节。传统行业里的中间商、批发商或代理商中介人等担任的是执行交易和代理的角色，在经济交往中起到的只是信号传递作用，而在数字经济时代，这些行业和从业人员必须考虑战略转型，只有寻找到为顾客提供价值的新方式，才能避免去中间化带来的威胁。

（7）聚合。由计算、通信和内容三个行业聚合而成的新媒体行业成为占据主导地位的经济力量，这种力量为其他行业的财富创造提供基础设施。随着电脑软件和电信宽带的日益普及，内容服务逐渐变成为顾客创造新价值的核心，新行业的利润相应地也就转到了内容服务领域。聚合形成的新媒体，一方面改变了艺术、科研和教育的方式，另一方面也改变了企业以及人类的工作娱乐和生活方式，进而对我们的思考方式产生重要影响。

（8）创新性。创新是数字经济的重要推动力，创新意味着产品、系统、流程、营销和人员方面的持续改善，与创新相应的结果是产品的生命周期都非常短。在高度强调创新的经济中，价值创造的主要源泉是人类的想象力。在数字经济时代，国家和企业的重要任务之一就是营造形成能够激励、奖励和鼓励创新创造的文化氛围和制度体系。

（9）产销合一。在数字经济形态下，消费者和生产者的边界逐渐模糊。在网络信息时代，每一个消费者同时也可以是生产者，他们可以参与实际生产过程，将自己的需求和相关参数提供给企业，将消费者所掌握的信息和知识传递到生产车间，使得产品和服务中的信息与知识含量大幅提升。

（10）即时性。在数字经济时代，企业必须及时根据各种信息调整业务状态，产品的生命周期越来越短，大幅降低甚至取消仓储成本，将大规模生产进化到了在线生产阶段，形成了企业之间的"即时化竞争"。

（11）全球化。尽管传统经济卫道士极力捍卫地方保护主义，经济下行背景下人为设置的经济发展壁垒也在增加，但全球顾客需要的是全球化产品。计算机网络使企业可以 24 小时不间断地快速处理来自世界各地的顾客的需求，跨越国界的合作行为正日益变得普遍，而且企业之间的合作不再局限于两个公司之间，企业群出于共同的目的积极寻找彼此互联的机会，企业群与企业群之间的竞争成为全球市场的一种新的竞争形式。

（12）非协调性。数字经济时代技术的快速变革以及对经济、社会、文化和政治治理等方面带来的巨大冲击，可能会导致大规模的创伤和冲突，与人们生存状态所受到的多重碰撞相应的，可能是现有制度结构变得支离破碎。失业与再就业压力、终生学习与能力分化、贫富差距拉大等问题可能在所难免。

以上 12 个方面基本涵盖了数字经济的绝大多数特征，随着数字经济的逐渐演变，以上描述的各个特征的延续时间和呈现强度也在不断变化，有些特征交织在一起聚合演变出其他表现形式。从当下的数字经济形态来看，本书认为其主要特征可以归纳为以下 5 个方面：

一是数据成为经济体系中的关键性生产要素，是推动经济和产业发展的基础性资源；由人们网上活动所产生的数据、对数据处理萃取后形成的信息以及由信息解析出的知识和创意，成为推动组织变革和效率提升的关键力量；庞大的数据规模和应用需求催生了大数据的形成和价值挖掘；无论是对于一个企业、组织还是一个国家来说，数据都是重要的战略资产。

二是信息通信等数字基础设施成为推动一个国家和地区发展的重要支撑，5G、人工智能、物联网等新型基础设施的推进情况对经济发展的速度和潜力产生重要影响。

三是经济运行中的资源配置更加便捷优化，社会运转效率大幅提升，网络提供了即时化的供需对接，有利于提升资源要素的适配度，从而使经济社会呈现出更高的运转效率。网络平台成为数字经济的枢纽和整个经济监管的牛鼻子，大量企业和个人寄生于网络平台之上，通过网络平台为其他组织或个人提供产品和服务，进而获得个人的收入。

四是"变革"和"创新"成为时代的主题词；产业边界变得模糊，产业融合渗透明显；生产者和消费者的角色也在经常变换，技术更新迭代迅速，只有不断保持一种学习状态和进取精神才能跟上时代发展步伐。

五是数字鸿沟、群体分化导致社会的冲突日益扩大、风险加剧，网络提供了更便利、更及时的交互平台，观点的差异、理念的纷争形成的阵营划分和冲突更加明显。因为信息素养和成就动机的差异，勤劳聪慧之人借助新式工具变得更加优秀，懒惰愚笨之人则沉醉在"奶头乐"的快感和网络推手的舆情操纵之下而将大好光阴耗费，群体之间能力素养和贫富差距日渐拉大。

三、数字经济主要内容及运行体系

在数字经济发展初期，美国商务部在 1999 年数字经济专题报告《浮现中的数字经济Ⅱ》中指出，数字经济主要包括两个重要的组成部分：一是电商；二是支撑电商运行的信息产业。随着数字经济形态的逐步呈现，学术界和各国政府部门对数字经济的主要内容的认识也逐步深入。

经过二十多年的拓展演变之后，数字经济所包含的内容可以分为四种类型[①]：一是数字产业化，将以数字形式存在的知识和信息转变成可以带来收益的生产要素。借助信息技术、管理经验和商业模式等领域的融合创新，催生并形成以新业态和新场景为表现形式的产业集群，具体又包括数字产品和数字服务两种类型。其中，数字产品主要包括计算机软件、游戏、音乐、电子书等以比特形式存在于信息存储设备和网络空间中的虚拟产品；数字服务主要指各类电商交易、电子邮件等信息通信服务，以及电子支付等平台型服务[②]。二是产业数字化，就是利用现代的数字、网络和信息技术对传统的一、二、三产业在流程、管理、经营等领域进行全面的改造，将传统经济模式下生产的实物产品嵌入数字化功能或数字化资源，将传统服务嵌入数字化管理和数字化服务。三是数字化治理，就是推动数字政府和智慧政务，提升大数据信息挖掘能力，辅助科学决策；通过技术和数据要素驱动，促进企业敏捷创新、运营转型和企业管理治理水平能力提升。四是数据价值化，就是发展数据要素市场，以数据资源为起点，向数据资产和数据资本的方向延伸拓展，将数字经济中的增长潜力转化为现实发展成果。

数字经济运行体系主要由四个层次构成[③]：一是基础设施层，主要涉及信息通信等新型数字基础设施以及传统基础设施的数字化、网络化和智能化改造；二是技术动力层，主要是加强科研创新，促进新兴数字技术快

---

① 参见中国信息通信研究院发布的《中国数字经济发展白皮书（2020 年）》。

② 徐翔. 数字经济时代：大数据于人工智能驱动新经济发展 [M]. 北京：人民出版社，2021：45.

③ 南开大学数字经济研究中心编写组. 数字经济与中国 [M]. 天津：南开大学出版社，2021：11.

速迭代升级，为整个经济体系储备源源不断的强劲动力；三是企业与产业层面的应用层，主要涉及一、二、三产业和政府的数字化转型，将新技术和新设施用于推动传统产业转变发展方式、提高发展质量；四是政策和制度保障层，需要构建完善的有利于数字经济健康可持续发展的市场环境、法律制度和政策机制。

四、数字经济的统计测度

美国商务部于 1999 年发布的数字经济专题报告中提到的数字经济，主要包括电商和使电商成为可能的信息产业。随后，各国政府部门、国际组织、大型互联网企业和研究者基于特定阶段的特定目标形成了各具特色的统计范围、指标体系和测度方法。我国也一直在积极开展相关探索。根据我国关于数字经济的相关战略决策部署要求，参考借鉴国际组织和其他国家统计测度经验，结合我国数字经济发展实际，国家统计局于 2021 年 5 月 27 日公布了《数字经济及其核心产业统计分类（2021）》，对我国多年来在数字经济统计领域摸索的成果进行了一种集中呈现。新的统计分类参考和借鉴了美国早期和我国前期对数字经济展开分析的思路，抽掉了多种多样的数字经济表现形式上的差异，从本质性特点出发，将数字经济分为"数字产业化"和"产业数字化"两个主要部分，在此基础上再具体将其分为数字产品制造、数字产品服务、数字技术应用、数字要素驱动和数字效率提升五大类。其中，除了数字效率提升属于产业数字化之外，其他四类都属于数字产业化。数字经济在两个主要部分和五大类之下，又具体体现在国民经济的诸多领域。该统计分类标准对于我们深化对数字经济问题的认识和理解具有重要的参考价值，为了便于读者查看，笔者特将该统计分类标准以附录形式置于书尾。

第二节　数字经济发展规律及其对经济的影响机理

一、数字经济的主要适用定律

数字经济与其他经济形态的差异既体现在外在特征和表现形式上，更体现在将其与其他经济形态本质区别的内在运行规律上。一般而言，数字经济适用的主要定律有摩尔定律、梅特卡夫定律和网络效应。

一是摩尔定律。摩尔定律主要被用来预测计算机发展趋势，由英特尔公司名誉董事长戈登·摩尔（Gordon Moore）在观察半导体产业发展后归纳得出。20 世纪 60 年代以后，半导体的集成度提升速度大致可以达到每 18 个月就翻一番的水平，而半导体的价格却在产品效能大幅提升的情况下不升反降，且下降速度可以以 6 次级数计算，随后，大家就将半导体行业的这种产品效能提升而价格又大幅下降的规律称为摩尔定律[1]。几十年来，摩尔定律在不断地发展演变，它并不是一个精确的计算公式，而是关于人类信念的定律，当人们相信某个目标一定能做到时，就会努力去让它变为现实[2]。

二是梅特卡夫定律。梅特卡夫定律也被称为梅特卡夫法则，是关于网络技术发展的规律，以提出这一定律的人的名字进行命名。最早开始关注这一现象并能对其内在规律进行总结的罗伯特·梅特卡夫（Robert Metcalfe）原本是 3Com 公司创始人，也被称为计算机网络先驱。20 世纪 90 年代以来，互联网也呈现出了与摩尔定律相似的异乎寻常的指数增长趋势，而且爆炸性地渗透和扩张到了经济社会的各个领域。被连接进互联网的计算机数量越多，它对经济社会的影响就越大。也就是说，计算机网络的价值取决于其节点数目并等于其节点数目的平方，这种规律性特点被称为梅特卡夫定律[3]。

三是网络效应。诸如电话网和互联网都具有"网络外部性"的特性，如果要组建一个网络需要购买设备、架设光缆和开发软件等大量的前期安装费用，但在网络组建起来后，新增加一个用户的成本则极为低廉，而且对于前期已经加入网络的人而言，其使用网络所获得的价值不光不会因为新使用者的到来而减少，反而会反向增长，也就是说网络价值与使用网络的人数规模成正比。随着越来越多用户加入互联网，其技术规格逐渐成为一种大家都普遍接受的默认标准，对后续软硬件研发创新使用互联网技术平台形成了极大的激励。计算机技术、数据存储技术、软件技术和通信技术四个种类得到了一体化的发展，形成了一种技术创新的共同体机制，共同推动相关技术进步、成本下降。

---

① 美国商务部. 浮现中的数字经济［M］. 姜奇平，等译. 北京：中国人民大学出版社，1998：2.

② 严谨. 数字经济：从数字到智慧的升级路径［M］. 北京：九州出版社，2021：39.

③ 同①。

二、数字经济的生产者和消费者理论

数字经济在早期被视为产生于 20 世纪 40 年代的信息经济学的一个分支学科，在这种分析框架下，数字经济学早期的研究着力点在于数字技术对于降低搜寻成本和减少信息不对称方面的作用。随着时代的发展和人们认识的逐渐深入，数字经济逐渐形成了一套自己的经济理论体系，尤其是其中的生产者与消费者理论，对于我们深入理解数字经济具有基础性作用。

一是数字经济的消费者理论[①]。数字经济中大量交易和消费行为发生于由互联网构筑的虚拟空间中，这与传统的实体店购买商品和服务有很大不同。借助于社交网络和消费平台提供的便利，极大地缓解了传统经济下交易中的信息不对称问题，消费呈现出三个新的特征：①商品特征高度个性化。由于其非常注重争取消费者的注意力，所以数字经济又被称为注意力经济和眼球经济。②市场需求长尾化。有些在传统市场覆盖范围下因为人数太少无法满足的需求，通过互联网可以带动更多个性消费者聚少成多达到合适的市场规模和价格水平，使得那些原本需求和销量不高的产品占据更大市场规模。③消费行为社群化。借助于互联网为社交带来的便利和优质体验，商业活动更多是基于生活社区、兴趣爱好和细分需求而形成的社群，产生了大量类似于"众筹""众包""众扶"等以社群为消费组织单位的新商业模式。

二是数字经济的生产者理论[②]。传统的农业经济和工业经济的主要生产要素是土地、劳动和资本，数字经济中的主要生产要素是数据。数据以及附着于其之上的信息、创意等高附加值资源通过信息通信网络可以实现快速流动，数字企业突破了传统经济中的投入资源要素和市场覆盖范围的限制，可以在更广阔的范围内进行资源要素优化配置，可以激发消费者需求，可以拓展更广阔的市场空间。生产领域呈现出了四个新的特征：①更加显著的规模经济效应。由于数字产品具有零边际成本优势，相关生产企业的固定成本随着生产供应规模的增加而不断被稀释。②范围经济。数字经济背景下，企业产品类别和经营范围是流动的，企业的生产技术可以很

---

① 徐翔. 数字经济时代：大数据与人工智能驱动新经济发展［M］. 北京：人民出版社，2021：51-56.

② 同①：57-60.

方便地在不同产品空间进行变换，借助于前一种产品经营形成的经验和客户资源，可以低成本地开发出新的产品和服务，从而降低整个运营成本。同时，企业高度重视对客户的持续精细服务以便不断提高客户黏性，并着力开发培育本企业的产品生态。③生产柔性化。一改过去的批量化大规模生产，转向个性化、分散化和小批量的生产模式，企业生产系统对市场的感知和回应能力更敏捷、更精准。④组成企业联盟。数字经济下的市场波动和风险冲击大幅增加，单靠自身的资源在多变繁杂的市场中生存下来难之又难，因此很多企业主动走上了联合发展道路，如同类企业共同开发市场、上下游企业形成产业链联盟、区域企业抱团发展等，共同抵御市场冲击以更好地生存下来。

三、数字经济对经济增长的影响机理

早期的计算机主要用于科学领域和军事领域，直到 20 世纪 60 年代，人们才从电子记录机财务系统（ERMA）开始将其逐步应用于商业领域。最早使用计算机的美洲银行为了提升快速增长的支票处理业务效率，使用 ERMA 系统实现了自动化处理这项工作。根据美洲银行的报告，在计算机的帮助下，9 个工作人员就可以完成过去需要 50 个人才能完成的工作量。看到了使用计算机的非凡成效后，各个企业逐渐开始将计算机引入工作中，用于处理账目、工资管理、制订计划等各个领域，继而又用计算机发送和接收采购指令，计算机的商业应用得到了快速普及。互联网的兴起降低了使用者的成本负担，将更多商户联入网络后，通过互联网开展商务活动的商机被识别并付诸实施。

电商是数字经济的首要呈现领域和表现形式，其对整个商业模式和产业发展的影响表现在六个方面：一是能够降低采购成本。商家在线化的普及使买卖双方可以通过网络便利地找到对方，更方便货比三家，也可以大幅减少企业在采购方面的人员配置及其成本支出。二是可以减少库存。企业借助于即时网络既可以对市场需求进行更好的判断，也可以更方便地进行产能调度。在存货的周转率得到大幅提高的情况下，因为库存成本相应产生的利息、仓储和管理人员等费用支出，可以大幅减少甚至避免企业因为扩大生产能力需要而进行的厂房投资和设备投资。三是可以缩短产品生产周期。任何产品开发都会产生一些与生产的数量无关而只与时间有关的固定费用，电商可以使生产者与消费者直接对接，减少了中间环节，可以

使产品生产销售周期缩短，资金更快回笼，同样的时间及费用在新的电商模式下就可能会生产出更多产品。四是便于为客户提供更加及时有效的服务。很多企业把产品推介、技术参数和货源情况都放在网上，便于用户自行查找相关信息，这样就可以将服务人员从常规服务中解放出来，把更多时间及精力用于解决复杂问题和管理客户关系上，将互联网引入客户服务后，有利于提高客户满意度。五是可以降低销售成本和营销成本。利用网络进行商务活动突破了推销员亲自走访或电话联络的客户限制，借助网络服务器拓展新用户的边际成本微乎其微，甚至可能会是零。六是可以增加销售机会。互联网突破了时间和空间的限制，利用互联网，企业可以把生意做到依靠传统销售方式无法到达的市场，可以每天 24 小时不间断地运行，可以把生意触角延伸到世界的每一个角落。通过以上六个途径，我们就能更好地理解作为数字经济最早使用领域的电商是如何影响和改造传统经济的，并且对经济社会运行效率的提升提供了支撑①。

数字经济发展引起学界和政府的重视在于美国的经济实践，数字经济对经济增长的影响机理也逐渐引起了人们的思考。随着信息技术的快速发展，美国的信息产业一直以高于整体经济一倍的速度增长，逐渐成为美国最大的产业，并对国民经济产生了明显的影响。信息产业对美国经济增长的促进作用通过两个途径实现：一是信息产业在国民经济中的占比在提高，产品质量也在不断升级，但产品的成本价格却持续下降；二是信息产业对其他传统产业的效率增长和绩效提升有带动作用，进而使得整个经济都焕发出了更强的生机和活力。在信息产业成为美国的主导产业和支柱产业、数字经济推动美国经济增长的情况下，美国经济出现了与过去经济扩张时大相径庭的"两高一低"② 现象。这种增长可以归纳为四种经济活动的驱动：一是建设互联网。美国作为世界上引领互联网使用的国家，网络用户增长迅速，不断扩大的市场需求驱动了电脑、软件、服务和通信领域的投资实现了快速增长。二是企业之间的电子通信。商务活动也逐渐开始转向使用互联网，企业的互联网建设和使用越来越普遍，极大地提升了生产经营效率。三是商品和服务的数字传送。很多传统产品和服务增加了一个新的互联网传送渠道，电子化传送为数字经济提供了一个可观的增长空

---

① 美国商务部. 浮现中的数字经济 [M]. 姜奇平，等译. 北京：中国人民大学出版社，1998：24-37.

② "两高一低"是指高增长、高就业和低通货膨胀。

间。四是有形商品的零售。使用互联网订购生产、存储和人工送货的零售商品及服务越来越多，虽然这方面的业务在当时的经济总量中占比还比较有限，但增长势头迅猛。

数字经济借助信息技术和电脑、互联网等技术支撑，改变了经济运转和价值创造方式，进而对整个经济带来颠覆性的影响。洪银兴（2001）在为美国商务部报告的《数字经济2000》（中译本）一书所写的《新经济的经济学分析》中，通过比较数字经济与传统经济的差异，将其带动经济持续增长的作用机理归纳为以下五个方面：

一是影响信息传递渠道、成本和效率。技术进步对人们的生产、学习和生活方式产生全方位的影响，不仅丰富了人们获取信息的途径，方便了企业内外的信息交互，还大大便利了供需双方的消费达成，突破了经营范围的限制，使得跨国经营从大企业的专属变成小企业也可以染指的领域，进而明显扩大纳入统计范围的经济规模。

二是金融资本的重要性让位于知识资本。所谓的金融资本的重要性让位于知识资本，是指从以往的对经济起决定性作用的资本、劳动、土地等有形要素转向知识、技术、人力资本等无形要素，进而对分配方式产生影响。作为知识资本和人力资本人格化代表的"知本家"代替了资本家成为财富创造的决定性力量，知识资本的价值通过技术商品化（技术转让）和技术资本化（技术入股）两个渠道得以体现和实现，数字经济下的雇佣关系变成了物质资本被知识资本所用，与此相适应的产权制度安排也从过去的以物质资本产权为主导转变为以知识产权为主导。为了提高科技人员研发与创新的积极性，国家法律和政策制度体系更加注重保障知识与技术创新者的私人利益。

三是在产业、就业和竞争力等方面打破了传统经济面临的限制，经济周期被显著拉长，经济持续增长有了可能。美国在20世纪90年代数字经济发展起来以后，呈现出了GDP和公司利润大幅增长、失业率和通货膨胀率同时降低、进出口和高科技占GDP比例同时上升的三大特征，经济的活力和质量好且持续时间长。达到这种理想目标的原因在于互联网的广泛应用带动了电商的发展，新业务模式推广又反过来扩大了对信息产业的需求，信息产业成为整个国民经济增长的主导产业，而且因为电子信息产业的成本是逐步下降的且下降幅度比较可观，所以需求扩大并没有带来高通货膨胀率。另外，网络部门是劳动密集型企业，并没有像以往的经济那样随着技术的进步和社会需求的劳动量减少导致就业率升高，而是在技术冲击了一定的劳动岗位的同时创造了更多的就业岗位。数字经济网络使用规模的扩大也没有出现传统经济中的边际收益递减效应，企业竞争力不再完全受限于企业规模的大小。在传统经济形态下，竞争并不占优的中小企业可能会因为网络和信息的赋能而表现出与其规模不相称的竞争力，同时在细分领域上对大型企业形成明显的竞争优势。

四是国家创新体系的节点和重点转移。创新包括知识创新和技术创新两种类型，其中知识创新是技术创新的源泉，技术创新为知识创新提供动力。科技进步大致可以分为三个环节（上游环节、中间环节和下游环节），其中上游环节着重于知识创新，中间环节着重于把创新知识孵化为新技术，下游环节则是着重于将新技术投入使用。在数字经济背景下，尽快将科技进步成果转化为生产力是提升竞争力的关键。人们从过去的只关注技术应用转为现在的在关注技术应用的同时还要关注技术进步的源泉（知识创新），强化了产学研结合的必要性，更好地理顺了知识创造和知识向生产力转化的上下游联系。政府要创新创业投资机制，鼓励和引导风险投资基金孵化高新技术，使技术创新成果能够突破缺资金的桎梏，帮助科技成果尽快投入市场转变为现实生产力。

五是电商推动产业创新。电商本身不光为经济提供增加值，在整个产业链中，因为电商的广泛应用还会对信息产业形成强大的需求拉动作用。而且除了信息产业能对经济增长做出重要贡献以外，信息设备在其他产业的推广应用，也就是我们现在经常说的传统产业的信息化、智能化改造升级，也会大大提高这些传统产业的生产效率，进而间接对经济增长做出贡献。

四、数字经济中的市场机制和政府监管原则

一是数字经济中的市场机制[①]。平台经济在数字经济中占有重要地位，各网络平台公司为了竞争稀缺的消费者注意力资源，更趋向于形成单寡头垄断型市场结构，这容易导致平台与用户之间的信息不对称，网络平台可能会依靠自身在用户画像方面的数据信息优势侵害消费者利益。大型互联网企业也容易借助自己的寡头垄断地位和资本力量形成碾压式的竞争优势，挤压中小企业的生存空间，最终对社会的整个创新与活力带来不利影响。

---

① 徐翔. 数字经济时代：大数据与人工智能驱动新经济发展 [M]. 北京：人民出版社，2021：61.

二是数字经济中的政府监管原则①。数字经济发展要迎接的挑战除了技术和标准之外，还涉及资本投入和政府监管。在资本投入方面要遵循的原则是：国家基于安全和创新目标，在互联网发展的早期应该给予资助，在一些关键性的、基础性的技术研发领域，政府应该继续提供研发经费。而计算机和通信基础设施建设的资金则应该主要由私人企业提供，在数字经济发展中，要不断摸索政府和企业协同合作的理想模式。美国商务部在第一份数字经济报告《浮现中的数字经济》中就明确提出，数字经济繁荣发展需要遵循一个新的且限制更少的政府监管原则。具体建议为：一是政府要减少对电商的过分干扰，以避免对产业的发展造成阻碍。政府应该允许并鼓励电商在市场的驱动之下自然成长，而无须强加广泛的规则、税收和审查制度。二是互联网和电商的规则更多地应来自私人集聚行为过程中自然达成的，而不是政府管制强加的。三是政府在数字经济发展中应该要发挥重要作用，但必须将这种作用的发挥置于更新治理理念、摆脱官僚主义的基础之上。四是鼓励电信和广播业在竞争中形成聚合，让竞争性法律和用户选择成为市场的评价主体。五是不应该因为反对互联网而对其征收差别性的税收。六是应该支持和鼓励互联网及相关产业的全球化业务拓展。

第三节　中国数字经济涉及的主要税种分析

随着数字技术的广泛应用，产业数字化和数字产业化不断推进，我国数字经济的规模不断扩大，覆盖的领域不断延伸。如果从数字经济的广义范围来理解的话，其相应的生产经营活动及与之伴随的涉税问题也扩展到了我国现有税制体系中的所有税种。为了聚焦问题以便于我们更有针对性地开展后续的分析和研究，本节我们参照陈昌盛和冯俏彬等（2021）所著的《数字税：系统性挑战与中国方案研究》一书中的方法，从数字经济最先波及同时影响面又最广也最为深刻的电商和互联网贸易着手，具体分析数字经济涉及的主要税种。从整体上看，其主要涉及现有的税制体系中的

---

① 美国商务部.浮现中的数字经济［M］.姜奇平，等译.北京：中国人民大学出版社，1998：89.

增值税、消费税、关税、企业所得税和个人所得税五种，这五种税也基本构成了我国税收总规模的绝大部分，其他税种因为在整个税收规模中占比非常小，且与数字经济的关联度较低，此处暂且忽略。

一、国内互联网交易主要涉及增值税

按照党中央和国务院的部署，我国在 2012 年启动了营业税改征增值税试点并于 2016 年 5 月 1 日全面推开。根据 2017 年修订的《中华人民共和国增值税暂行条例》相关规定，应当缴纳增值税的纳税人为：在我国境内销售货物或者加工、修理修配劳务，销售服务、无形资产、不动产以及进口货物的单位和个人。根据《财政部 税务总局 海关总署关于深化增值税改革有关政策的公告》，从 2019 年 4 月 1 日起，增值税一般纳税人发生增值税应税销售行为或者进口货物，原适用 16% 税率的税率调整为 13%，原适用 10% 税率的税率调整为 9%，形成了我国现行的增值税五档税率，分别是 0%、3%、6%、9% 和 13%。其中，适用零税率的是出口货物（国务院另有规定的除外），以及境内单位和个人跨境销售国务院规定范围内的服务、无形资产；小规模纳税人适用 3% 的增值税率[①]；金融服务、信息技术服务、文化创意服务、物流辅助服务、鉴证咨询服务、广播影视服务、文化、体育、医疗、餐饮住宿、销售无形资产适用 6% 的税率；交通运输服务、电信基础服务、销售不动产、粮食、食用油、天然气、图书、报纸等适用 9% 的税率；其余的销售货物或者进口货物，提供加工、修理劳务的则适用 13% 的税率[②]。根据上下游的客户性质和商家定位，我国互联网交易运营模式大致可以分为 B2B（business-to-business，意指企业与企业之间通过专用网络或 Internet 进行数据信息的交换、传递，开展交易活动的商业模式）、B2C 和 C2C 三种。C2C 网络零售模式下，绝大多数经营者都属于小规模纳税人，一般采用 3% 或免征的税率征收增值税；外卖、网上视频直播、网约车、音乐下载等现代服务业一般按 6% 征收增值税；网上销售图书按 9% 征收增值税；一般纳税人销售其他货物或进口货物则按 13% 征收增值税。

[①] 为了进一步支持小微企业发展，《财政部 税务总局关于明确增值税小规模纳税人减免增值税等政策的公告》规定，2023 年 1 月 1 日至 2023 年 12 月 31 日，增值税小规模纳税人适用 3% 征收率的应税销售收入，减按 1% 征收增值税。

[②] 陈昌盛，冯俏彬，等. 数字税：系统性挑战与中国方案研究 [M]. 北京：人民出版社，2022：272.

二、跨境电商主要涉及关税、增值税和消费税

为了支持和促进我国跨境电商发展，从2014年1月1日起开始实行的《财政部 税务总局关于跨境电子商务零售出口税收政策的通知》规定：电商出口企业出口货物，如果企业属于增值税一般纳税人并已向主管税务机关办理出口退（免）税资格认定的，出口货物取得海关出口货物报关单（出口退税专用）且与海关出口货物报关单电子信息一致的，购进出口货物取得相应的增值税专用发票、消费税专用缴款书（分割单）或海关进口增值税、消费税专用缴款书的外贸企业，适用增值税、消费税退（免）税政策。该通知还明确规定：享受退（免）税、免税政策的电商出口企业是指自建跨境电商销售平台的电商出口企业和利用第三方跨境电商平台开展电商出口的企业。为电商出口企业提供交易服务的跨境电商第三方平台，不适用本通知规定的退（免）税、免税政策，可按现行有关规定执行。

随着跨境电商的发展，通过海淘、代购等渠道进入国内市场的商品规模也明显扩大。按照传统监管模式，这些快件邮包进出海关时一般都按照个人自用品征收行邮税（行李和邮递物品进口税的简称），而实际上这些商品却会流入市场，并给违法者带来丰厚的利润，进而逐步形成了一套完整的上下游产业链，既对海关和税务的管理制度形成了冲击，也对正常纳税的传统进口贸易形成了不公平竞争。为了封闭这一监管盲区，规范跨境电商零售进口商品经营秩序，从2016年4月8日开始实行的《财政部 海关总署 国家税务总局关于跨境电子商务零售进口税收政策的通知》规定：跨境电商零售（B2C）进口商品按照货物征收关税、进口环节增值税和消费税，购买跨境电商零售进口商品的个人作为纳税义务人，实际交易价格（包括货物零售价格、运费和保险费）作为完税价格，电商企业、电商交易平台企业或物流企业可作为代收代缴义务人；给予个人跨境进口商品的单次交易限值为2 000元，一年内可以多次购买，但年度内个人交易限值为20 000元，在这个限值以内的进口商品免征关税；进口环节增值税、消费税取消免征税额，暂按法定应纳税额的70%征收；超过单次和年度累加限值的单次交易按照一般贸易方式全额征税；公布《跨境电子商务零售进口商品清单》，对于清单内的商品可以适用跨境综合货物税。新的政策出台后，因为监管门槛和税收成本的变化，对整个跨境电商行业带来了较大影响。考虑到跨境电商零售业务的特殊性，相关部门出台了平滑政策影响

的过渡期政策并延续执行到了 2018 年年底。2018 年 11 月 5 日，首届中国国际进口博览会在上海开幕，习近平主席亲临会场并发表了《共建创新包容的开放型世界经济》的主旨演讲，他指出：为了回应人民对美好生活的期盼和推动世界贸易走向深入，我国将会进一步降低关税，进一步加快跨境电商等新业态新模式发展。2019 年 1 月 1 日起开始实行的《财政部 海关总署 税务总局关于完善跨境电子商务零售进口税收政策的通知》，将单次交易限值从 2 000 元提高到了 5 000 元，个人年度累加限值从 20 000 元提高到了 26 000 元，且要求认定为消费者个人购买使用的最终商品不能流入国内市场进行二次销售；单件交易超过 5 000 元但低于年度限值 26 000 元的，按照一般贸易征收且交易额计入年度交易总额，如果年度交易总额超过年度交易限值的就按一般贸易管理。2021 年 3 月 18 日，由商务部、海关总署等 6 部门印发的《商务部 发展改革委 财政部 海关总署 税务总局 市场监管总局关于扩大跨境电商零售进口试点、严格落实监管要求的通知》，将跨境电商零售进口试点扩大至所有自由贸易试验区、跨境电商综合试验区、综合保税区、进口贸易促进创新示范区、保税物流中心（B 型）所在城市及区域。至此，全国所有综合保税区所在城市都可以开展网购保税进口业务。在相关政策的带动促进之下，近几年我国成为全球跨境电商发展最快的国家，海关统计数据显示：2021 年，我国跨境电商进出口继续保持良好发展势头，跨境电商进出口规模达到 1.98 万亿元，同比增长 15%。在跨境电商零售进口中，网购保税进口（监管代码为 1210）占比超过 8 成①。为促进跨境电商零售进口健康发展，2022 年 1 月 28 日，财政部、海关总署等 8 部门联合发布《财政部 发展改革委 工业和信息化部 生态环境部 农业农村部 商务部 海关总署 中华人民共和国濒危物种进出口管理办公室关于调整跨境电子商务零售进口商品清单的公告》，自 2022 年 3 月 1 日起，优化调整跨境电商零售进口商品清单。清单自 2016 年出台以来，先后历经 4 次调整优化，调整后的清单商品总数达到了 1 476 个，从运动产品、家用电器、日常饮食等方面丰富了国内市场供给，更好地满足了人民的美好生活需要。

三、电商企业主要涉及企业所得税

正如美国在 20 世纪 90 年代中后期数字经济尤其是电商兴起之时，对

---

① 根据 https://www.sohu.com/a/536317441_121106991 相关资料整理。

电商对整个经济社会的革新能力的认识和肯定一样，我国电商发展对于扩大消费、拉动投资、增加就业的积极影响也逐步显现，并得到政府的高度重视和培育扶持。2015 年 5 月 4 日发布的《国务院关于大力发展电子商务加快培育经济新动力的意见》指出，要为电商营造宽松的发展环境，合理降税减负。具体来说，从事电商活动的企业，经认定为高新技术企业的，依法享受高新技术企业相关优惠政策，小微企业则依法享受税收优惠政策；同时，政府要加快推进"营改增"，逐步将旅游电商、生活服务类电商等相关行业纳入"营改增"范围。

所有电商经营者可以与线下纳税人享受同样的现行有效的增值税、所得税等税收优惠政策。比如，2019 年 1 月 1 日至 2021 年 3 月 31 日，对月销售额未超过 10 万元的小规模纳税人免征增值税；2021 年 4 月 1 日至 2022 年 12 月 31 日，对月销售额在 15 万元以下（含本数）的增值税小规模纳税人免征增值税。对小型微利企业[1]年应纳税所得额不超过 100 万元的部分，2021 年 1 月 1 日至 2022 年 12 月 31 日，减按 12.5% 计入应纳税所得额，按 20% 的税率缴纳企业所得税。对小型微利企业年应纳税所得额超过 100 万元但不超过 300 万元的部分，2019 年 1 月 1 日至 2021 年 12 月 31 日，减按 50% 计入应纳税所得额，按 20% 的税率缴纳企业所得税；2022 年 1 月 1 日至 2024 年 12 月 31 日，减按 25% 计入应纳税所得额，按 20% 的税率缴纳企业所得税。此外，电商经营者还可以享受各地依法出台的其他税收优惠政策[2]。至此，我国对电商税收管理逐渐步入规范化轨道。2020 年，我国电商交易额达到 37.21 万亿元，成为居民消费的重要渠道[3]。

四、电商从业者主要涉及个人所得税

在互联网交易中，大量自然人或个体户成为产品或服务的提供主体，并获得了相应的收入和报酬，按照《中华人民共和国个人所得税法》规定，应当缴纳个人所得税。但因为这些纳税人收入形式和收入渠道与以往的个人所得税大多通过单位代扣代缴有很大不同，对其收入监管和所得税

---

① 放宽后的条件为：企业资产总额在 5 000 万元以下，从业人数在 300 人以下，应纳税所得额在 300 万元以下。

② 电商企业执行的相关税收政策来源于国家税务总局 12366 纳税服务平台。

③ 数据来源于 2021 年 12 月发布的《"十四五"国家信息化规划》第一部分：现状与形势的分析内容。

认定核算存在较大难度，因而出现了大量个人所得税少缴漏缴现象，产生了大量税款流失。为了规范电商行为和保障各方主体的合法权益，我国从2019年1月1日起开始执行的《中华人民共和国电子商务法》针对新型市场主体——电商平台经营者建章立制，其中明确指出：①电商是指通过互联网等信息网络销售商品或者提供服务的经营活动；②电商经营者是指通过互联网等信息网络从事销售商品或者提供服务的经营活动的自然人、法人和非法人组织，包括电商平台经营者、平台内经营者以及通过自建网站、其他网络服务销售商品或者提供服务的电商经营者；③电商平台经营者是指在电商中为交易双方或者多方提供网络经营场所、交易撮合、信息发布等服务，供交易双方或者多方独立开展交易活动的法人或非法人组织；④平台内经营者是指通过电商平台销售商品或者提供服务的电商经营者。

《中华人民共和国电子商务法》在对主体进行明确界定的基础上，对电商经营者的纳税问题也提出了明确要求。其第十一条规定：电商经营者应当依法履行纳税义务，并依法享受税收优惠。依据此条规定，电商经营者应当依法办理市场主体登记，对属于特殊情况不需要办理市场主体登记的电商经营者，在首次纳税义务发生后，应当按照税收征收管理法律、行政法规的规定申请办理税务登记，并如实申报纳税①。

第四节　数字经济税收分析框架

一、基于数据生产要素的视角

一个国家只有在生产力与生产关系相适应的情况下，经济社会运转才会更协调、更高效，具体到数字经济税收领域，就是属于生产力范畴的数据生产要素要与属于生产关系范畴的税收制度相适应。作为数字经济中的新增生产要素，数据及其所产生的价值在数字经济中占据重要地位，数字经济为传统商业模式带来了颠覆性冲击。构筑于传统商业模式之上的税收制度如果不能对这种新变化及时做出调整和回应，势必造成税收流失、税

---

①　参见2018年8月31日第十三届全国人民代表大会常务委员会第五次会议通过的《中华人民共和国电子商务法》。

制不公、税负不合理等结果①。从理论上看，一个时期生产要素的数量、结构、价值实现程度和配置效率对同期的整体经济产出具有决定性影响，而税收是国家权力在分配领域的体现，是国家用于调节经济的主要政策工具，生产要素对税收制度的基本形态具有决定性影响，当一个社会的生产要素体系发生重大变革时，税收制度也需要及时做出调整。2019 年 11 月召开的党的十九届五中全会第一次明确把数据视为与土地、劳动、资本、技术和知识并列的新生产要素，代表着我国生产要素体系及其内部结构已出现了较大变化。数字经济税收要把数据要素以及由数据要素所创造出的价值作为课税对象，要把数据生产要素的所有者作为主要纳税主体。随着数据在整个生产要素体系中的地位提升和数据价值在整个国民生产总值中所占的比例提高，我国政府可以开征数据资源税；针对数字经济中的网络平台，我国政府还可以在企业所得税之外另外开征专门的平台所得税。也就是说，针对数字经济时代经济活动从以往的企业为主向下延伸到个人这一事实，我国政府应在整个税制结构中更加突出个人所得税的作用，对其赋予更多收入分配调节职能②。

二、科斯产权理论

罗纳德·科斯（Ronald Cosae）因为分析了公司存在的理由在1991 年被授予诺贝尔经济学奖，其认为，对于"为什么一群人要在同一组织架构下一起工作，而不是让参与生产过程中的每个员工都成为独立的买主和卖主"这一问题，主要是基于信息成本的考量。因为现代生产和服务都是复杂性劳动，整个过程涉及多个阶段步骤，在这个过程中彼此的合作和共识是完成一个合乎质量要求的产品和服务的前提。如果每个生产阶段的每项工程信息都需要经过零售市场上的叫卖采买过程，则要花费大量的时间和成本获得合意的采买信息，那将极大地损耗生产效率，使产品和企业在市场上完全失去竞争力。

数字经济时代的生产，在价值链的每一步都投入了脑力和知识，与工业时代在每个步骤上投入资本和劳动相比，更能提高产品的附加价值。这

---

① 鲁洋. 基于数据生产要素的价值分析在"数字税"成因及税制设计方面的探讨 [J]. 全国流通经济，2021（8）：183-186.

② 陈昌盛，冯俏彬，等. 数字税：系统性挑战与中国方案研究 [M]. 北京：人民出版社，2022：19-34.

种变化让人们对选择公司作为生产单位的适用性产生了怀疑。网络时代很有可能一方面要摧毁过去的公司组织体系，另一方面又迫使公司进行革新进而展现出新的生机。这种组织变革现象及其背后隐藏的产权理论，是我们观察和评估数字经济及其税收存在问题和探究应对思路时的一个重要理论基点。

第三章 数字经济崛起及其对现有税制的影响

从第一台计算机的诞生到多台计算机经过互联网连接后形成一个可以实时进行信息传递和交互的网络，再到应用于电商等经济领域，数字经济的表现形式不断演变拓展，数字经济的规模不断增长，数字技术、智慧网络对经济社会的嵌入程度不断加深，覆盖范围日益扩大，数字经济对传统商业模式和现有价值链产生了持续而显著的影响，它正从世界经济的"边缘"走向"中心"。数字经济时代产生了电商、用户参与式互联网平台、应用软件商店、云计算、网络支付等高度依赖于无形资产和用户的新型商业经营模式，价值更多是由用户、无形资产和数据贡献[1]，其流动性与无形性特征突破了地域限制，企业对当地人员执行某些业务功能的需求下降，可以灵活安排服务器等基础资源的物理位置。传统税制一般涉及的征税对象、税基、税率、课税地点等确定有形的税务要素，在数字经济的商业模式和价值创造方式下逐渐变得无形化和模糊化。谁是纳税人，以及他们在何时何地缴税和应该缴纳多少税等原来清晰明了的事项，变得不再确定，税收治理似乎进入了"税制迷失"时代。

上层建筑只有与经济基础相适应，才能更好地促进经济社会的良性健康发展。作为上层建筑的税收制度和作为经济基础的数字经济之间是相辅相成的关系，如果两者之间不适应，将会为双方带来负面影响。蓬勃发展的数字经济为传统税制带来了冲击，影响税收的组织收入、资源优化配置和公平课税等功能的实现；与此同时，因为税收与数字经济的不匹配不适应，也会反过来对数字经济的发展产生阻碍。目前，增值税是我国第一税

---

① 高金平. 数字经济国际税收规则与国内税法之衔接问题思考 [J]. 税务研究，2019 (11)：70-76.

种，数字经济是轻资产经济，增值税税负中的税制要素模糊化问题对我国税收制度造成的冲击更加明显①。在第二章对数字经济税收的基础理论进行分析的基础上，本章将从宏观层面和综合维度描述数字经济的发展演变历史及其在蓬勃发展后对建立于工商业经济基础之上的传统税制的冲击，以便于我们对数字经济税收问题有一个整体的、直观的感受。基于此，本章安排了四节内容：第一节介绍数字技术的发展以及数字经济的崛起；第二节具体到中国这一特定国域场景，从经济规模、企业主体等角度分析了数字经济的发展概况；第三节分析了数字经济发展过程中相应的税收规则的历史演变；第四节从税制要素、税收征管和税收分享三个层面分析了数字经济发展对传统税制的挑战。

第一节　数字技术发展与数字经济崛起

一、数字革命爆发

将电力革命与数字革命放在一起进行对比，可以帮助我们更好地理解数字革命独特而又深刻的内涵。1712 年发明的蒸汽机和 1831 年第一次开发的电力驱动了工业革命。蒸汽动力的开发突破了工厂只能选址于具有强风和水利资源的地理环境的限制，也释放出了大量的手工劳动者。1882 年第一个电站建成，电的潜力才得到大规模的开发，到 1939 年前后，才有 80% 的工厂和家庭开始使用电力。从电力技术的发明到广泛使用差不多经历了 100 多年，而数字革命的进展则要迅速得多。1946 年世界上第一台可编程计算机——电子数字综合器和计算机（ENIAC）诞生时每秒的运算速度是 5 000 次以上，单台造价耗费要达数百万美元，而到 1971 年英特尔公司能将 12 倍于电子数字综合器和计算机的计算能力（每秒 6 万次）置于一个体积很小且成本在 200 美元内的芯片中。到 20 世纪末，个人电脑配置的奔腾处理器每秒的运算速度已经达到了 4 亿次。与电子计算机飞速发展的计算能力相伴随的，是个人用户的快速增长。收音机自诞生之日起到其用户达到 5 000 万等待了 38 年时间，电视机的这一进展过程花了 13 年，个人电脑出现 6 年后其用户就达到了 5 000 万，而从互联网向公众开放开

①　王雍君. 发展数字经济 构建生态友好型经济 [J]. 中国金融家，2019 (5)：140.

始，只用了4年时间其用户就达到了这一水平①。

从以上比较中不难看出，数字技术是更具有创新性、革命性和颠覆性的人类智慧结晶和技术创新成果，其显著特点就是更新迭代快、推广应用迅速、效率和效能增强明显。以电子计算机的发明为起点，网络技术、信息通信技术、大数据、人工智能、物联网、区块链等新的技术衍生品不断产生，对整个经济运行产生了极大的影响，而且因为人们不断地与电脑和机器产生连接，这样的连接也一步步地改变了人们的思维方式，社会文化观念、治理模式等也在随之发生深刻的变化。技术革命重塑了产业结构和经济形态，也必然会对以经济为汲取之源的税收制度产生重要影响。

二、网络智慧新纪元开启

一是互联网的产生为链接提供了可能。互联网是数字经济依赖的一项核心技术，美国军方在20世纪六七十年代研发的专用网络阿帕网被称为互联网的始祖。1969年11月21日，美国国防部高级研究计划管理局建立了第一个阿帕网链接，成为全球第一个运营的封包交换网络②。从1969年诞生以来，阿帕网在速度、能力、便捷度等方面逐渐得到了稳步提高，成本却随着规模扩大和技术升级不断下降，一升一降中形成了经济中的一个亮丽增长点，并对商业模式和投资产生重要影响。

二是万维网的发明丰富了信息形式，且大大提升了信息传输效率。万维网（World Wide Web，Web）源于欧洲原子物理实验室的发展，起初用来帮助分散于各国的实验室里的物理学家相互分享高能物理学方面的信息。这个在提姆·博纳李（Tim Berners-Lee）领导下的开发小组认为：开发一种资料呈现方式的标准比通过关注使用者界面标准迎合硬软件的发展更有意义。这种标准被命名为"超文本语言"（Hypertext Markup Language），英文缩写为HTML。依靠这种语言，人们通过在文字叙述的字或词上添加适当的标签，就可以把不同的资料链接起来，万维网上的创新便由此开发出来，一个全球性的交流沟通系统就建立了起来。借助这个系统，人们可以将分散在各地的网络上的资料集合起来，包含了声音、图片甚至影像的

---

① 美国商务部. 浮现中的数字经济 [M]. 姜奇平，等译. 北京：中国人民大学出版社，1998：5-7.

② 徐翔. 数字经济时代：大数据与人工智能驱动新经济发展 [M]. 北京：人民出版社，2021：40.

文件资料，都可以用浏览器呈现在他们面前。它摆脱了原来只能按照特定路径一步步地查询信息的限制，利用超文本语言把分散的信息组织成了图文并茂的超文本，利用链接从一个站点跳到了另一个站点。

三是国家布局并推动的信息基础设施建设为数字经济的发展提供了强大的助力。信息网络的建设和延伸加密是带动数字经济及网络智慧化发展的主要动力，经济社会变革的核心根源是"信息高速公路"。当美国时任副总统戈尔还是田纳西州参议员时便大力倡导信息科技，经过他多年的努力，美国联邦政府终于在1991年制定了投资"信息高速公路"政策。戈尔当选副总统后更加注重发展电子高速公路网，为后续美国经济发展奠定了良好的信息技术基础。宽带技术进一步提高了网络访问速度，带动了图片、音频和视频技术的发展并激发了新的应用软件创新，使得使用者可以用比拨号接入快几百倍的速度，无延迟地收发图片和音视频，而且宽带接入还为其提供了永久链接，免去了不停进出的麻烦[①]。1997年7月1日，时任总统克林顿和时任副总统戈尔推动制定了促进电商发展的政府工作战略，发布了《全球电子商务发展框架》，这在全球范围内也引发了政府在电商发展和互联网发展中定位与监管原则的大讨论，并大致形成了确定民营部门的领导地位、避免政府对其发展的不必要限制、政府主要为其发展提供可预期的法律环境、政府应当认识互联网的独特性、在全球推动电商发展五大治理原则。数字经济对社会各方面的影响不容忽视，民营部门要更加强化行业自律和企业责任，政府角色在于创造一个更有利于数字经济发展的宏观环境。在《1998年电子商务令》中，时任总统克林顿要求重点关注的领域包括：快速接入互联网的配置、消费者权益保护、促进发展中国家加入电商网络、测度数字经济、推动中小企业使用电商提升竞争力等。

表3-1　支撑数字经济发展的信息与通信技术发展历程

年份	标志性事件
1946	世界第一台电子计算机 ENIAC 诞生
1947	晶体管诞生

---

① 夏皮罗. 数字经济 2000：美国电子商务报告《浮现中的数字经济之三》[M]. 黄奇，袁勤俭，等译. 北京：国家行政学院出版社，2000：176.

表3-1(续)

年份	标志性事件
1948	全球第一台程序存储机诞生
1950	世界第一台商用计算机诞生
1959	集成电路技术出现
1965	美国发射第一颗通信卫星
1966	光纤通信的概念首次被提出
1967	大规模集成电路技术问世
1969	互联网的前身阿帕网项目启动
1970	光纤通信技术由理论进入实际应用层面
1977	超大规模集成电路技术诞生，光纤通信首次商用
1978	英东通信网络技术问世
1989	万维网诞生
1994	互联网首次商用

资料来源：南开大学数字经济研究中心编写组. 数字经济与中国 ［M］. 天津：南开大学出版社，2021：1-2.

　　网络智慧新纪元下的经济体系是一个数字化的经济体系，所有的信息都被数字化，也就是信息被简化为比特储存在电脑中，并以光速跨网络传播。借由电脑的二位元码，信息及通信都被转变成了0和1的数字化组合。和旧时代人类语言的发明对于实体性互动关系的规范所产生的重要影响类似，这种电脑语言的发明也对人类社会产生了颠覆性的影响。不同于旧时代经济体系中的信息流通必须得靠实体传输，数字经济时代的一切信息都在数字化的网络通道中得以畅通流动。数字经济时代的科技重点已从支持人类的心智发展转移到了支持人类的互动关系①。

　　美国商务部在1998年4月发布的《浮现中的数字经济》一书中，第一次全面报告了美国的信息产业和电商对经济的影响，通过报告让美国和世界上其他国家更好地了解了电商的美好未来。1999年美国商务部继续发布了《浮现中的数字经济Ⅱ》，向大众呈现出更多有关美国经济增长和变

---

　　① 泰普思科. 泰普斯科预言：21世纪人类生活新模式 ［M］. 卓秀娟，陈佳伶，译. 北京：时事出版社，1998：8-9.

化的信息：梳理了历史上远程通信和信息技术对经济长期持续增长的贡献，介绍了计算机软硬件、电商、信息产业的投资增长情况以及这些行业新增就业和报酬增加方面的信息。2000 年，因为人们对数字经济的认识已经逐步清晰，美国商务部将《浮现中的数字经济》这一书名进行了变更，即《数字经济 2000》。

三、全球数字经济发展概况及各国数字经济发展战略布局

伴随着新一轮科技革命和产业变革的到来，以互联网、人工智能、云计算、区块链等为代表的数字生产力得到长足发展，并逐渐成为世界经济和社会秩序的主宰力量。数字经济发展速度之快、辐射范围之广、影响程度之深前所未有，正推动着生产方式、生活方式和治理方式深刻变革，成为重组全球要素资源、重塑全球经济结构、改变全球竞争格局的关键力量，也成为世界大国深度布局和抢先发展的主战场。

从规模来看，各国都已经形成了庞大的数字经济发展存量。按照中国信息通信研究院的广义数字经济统计口径，美国 2018 年的数字经济规模就已超过了 10 万亿美元，达到了 12 万亿美元，而同时期的中国只有近 5 万美元，只达到其四成，而且各国之间差距巨大。根据阿里研究院的统计测算方法，对各国 2018 年数字经济指数进行的测度结果显示，排名第一的美国总指数为 0.837，紧随其后的是我国，总指数为 0.718，而排在倒数第一名的叙利亚的该指数只有 0.103。数字经济具有更加明显的规模效应和网络效应，在现在已经形成的发展差距，更有可能随着时间的延长而不断固化强化①。

从未来布局来看，各国都在加快数字经济战略布局。美国早在 1993 年就制订了国家信息基础设施建设计划，提出了"信息高速公路"的概念，规划在美国建成一个由通信网、计算机、数据库等组成的互联互通、全面覆盖的完备网络；1998 年美国提出了"数字地球"的概念，将海量地理数据嵌入自然和社会活动管理中；2012 年美国又制订了大数据研究与发展计划，成立了大数据高级指导小组，利用大数据技术提升国家治理能力和经济决策效果；2016 年美国贸易代表办公室成立了数字贸易工作组，以快速识别数字贸易壁垒并制定应对的政策规则；2018 年美国发布了《国家网络

---

① 南开大学数字经济研究中心编写组. 数字经济与中国［M］. 天津：南开大学出版社，2021：14-15.

战略》，进一步明确了对未来数字经济的发展愿景，美国数字经济的政策目标是维持美国在科技生态系统和网络空间的影响，使其成为美国经济增长和科技创新的开放引擎。此外，欧盟在 2015 年启动了单一数字市场战略，为 28 个成员革除监管与法律障碍，打造统一的数字市场，以便为欧盟数字经济发展提供支持；2016 年欧盟公布了数字化欧盟工业的计划，并提出了明确的行动路线；2017 年欧盟正式启动"打造欧盟数据经济"计划，并发布了相应的政策文件；2018 年欧盟又针对公共部门、科研机构和私人数据的开放共享问题发布了《建立一个共同的欧盟数据空间》政策文件。

四、数字经济对教育、创业和经营战略的影响

一是数字经济对教育的影响。知识性工作与创新是数字经济的重要特征，当人们在从事知识性工作时必须要求自己也同时是一个学习者的角色和状态，而且自身也必须不断学习才能满足知识性创新性工作的要求。因此，工作和学习的过程自然地交织在了一起，工作与学习的重叠嵌套构成了工作能力最坚实的要素。在传统经济体系中，学习阶段和工作阶段是截然分开的，人们需要先读书受教育再去岗位上从事工作；而在数字经济背景下，人们一辈子需要不断地更新自己的知识库，学习成了一生都不能间断的事业，终身学习变得既必要又可行。此外，学习的渠道也会发生很大的改变，正规高校在教育中的重要性会下降，私人企业需要承担更多的教育责任。因为数字经济是知识性经济，学习成了日常工作和生命中的一部分：为了让工作有效率，员工就必须去学习；为了保持和强化竞争优势，企业就必须变成新型的学校。这也是为什么现在各个企业的商学院如雨后春笋般快速建立起来的原因，与之相应的是企业员工的教育预算将会得到快速增长。现有教育机构由于对瞬息万变的商业世界缺乏感知应变能力、教师知识技能更新缓慢，常常会陷入因传授的知识技能老化而不被社会待见的困境。有学者曾形象地举例，如果 75 年前有位医生乘坐时光机器旅行到了现在的医院里，那位医生绝对没办法给病人看病了，但如果是同时代的一位老师则照样可以给学生上课，因为黑板、书桌、九九乘法表等教学内容基本上没有什么大变化，所以他还可以驾轻就熟。这个简单的例子可以用来说明，教育领域和教育机构的更新换代实在太缓慢了。培育形成学习型组织是企业应对激烈竞争必不可少的手段，只有学得比别人快的企业，才能赢得参加竞争的机会，克服组织上的学习障碍并建立学习取向的

组织形态需要组织共享洞察力，借助网络以团队的形式开展学习，将个体通过学习和思考形成的智慧转化升级为企业经营管理的智慧。

二是数字经济对创业的影响。在数字经济背景下，任何一个有好主意和小软件的人都可以建立一个商店，并且成为面向全球的小商店。人们通过使用特定的软件程序可以将原始庞杂的资料转化为信息，再将信息翻译成知识。当人们把自己的思考、判断和洞察力加入这些知识后，这些知识就可能转化为智慧。若是将企业家能力和创新成果之间进行一种很好的融合，就能为我们的市场提供更多的原来难以想象的新产品和新服务。由此可见，网络可以带给企业新的组织结构和新的策略能力，可以帮助人与人建立更强烈的互信关系，也可以为学习型组织的建立提供很好的帮助，同时扩大了人们学习和沟通的渠道。

三是数字经济对经营战略的影响。脑处理能力的快速增长、网络用户覆盖密度和覆盖范围的快速拓展、功能强大的新软件不断被研发出来并投向市场等技术上的进步，大幅降低了计算机操作、数据存储与信息检索和电子通信的成本，进而带动互联网的迅速发展，并极大地鼓励了企业在软硬件领域的投资，从而推动了整个经济的发展。互联网省去了大部分用来构筑电子处理软件和通信服务的费用，因为数字格式和数字网络标准化，网络的使用和商业应用的拓展使得计算机和通信设备链接起来更加方便且成本低廉，互联网促成增加的交易机会和通信硬件成本的下降导致了价值创造和效率提升得以实现。作为技术和经济巨变的产物，互联网既是数字经济发展的原因又是其发展结果的表现，互联网和相关网络技术成为数字经济发展的重要媒介。

第二节　中国数字经济的发展概况

一、中国数字经济的发展进程

信息通信技术既是数字经济发展的技术基础又是数字经济的重要组成部分，传统信息通信技术产业主要包括电子信息制造、软件服务、信息通信、广播影视和互联网等行业。从 2008 年以来，整个信息通信技术明显地呈现出了向数字技术领域不断拓展延伸的趋势：一方面，在传统的信息通信产业内部电子制造比重逐渐降低，软件和互联网占比增加迅速；另一方面，云计算、移动互联网、数据分析服务等新兴 ICT 产业①逐步成长起来。根据中国信息通信研究院 2019 年年底发布的关于 ICT 产业发展趋势的预测，未来我国 ICT 产业的发展方向主要有三个：一是新型数字基础设施的发展普及，为数字经济发展夯实公共基础设施；二是 ICT 技术的拓展升级，物联网、移动互联网、大数据、云计算、人工智能为核心的新兴技术逐渐走向成熟，走向商业化运用；三是新兴数字技术逐步嵌入传统一、二、三产业，推动产业数字化与智能化转型升级。

如前所述，互联网最初用于军事领域，后又逐步向科研与商业应用拓展。1994 年 4 月 20 日，我国全功能接入互联网，开启了共建共享全球互联网的新征程。经过数十年的发展探索，我国互联网产业规模逐渐壮大，互联网普及率达到较高水平。特别是 2010 年之后，在移动互联网发展阶段，我国依靠庞大人口规模形成的超大市场优势，在商业模式上持续创新，形成了全球瞩目的数字经济发展成效。

具体来看，我国数字经济发展大致可以分为三个阶段：首先是互联网阶段，时间是 1993—2008 年。在这个阶段，互联网被作为新的信息媒介引入经济社会，电商、门户网站和搜索引擎等是其代表性成果。其次是移动互联网阶段，时间是 2009—2015 年。2009 年我国开始下发 3G 移动牌照，网络速度与以往相比有了大幅提升，移动互联网得到了飞速发展，这个阶段的"互联网+"得到了人们的广泛认同和应用，为商业化应用提供了更大空间。最后是万物互联阶段，时间是 2016 年至今。2016 年以来，智能化崛起成为数字经济的趋势化特征，依托云网端屏为代表的新一代基础设施，人工智能、大数据、区块链、云计算、物联网等新技术快速发展，对我国经济社会产生了革命性的影响②。

我国数字经济发展阶段见表 3-2。

表 3-2　我国数字经济发展阶段

时间	第一阶段 （1993—2008 年）	第二阶段 （2009—2015 年）	第三阶段 （2016 年至今）
阶段	互联网	移动互联网	万物互联

---

① ICT 是 IT（信息技术）和 CT（通信技术）的结合体，是在传统通信技术基础上融合了 IT 技术推出的解决方案。

② 张晓. 数字化转型与数字治理 [M]. 北京：电子工业出版社，2021：68-69.

表3-2(续)

时间	第一阶段 （1993—2008 年）	第二阶段 （2009—2015 年）	第三阶段 （2016 年至今）
代表性应用	电商、门户网站、搜索引擎	互联网+	人工智能+
代表性国家	美国	中国和美国	中国和美国

资料来源：张晓. 数字化转型与数字治理［M］. 北京：电子工业出版社，2021：68.

二、中国数字经济的发展现状

中国互联网络信息中心（CNNIC）于 2022 年 3 月发布的第 49 次《中国互联网络发展状况统计报告》显示：截至 2021 年 12 月底，我国网民规模达 10.32 亿，一年间增长了 4 296 万，互联网普及率达 73%，较上年同期提升了 2.6 个百分点；我国网络视频用户规模达 9.75 亿；我国网络支付用户规模达 9.04 亿；我国网络购物用户规模达 7.71 亿；我国在线办公用户规模达 4.69 亿；我国在线医疗用户规模达 2.98 亿。中国互联网协会组织编撰的《中国互联网发展报告（2021）》于 2021 年 7 月在第二十届中国互联网大会上正式发布，其中提供的数据显示：2020 年我国云计算市场发展迅速，产业规模达到了 1 781 亿元，增速在 33% 以上；大数据产业规模达到了 718 亿元，增幅领跑全球数据市场；人工智能产业规模达到了 3 031 亿元，同比增长 15%；物联网产业规模突破了 1.7 万亿元；智能网联汽车销量超过了 303 万辆，同比增长 107%；AR（增强现实）市场规模约为 300 亿元，VR（虚拟现实）市场规模约为 230 亿元；工业互联网产业规模达到 9 164.8 亿元；网络音视频规模达到了 2 412 亿元；区块链产业链已逐渐形成，产业整体呈现良好发展态势。

2005—2020 年中国数字经济规模增速见图 3-1；2015—2020 年中国 GDP 增速和数字经济增速见图 3-2。

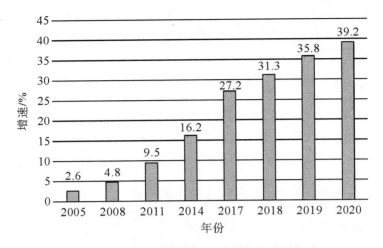

图 3-1　2005—2020 年中国数字经济规模增速

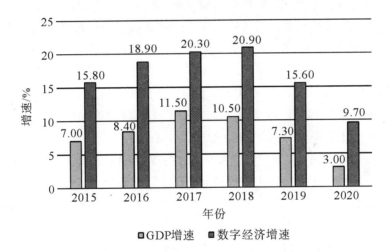

图 3-2　2015—2020 年中国 GDP 增速和数字经济增速

三、中国代表性数字经济企业

与我国快速发展的数字经济相伴随的，是一批数字经济企业快速成长起来。2018 年，福布斯首次对外发布了数字经济 100 强榜单，上榜企业包含了来自全球 17 个国家和地区的从事 IT、硬件、数字零售等行业的上市企业，排在榜单之首的是美国的亚马逊公司。我国总共有 22 家企业入选了百强名单，腾讯作为我国企业的第一名排在了榜单的第十八位。2019 年，福布斯再次发布数字经济 100 强名单，我国有 14 家企业上榜，中国联通以我国企业第一名排在了榜单的第八位，阿里巴巴和腾讯分列第十位和第十四位。突破了福布斯发布的榜单仅局限在上市公司的限制，我国也在2021年11月发布了《2021数字经济创新企业100强》，其中腾讯、阿里巴巴、百度、华为技术有限公司（以下简称"华为"）和京东占据前五名。

第三节　数字经济税收规则的历史演变

一、20世纪90年代电子贸易税收规则的建立

一是美国基于自身在数字经济领域的先发优势，主导并推动形成有利于数字经济发展的税收政策导向。互联网和电商的兴起既改变了经济增长方式，也影响了世界经济格局和贸易体制。作为电商发展技术基础的信息产业是美国的优势产业，而且购买更多的信息技术产品是发展电商的前提条件。引导全球各国都大力发展电商并为电商及其相关的产业争取到免税待遇，对于美国的信息技术产品在全球市场中打开销路至关重要。基于这种逻辑，互联网和电商的兴起以及相应建立的免税或低税率的政策体系，对扩大全球贸易规模、改变贸易方式和形成新贸易格局也带来了重要影响，促成了工业革命以来影响最大的全球贸易体制变革[①]。尤其是在克林顿政府时期，美国基于在全球电商方面的领先地位，极力推动电商在全球的自由贸易，将在过境电话、文字传输和计算机数据传输相关业务中的免征关税政策扩大到了互联网上开展的电子贸易，力图在互联网上建立新的国际贸易自由区。在美国的引导推动下，数字经济被视为驱动经济增长的利器，受到了世界各国的欢迎。为了保护被寄予厚望的数字经济，国际组织纷纷开始制定促进其发展的税收优惠等支持性政策。

二是世界贸易组织（WTO）达成有利于数字经济发展的技术、贸易和财税金融政策。为了迎接即将到来的数字经济，世界贸易组织在1997年达成了作为21世纪基础的三项全球性协议，分别是信息技术协议（ITA）、基本电信协议（BTA）和金融服务协议。1997年年初，世界贸易组织达成的信息技术协议明确表示，将在随后几年逐步取消多种全球信息技术产品

---

① 美国商务部. 浮现中的数字经济 [M]. 姜奇平，等译. 北京：中国人民大学出版社，1998.

的关税征收。当时信息技术产品占全球生产总值的 1/30，而签订协议的相关各国信息技术产品价值占到了全球同类产品总价值的 94% 以上。1997 年 2 月，世界贸易组织达成的基本电信协议涉及 70 个国家和地区，涵盖全球整个电信行业 6 000 亿美元产值中的 95% 以上。该协议规定：要改变过去长达 60 年之久的电信业由国家垄断和市场分割的管理传统，允许外国公司通过各种网络技术手段进入本地、远程和国际服务领域，彼此开放电信业市场，取消非必要管制，使各国电信服务可以在自由市场上展开竞争。1997 年 12 月，世界贸易组织达成了银行、证券、保险和金融信息服务在内的多项全球金融服务协议，协议涉及范围覆盖了全球金融服务市场的 95%，世界贸易组织中有 102 个国家和地区做出了开放金融服务市场的承诺，其中涉及的金融证券资产、全球银行贷款和世界保险金分别达到 18 万亿美元、38 万亿美元和 2 万亿美元[①]。1998 年，世界贸易组织就开始讨论全球电商免税协议问题。

三是美国正式签署针对性的《互联网免税法案》，对数字经济发展提供切实的税收支持，同时也为其他国家提供政策参照。时任总统克林顿在 1998 年 10 月 21 日签署了《互联网免税法案》，对于州和地方政府与电商相关销售活动涉及的税收与贸易问题设置了 3 年延缓期，并设立了国会咨询委员会针对这些问题展开专题研究。其要求，各州和地方政府对互联网这一新型商务模式不再加征新税，对于已经存在的税赋也应该进行梳理归并，以避免与国家税务法规不一致导致的双重征税问题，同时要求税务系统不能根据采用的是电子手段还是传统渠道而对类似的交易进行区别对待[②]。

四是互联网减免税政策也得到了经济合作与发展组织的确认和推广。1998 年 10 月，经济合作与发展组织召开了全球电商部长级会议（又称"渥太华会议"），在会上发布的联合申明对时任总统克林顿施政方略中的税收原则表达了支持的态度，签署了无差别对待在线交易和非在线交易的《税收框架环境》，倡导各国对互联网和电商实行非歧视性税收政策。

美国积极倡导并推动经济合作与发展组织和世界贸易组织等国际组织

<hr/>

① 美国商务部. 浮现中的数字经济 [M]. 姜奇平，等译. 北京：中国人民大学出版社，1998.

② 夏皮罗. 数字经济 2000：美国电子商务报告《浮现中的数字经济之三》[M]. 黄奇，袁勤俭，等译. 北京：国家行政学院出版社，2000：215.

就数字经济达成新的合作协议，其目的在于制止对电商实施非必要限制，为电商的进一步发展排除人为障碍。其中，国际组织之间达成的关于支撑互联网建设的设备以及经由互联网传递的产品和服务免征关税的税收优惠协议，既使美国企业和消费者获得了实实在在的收益，又促进了以电子形式转移的数据在各国之间的流动，相应的数据价值得以实现并且有明显的增值。各国逐渐认识到对采用电子交易形式的产品和服务征收关税不是增加国家税收的明智方法，这样不仅会在增加企业税收负担后影响其市场竞争力，还会对电商投资积极性造成打击。因此，美国关于电商免税的相关倡议逐渐得到其他成员的认同和接纳。

二、避税天堂的兴起与电商税收流失的审视

数字经济产生早期，各国和国际组织为了促进数字经济发展制定的税收优惠政策在促进大型互联网企业快速成长的同时，也助长了它们的税务筹划动机。一些国际互联网巨头利用税收规则的漏洞，通过新的组织架构和股权结构设计，借助避税天堂和税收洼地在多国范围内实行利润的腾挪转移，尽享来源国、居民国和第三国的多重税收优惠。从实际税收负担情况来看，数字经济的税负严重低于实体经济的税负，造成了对实体经济的税收歧视，不利于形成公平良性的市场竞争环境。随着数字经济的发展壮大，税收治理由早期的解决双重征税问题逐步发展过渡到了避免双重不征税问题。以往的电商免税政策走到了调整变革的重要时间窗口。

欧盟开创了对电商征税的先河。1998—2003年，欧盟颁布了一系列电商免税的法律文件。1998年，欧盟委员会就明确电商增值税要坚持确定性、简洁性和中立性的征收原则。2003年7月，欧盟成员发布实施了电商增值税的新法令，开创了对电商征税的先河，使其成为世界上首个征收电商增值税的地区。2017年12月，欧盟颁布实施了以简化征收流程为特点的《电子商务增值税条例》。新法令延续了欧盟全境内现存的增值税跨境征税的起征点，大大简化了小微企业的商务流程并节约了商务费用；同时还要求扩大一站式征税制度（OSS）的覆盖范围，从目前欧盟成员内部的电商扩大到非欧盟成员通过网络销往欧盟成员的交易。新法令也明确表示，应由电商平台负责对经由其销售的非欧盟电商的商品和服务增值税的代扣代缴。一站式征税、平台代扣代缴等制度和方法决定了销售商在市场国缴纳增值税，有利于提升欧盟成员之间的税收分配公平性，并对欧盟单

一数字市场策略的形成产生积极影响。根据新法令执行时间表，2019 年上半年，经过欧盟成员和在线平台的协商，欧盟公布了新的《电子商务增值税改革实施条例》，以保证《电子商务增值税条例》的顺利实施，新的《电子商务增值税改革实施条例》于 2021 年 1 月起生效。

三、数字税的提出与实施

随着数字经济的进一步发展和经济数字化的程度加深，除了电商以外，数字经济其他表现形式的税收问题也被提上了议事日程，数字税呼之欲出。对于是否要征收数字税具有较大的争议，数字经济本身具有明显的创新性，有人认为对数字经济征税会影响甚至妨碍创新。美国国家利益杂志发表的文章指出，对数字经济征收的流转税如增值税和消费税等最后实际上都会转嫁到消费者身上。而且，大型的跨国数字企业在发展初期往往都会经历一定时期的亏损经营，这些企业在经营中也为公众提供了大量免费数字服务，是属于应该受到鼓励的行业，对数字企业征税可能会冲击这种先发展后盈利的创新发展经济模式。支持对数字经济课税的人认为，数字产业在给社会带来创新的同时也带来了诸多破坏，如在电商的冲击下，许多实体商店被迫倒闭，与电商相适应的制造业及其跨国配置，可能降低生产制造业的税收和相关行业的工薪税收收入。

数字税逐渐从理念向政策方案和实践领域拓展。英国于 2018 年提出新的数字税，随后，西班牙、奥地利等欧洲国家也提出了本国的数字税版本。2019 年 7 月 11 日，数字税法案获得法国参议院通过并由法国总统马克龙签署后执行。该法案规定，法国将向全球互联网技术企业征收数字税，其中对全球数字业务年营业收入超过 7.5 亿欧元的企业和在法国境内年营业收入超过 2 500 万欧元的企业按 3% 的税率纳税[①]。

第四节　数字经济发展对传统税制的挑战

被称为数字经济之父的泰普斯科特著有《维基经济学：大规模协作如何改变一切》一书，书中详细论述了电子计算机、互联网等信息技术在广

[①] 段炳德. 加强国际税收协调　应对数字经济挑战 [N]. 中国经济时报，2019 - 10 - 25 (005).

泛普及之后带来的生产组织方式的改变。众所周知，维基百科全书网站是一个基于维基技术的多语言百科全书式的协作计划，由全球网友自由编辑形成的[①]，因为这种独特的运营模式，维基百科取得了巨大的成功，在2018年就因其在全球的巨大知名度和影响力入选了世界品牌500强。泰普斯科特正是在这个意义上将数字技术变革带来的生产组织方式变革趋势概括为维基经济学，是对数字经济在生产组织方式方面特征的进一步具体化。传统的税收制度是建立在工业经济背景下的大规模生产基础上的，经济活动被划分为生产、分配、流通和交换四个环节，在生产环节和流通环节征收增值税，在分配环节主要征收企业所得税和个人所得税，企业的产品数量多、同质化、成本价格趋同，利于进行成本和利税核算，企业是纳税的主要对象。而在数字经济背景下，按照专业化分工的传统生产模式逐渐向协作一体化生产制造模式转变[②]。在这种生产组织模式下，生产者直接面对消费者，缩短了经济活动链条，减少了可税环节和空间；个性化的产品成本价格差异较大，成本利润核算难度增加；网络购物一对一模式交易分散，单次交易的额度极度萎缩，税收征管成本增加。下面，我们将依次从税制要素、税收征管和税收分享三个方面对这些影响进行具体分析。

一、对税制要素的挑战

一是纳税人高度分散化。现有税制是建立在传统的以企业或单位组织为基础的纳税或扣缴税款主体之上的，企业要经过工商注册和税务登记流程才能进行生产经营活动。企业聘用专业的财务人员且有可能专门设立财务部门负责相关的成本会计核算与税务工作，即便是没有自己专门的财务人员的小型企业，也大都会委托第三方机构代为记账缴税，在这个过程中纳税人或办理纳税事务的主体在专业化、集中度和税法意识方面都与现有的税制比较适应。而随着数字经济的发展，借助于网络交易平台，大量个体介入了生产经营活动，通过向其他消费者提供产品和服务获得收益和收入。这些个体数量多、所处地域分散、会计税收相关专业知识技能欠缺，由数字经济额外增加的生产经营和交易活动形成的纳税对象多如牛毛，呈现出高度分散化的特征，对于锁定纳税人提出了较大挑战。

二是课税对象模糊化。数字经济下产生了很多新业态、新模式。摆脱

---

① 根据 https://baike.baidu.com/item/维基百科/106382? fr=aladdin 相关资料整理。

② 秦长城. 数字经济下的税制变革 [J]. 新理财, 2016 (5)：71-73.

了工业经济对原材料、厂房设备的诸多限制，很多经营活动也具有虚拟化和隐蔽性，产业边界经常被突破，大型数字经济企业可以非常便利地对收入和利润进行转移，减少应纳税经济规模或将收入更多地引流到低税率应税事项。现有税制对于这种新经济活动相应产生的收入利润分类和适用税率难以准确认定，使得课税对象变得模糊。

三是从生产者到消费者的中间环节减少，对增值税的"环环征收，层层抵扣"的税收设计基础产生了冲击[1]。在全面实行"营改增"之后，我国的增值税在整个税制体系里的地位更加凸显，而数字经济的一个重要特点就是减少中间环节，使生产者与消费者直接对接。而且与原来的采购商、经销商大规模采购且需要相应采购票据不同，单个消费者一般不索取发票，这样就在征税环节和计税规模上都对现有税制产生了不少冲击。

二、对税收征管的挑战

一是跨境网络贸易挑战国家税收管辖权。电商使得数字化的产品与服务的跨境流动摆脱了传统的海关和国境的监管，大型互联网企业通过巧用股权和组织架构模式，实现跨国利润转移。"避税天堂"在为企业节税的同时，也使得很多国家的正当税收利益受到冲击。围绕数字税的国际争夺和税收利益冲突加剧，既关系到国家税收管辖权的实现，也牵涉到一个国家主权的行使[2]。

二是大幅提高税收征管成本。检验税收制度合意性的一个重要参考维度，就是税收征管成本。数字经济使得纳税主体分散化、税源税基碎片化和交易隐蔽化，在交易平台不提供相关交易数据的情况下，给税收征管和税务稽查带来了很大挑战。

三是税收不公影响纳税遵从。电商在发展初期被各国视为一种拓展对外贸易的利器，为了鼓励其发展都制定了不少税收优惠政策。随着电商的发展壮大和涉及经济规模的扩大，长期发展下来，导致数字经济的税负明显比传统经济要轻，实体经济既要承担高昂的店面成本，还要负担更高的税负。在这种双重压力下，大量实体经营店破产倒闭，无法形成公平税负和公平的市场竞争环境。一方面，依附于数字经济上的个体经营者尚未形

---

① 陈昌盛，冯俏彬，等. 数字税：系统性挑战与中国方案研究［M］. 北京：人民出版社，2021：70.

② 同①：1。

成良好的纳税意识，对其征税难、成本高，导致经济体系中有如毛细血管般的税收滴漏；另一方面，大型互联网企业或头部直播带货网红因为经营范围广、涉税规模大，有强烈的税收筹划动力，依靠大型专业注册会计师税务律师机构，在共同的利益驱动下，形成规模可观的税收截流，使得国家整体的可税规模不断压减，大小两方面共同作用，对国家征税能力形成了较大挑战。大企业和公众人物的偷逃税行为在社会上会产生恶劣的影响，降低全社会纳税遵从度。

三、对税收分享的挑战

纳税地点与价值创造地的内在联系被割裂。现有税收制度一般按照纳税人机构所在地、登记注册地或居住地划分税收管辖权，如果在某地经营时长达到一定限度，就应该在经营地办理登记并照章纳税。但数字经济下的经营活动在虚拟的网络空间跨地进行，且在数字经济下产销边界动态流动，生产者参与了价值创造过程，这就造成了价值创造与纳税地点不一致的问题。例如，A城市消费者创造的价值被作为平台企业利润汇总缴税的总部所在地B城市悉数收走，消费者所享受的基本公共服务成本却都由当地政府承担，这既体现了明显的税收不公，又进一步拉大了城市之间的发展差距。

在数字经济模式下，数量惊人的用户注册及网上行为形成了海量数据，网络平台将用户身份及轨迹偏好信息收集形成用户原始数据，因为未曾加工尚无明确使用领域，所以此阶段还不能将用户数据变成无形资产。一旦网络平台企业将收集到的用户数据进行分类、加工、统计分析，进而形成可以应用于网络平台运营或为第三方平台提供决策支撑并获得回报的统计预测模型、分析报告、公式运算等结果时，用户贡献的数据实际上就形成了数字经济的价值核心——无形资产。这种无形资产是作为供给方的网络平台和作为需求方的用户共同创造的，借助于持续不断地为用户提供服务和数字经济中普遍存在的网络效应，可以使网络平台的无形资产的价值进一步提升，平台用户数量及其活跃程度逐渐成为平台无形资产价值的重要衡量指标。因此，数字网络平台用户作为无形资产价值形成的重要参与者和贡献者，自然也应分享该无形资产的所有权及其相应回报。但OECD现行的转让定价中关于价值贡献认定的理论认为，因为该无形资产的所有权和控制权归属于网络平台，即便用户对无形资产价值有贡献，也无法分享相应的收益。我国在转让定价上曾提出了按照"选址节约"与"市场溢价"原则确定价值贡献的分享问题,数字经济的用户参与价值贡献应分享相应收益实质上可以视为这个建议的"网络版"。因此,主要市场国家在经济数字化背景下,在推动以用户数量及其参与度作为"显著"存在的衡量指标时,也可能会面临与我国类似的理论困境[1]。

---

[1] 刘森,金戎. 数字经济税收问题的潜在解决方案探讨 [J]. 财政科学,2018 (11):86-92.

第四章 数字经济税收典型案例及伦理构建

　　数字经济对现有税收制度的影响和冲击，不仅存在于理论分析的想象层面，现实中也已发生了不少数字经济税收博弈的具体案例，可以为我们理解数字经济税收问题提供更直接和更直观的感受。本书第二章对数字经济税收的规范性理论分析框架进行了概述；第三章着眼于现实，从宏观角度对数字经济的发展演变历程和整体情况以及数字经济对税收制度的冲击进行了综合性分析和描述。根据本书主题"数字经济税收问题研究"中的"问题"导向，本章将从微观视角着手，对数字经济发展过程中具体税收征纳双方的冲突、矛盾、博弈和惩处展开分析，将研究拓展到了解剖麻雀式的案例研究层面，希望在前面的理论分析和宏观现实分析的基础上，为读者带来关于数字经济税收问题的更直观感受。

　　本章具体包括五节：第一节介绍税收博弈和数字经济税收流失的基本分析框架，为后面的案例分析奠定基础；第二节至第四节选择了三个案例进行具体的分析，选择三个案例时尤其注重考虑案例的代表性，如第二节主要关注国际互联网巨头如何利用"避税天堂"通过复杂的股权和公司治理架构设计进行避税的问题，有助于我们开阔视野；第三节主要关注借助网络平台进行跨境电商偷逃税的问题；第四节主要关注直播带货网红偷逃税被处罚的问题；第五节是对前面所分析的数字经济税收案例的一个总结和提升，提出了数字经济税收伦理的理论命题，将数字经济税收问题研究推向一个新的理论高度。

第一节　税收博弈及数字经济税收流失分析

一、税收博弈的一般理论分析

在丛林社会下，人人都要进行防御性投资，就大大减少了整个社会可用于生产性投资的资源，这对于整个社会的福利提升是极为不利的。为此，大家订立契约组成国家，由国家负责国防治安等公共事务，而个人要向国家缴税以维持国家机构的运转和弥补公共事务的成本。随着社会生产力的提高和社会发展的需要，国家职能不断拓展，所提供的公共产品和公共服务逐渐增多，社会整体税负也呈上升趋势。因为税收是纳税人的利益让渡，对抗和逃税是纳税对象的天然倾向，在税收征管和税务稽查能力薄弱、自觉纳税意识不强的情况下，涉税主体容易产生偷逃税动机①，如果这种税务上的违法行为得逞或者被发现后惩处较轻，就容易诱发更多类似的偷逃税行为。代表性企业和个人偷逃税行为容易给其他纳税主体产生负面影响，带动其他企业和个人也加入偷逃税行列，从而进一步恶化整个国家和社会的纳税环境。而且，以税收对经济的汲取为基础的公共支出具有刚性，特定企业和个人的偷逃税行为意味着其他纳税主体要承担更高的税负，才能保证获得支撑公共支出的必要税收，在同一市场环境下，市场主体之间就会因为税收征管问题出现所负担的税负有高有低的差异，进而不利于形成公平的市场竞争环境。

企业基于自利动机通过税收制度漏洞、征管薄弱环节或其他途径谋求的不当税收成本减免，既造成了国家税收流失，冲击了税收的组织收入功能和宏观经济内在稳定器作用，挑战公平税负原则，也可能对国家税收文化和经济环境带来不利影响，造成"劣企业驱逐好企业"的市场失衡局面②。因此，围绕企业的税收违法违规行为，国家税务部门必须对其进行严格的稽查并进行相应的惩处，形成不敢偷逃税、不想偷逃税和不能偷逃税"三位一体"的税收治理框架，在维护税法权威的同时积极营造依法照章纳税的良好社会文化氛围。税收过程伴随着征税主体与纳税主体在现有

---

① 马拴友. 税收流失的博弈分析 [J]. 财经问题研究，2001 (6)：3-8.
② 曲顺兰，路春城. 税收流失的经济影响与防治对策 [J]. 税务研究，2003 (12)：45-48.

税收制度框架下的博弈，税收流失程度取决于税收领域的博弈结果①，通过具体的税收博弈案例深入认识税收征纳双方博弈的起点和焦点，可以帮助我们更好地检视现有税收制度的适应性，并发现下一步税制改革的突破口。

二、税收博弈的特殊性分析

新兴的信息、数字和网络技术的推广应用，为个人和组织赋能。掌握并熟练应用新型生产工具的组织和个人迅速武装起来，对企业的生产组织方式和个人收入方式进行了全面的革新，继而呈现出了一些税收博弈的新特征。本书认为，如果将数字经济对社会的影响归结为一个词的话，那就是"分化"。在新型高科技的影响下，强者恒强的马太效应被进一步强化。具体到税收博弈分析语境，数字经济下的企业呈现出"巨无霸"和"满天星"两极分化特征，其中"巨无霸"代表着那些市场占有率高、营业额和利润规模大、管理专业性强的大型互联网企业和平台公司，"满天星"则代表着数量众多、高度精简瘦身的小微企业和个体经营者。一方面，"巨无霸"型企业因为涉税领域和规模巨大，节税形成的税收减免收益足够丰厚，所以节税避税动力较强，也对其他的律师事务所、会计师事务所和税务师事务所等专业性中介机构产生吸引力进而形成利益联盟，打破了传统的国家税务部门与企业之间税收博弈的稳态结构，国家税收征管迎来了更大的挑战；另一方面，"满天星"型纳税主体组织结构大都比较精简，纳税意识尚待养成，税收征管成本高，又形成了一个因为博弈对象过多过小导致税收征管无处着力的问题。从整体来看，就是数字经济税收博弈出现了强者太强打破原有博弈均衡和弱者太弱导致博弈无从下手的新特征。

三、数字经济税收流失的影响因素及渠道

本书认为，影响数字经济税收是否能够足额征收、公平纳税和税收流失规模的因素有五个：一是时间因素影响导致的相关认识的成熟度差异。因为数字经济毕竟还是社会上的新生事物，对其认识有一个逐步深入、渐趋客观理性的过程，税收制度是处理政府和企业利益的关键性制度安排，制度质量和制度稳定性要求较高，必须基于正确理性基础认识上再进行制

---

① 郝春虹. 税收流失的博弈分析 [J]. 当代财经, 2003 (12)：22-26.

度调整才更为妥善。当前我们对数字经济的统计、业务分类、数字经济的宏观社会影响的认识还处于早期探索时期，因为政府和企业的立场不同、各地税务部门的思想认识深度不同、不同部门在数字经济发展中的价值观和导向不同等诸多差异，相应地容易产生税收征管缺口。二是整体经济形势和财政收支压力的差异。在经济发展形势好的时候，财政收支压力不大，更容易选择维持现状策略，延长税收改革的观察期，而在经济下行和财政收支压力较大时，则更容易触动改革扳机。三是数字经济的增长速度和影响广度深度。数字经济税收流失规模显然与数字经济规模正相关。随着数字经济规模的快速增长以及数字经济对社会各个领域的影响的逐步呈现，数字经济税收流失问题自然不容忽视。四是税收征管技术应用情况。税收征管技术落后、涉税信息稀缺、税收征管成本高会导致更多的数字经济税收流失。五是纳税宣传和税收文化营造成效。税法宣传不到位、税收文化发育不足、税收违法犯罪惩处不力等都会对整个社会产生负面影响，容易造成更大规模的税收流失。

数字经济税收流失的主要渠道有四个：一是购买专业组织服务，对因为是新生事物而尚未明确的涉税政策进行有利于企业避税的政策解释游说，谋求形成更多有利于自身的税收政策解释和以较低税率履行纳税义务；二是借助数字经济中无形资产占比高、收入和利润流动转移便利的特点，利用现有税制体系中的税收优惠洼地进行复杂的股权架构和公司治理结构降低纳税义务；三是借助现有工商注册的便利化和低成本优势，通过化整为零或并零为整改变企业规模，挖潜享受现有税收政策红利；四是借助地方政府间招商引资竞争，以变更注册地争取地方给予包括税收、贷款贴息、产业补贴等最优惠的产业扶持政策。

第二节　国际互联网巨头苹果公司和亚马逊公司的避税策略

一、苹果公司的国际避税结构和双重不征税问题

苹果公司为世界各国消费者创造了一系列极富创意的手机、电脑等电子产品，其在税务筹划方面也可以用"大道至简"和"技艺高超"两个词来形容。2013 年 5 月，美国国会参议院针对海外避税问题对苹果公司的高

管进行了质询。听证过程提供的相关资料和证据显示，2009—2012年，苹果公司依赖其精巧的税务结构设计，使其440亿美元收入成功实现了在美国和来源国双重不征税。随着质询的深入，苹果公司的双重避税策略也逐渐呈现出来。就此，丁家辉和陈新（2015）对苹果公司的双重不征税策略进行了系统梳理，其中分析了苹果公司的避税结构，揭示了相关国家国内法规和国际税收规则导致双重不征税的结构性问题，并对来源国如何维护自己的税收合法权益提出了应对思路和建议。下面，笔者将相关分析梳理后，从四个方面向大家做简要介绍。

一是苹果公司的国际税务结构①。爱尔兰对公司税收居民的认定和美国的认定是梦幻组合，因而成为公司进行海外税务架构设计的重要选择目标。美国税法根据公司注册成立地确定其居民身份，而爱尔兰依据的则是公司核心管理和控制权所在地，一个将公司控制权置于美国而将注册地放在爱尔兰的公司，就比较容易实现双重不征税。苹果公司于1976年诞生，1980年12月12日在纳斯达克证券市场挂牌交易，在上市前，该公司在爱尔兰设立了三个全资子公司：苹果公司国际运营公司（AOI）、苹果欧洲运营公司（AOE）和苹果国际销售公司（ASI）。①AOI是一个没有雇员的空壳公司，它在爱尔兰注册成立，但公司的管理和控制权却来源于美国，它是苹果公司涉及海外经营业务的许多集团公司的中间控股公司。ASI以及欧洲和亚洲各国的集团分销公司都属于其子公司，子公司每年向该公司支付高额股息，但AOI多年未曾向子公司所在国缴纳公司所得税。②ASI与在美国的苹果公司签订成本分摊协议，按照协议，ASI拥有在美国的苹果公司知识产权在美国以外的经济权利，而不改变这些知识产权的法律所有权。在美国的苹果公司2011年有60%的销售额产生于美国境外，当年苹果公司研发成本为24亿美元，那么ASI需要向美国苹果公司支付14亿美元（24×60%≈14）履行研发成本分担协议。ASI在中国通过合约雇佣非关联的制造商组装产品然后销往欧亚销售子公司，这样就实现了美国苹果公司利润向ASI的转移。ASI在爱尔兰进行税务申报时主要申报来源于该国的收入。2009—2012年，苹果公司借助于这种税务架构就实现了440亿美元的避税目的。苹果公司税务结构见图4-1。

---

① 丁家辉，陈新. iTax：苹果公司的国际避税结构和双重不征税问题：上［J］. 国际税收，2015（2）：27-32.

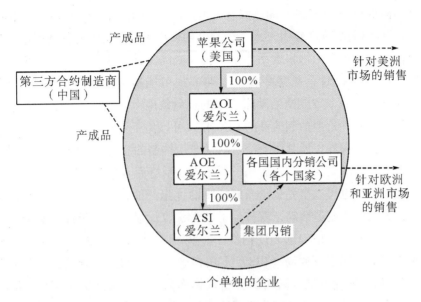

产成品

苹果公司
（美国）

针对美洲
市场的销售

第三方合约制造商
（中国）

100%

AOI
（爱尔兰）

产成品

100%

AOE
（爱尔兰）

各国国内分销公司
（各个国家）

针对欧洲
和亚洲市场
的销售

100%

ASI
（爱尔兰）　集团内销

一个单独的企业

图 4-1　苹果公司税务结构①

　　二是苹果公司国际税务结构的避税机理分析②。AOI 和 ASI 双重不征税主要通过五个相关税收制度的嵌套发挥作用：①美国和爱尔兰关于公司居民身份定义不同实现套利。根据美国和爱尔兰关于税收居民的不同认定规则，苹果公司设立在爱尔兰的子公司的实际控制权在美国，就不构成税法意义上两国中任何一国的税收居民，而且 ASI 因为在爱尔兰是非居民身份，它从美国境外销售收入中因为成本分摊协议而获得的高于常规的收入分享在爱尔兰也享受免税政策。②借助无形资产转让定价规则。苹果公司税务架构能够发挥作用的关键在于依据成本分摊协议做出的 ASI 享有苹果公司知识产权的经济权利的配置，通过将无形资产转至低税国家实现避税。成本分摊制度在 20 世纪 90 年代被实行之初的考虑在于，跨国公司一开始并不知道研发活动能否成功，而随着时间的推移，因为跨国公司和税务机关在"企业研发能否成功"这一问题的判断上存在信息不对称，跨国企业只有在研发活动大概率会取得成功的情况下，才会签订成本分摊协议，这就使成本分担制度为跨国企业提供了一种将由其无形资产产生的海

　　① 丁家辉，陈新. iTax：苹果公司的国际避税结构和双重不征税问题：中［J］. 国际税收，2015（3）：26-30.

　　② 同①。

外利润向低税率国家转移的政策操作空间。③美国的受控外国公司制度（CFC）。美国在1962年引入CFC，制度初衷在于限制集团内股息利息、特许权使用费和集团内销售费用等被动收入或高流动性收入的递延纳税。为了降低按照CFC对企业某些收入当期征税可能造成的企业竞争力损失，CFC还规定了一个"制造活动除外"的赦免条件，按照这一规定，对于产品增加了实质性价值的制造商的CFC收入可以免于当期征税，以表明国家不对跨国公司向外扩展其生产经营活动产生抑制的态度。2008年，美国对这一赦免条件的要求进一步放松，即便不是制造商，只要其CFC对产品有实质性贡献，也可以享受免于当期征税的优惠条件，因此ASI因为其在中国等国家的合约制造活动，就符合了享受税收优惠企业的条件。④美国的税格勾选制度。税格勾选制度创设于1997年，制度设计的初衷在于"使纳税人和美国国家税务局（IRS）不用在确定实体的适当分类上花费太多资源"，该制度允许纳税人可以自由选择作为独立公司或穿透实体。因为给予了企业过多的灵活性，形成了诸多避税机会，企业可以利用混合实体规避CFC，也就是在外国税法被视为独立实体，在美国却选择成为穿透实体，苹果公司的税务架构中有大量利润被转移到了ASI，这部分利润会落入CFC的税网，但通过对AOI的所有子公司（ASI就是其中之一）进行勾选，这些公司就被视为非独立存在而仅被当成了AOI的一部分。税格勾选制度通过隐匿集团内部交易，瓦解了CFC的制度效力。⑤低税率管辖区。向爱尔兰等低税率管辖区转移利润，是跨国公司惯用的避税策略。美国法定公司所得税税率较高，而爱尔兰是一个低税率国家，公司税率约为美国的一半，且爱尔兰是欧盟成员，将子公司设立在爱尔兰可以规避在欧盟高税收成员开展经营活动的相关税负，爱尔兰的税收制度设计也非常契合美国跨国公司的需要，为跨国公司避税提供了有利条件。

三是居民国的反应及行为内在逻辑。对于跨国公司规避缴纳外国所得税的问题，美国政府的反应要比预想的温和缓慢得多。有学者分析认为，美国也许会为本国企业在这方面的成功所增强的国际竞争力而感到高兴。但也有学者提醒，应该放弃这种助纣为虐的短期化行为，因为跨国公司避税的欲望是永远无法满足的，苹果公司采取的种种避税结构和策略，既规避了外国所得税也规避了美国所得税。在苹果公司双重避税策略得以实现的关键——税格勾选制度实施后，美国财政部和美国税务局也曾针对其中存在的制度漏洞进行了修正补充，但企业游说和政治影响使得这种矫正很快被撤销。所以，对待大型跨国公司的国际避税行为，居民国政府的态度是复杂的，加布里埃尔·祖克曼（Gabriel Zucman）在《谁动了国家的奶酪：避税天堂调查》一书中对美国和欧洲国家打击跨国避税的坚决性和实效也提出了很大的质疑，并分析其原因可能在于各国政客也是避税策略的利益相关方。这一点在法国的埃尔韦·法尔恰尼（Hervé Falciani）和意大利的安杰罗·闵库奇（Angelo Mincuzzi）合著的《逃税者的金库》一书中又得到了验证。曾任职于汇丰银行的法尔恰尼从计算机上窃取了瑞士的私人银行代理协助客户避税洗钱的客户名单，各国情报机构、黑帮组织围绕这份名单展开了一系列工作，法尔恰尼非但没能成为揭露暗黑世界的英雄而得到法律的宽大处理，反而开始了持续多年的大逃亡生活。尽管各国政府也根据他提供的名单采取了一些税款追缴工作，但其中的象征意义远大于实质意义。

四是来源国的应对建议①。对于跨国公司的这种避税策略影响来源国税收权益的做法，来源国应该如何应对呢？丁家辉和陈新（2015）提出了两个应对建议：①重拾企业原则作为反税基侵蚀与利润转移原则。从二战结束后全球化扩展以来，尤其是信息通信技术的快速发展和广泛应用，跨国公司的企业结构发生了显著变化。跨国公司过去一般会在其市场国注册成立子公司，子公司的组织结构相对完整，具有较大的经营自主权，公司总部主要通过人事安排和财务目标对子公司进行考核评估；而现在跨国公司的企业结构在不同国家之间呈现出专业化特征和功能化特征，分布于世界各地的公司都能更好地承担集团某一方面职能，整个集团作为单一企业的特征更加明显，信息和交通技术的便利为及时有效沟通提供了可能，跨国企业集团可以在全球范围内配置资源并对组织进行优化设计和高效优质管理。现今的企业集团与独立实体原则提出时的企业集团相比更加高度整合，按照独立实体原则，税务机关受到很多牵制，而跨国公司却可以在集团结构和集团内部合同方面有很大的操作空间，这会制约税务机关应对跨国企业避税的能力。企业原则更加关注公司集团经营运作时事实是一个单一企业，要求被相同母公司控制的整个公司集团应该被看成一个单一企业。针对转移至ASI的收入，来源国为了维护自己的税收权益，可以从独立实体原则转向企业原则，以这个款项没有被征过税为由，不予承认集团

---

① 丁家辉，陈新. iTax：苹果公司的国际避税结构和双重不征税问题：下［J］. 国际税收，2015（4）：27-31.

内交易，也就不予扣除支付给 ASI 的款项。②注重信息的力量，提升跨国公司涉税事项的透明度。为了解决税收博弈中的信息不对称问题，要在国际税收领域积极开展信息交换，同时把分国别报告制度作为反避税的重要工具。分国别报告制度要求跨国公司向税务机关报送需要披露的涉税信息，这些信息既便于来源国开展税收违法违规行为预警，也会减少跨国公司过分的 BEPS（税基侵蚀和利润转移）交易动机。

二、亚马逊公司的避税策略

亚马逊公司成立于 1994 年，是最早开始电商业务的，同时也是目前美国影响力最大的网上零售商公司之一，业务范围也从成立初期的书籍销售拓展到了绝大多数的常用消费品，并积极向云计算等新型领域不断拓展。亚马逊公司被称为"美国的数字巨人"和"角落里的数字商店"，在 2021 年《财富》世界 500 强排行榜中位列第三名。2021 年，亚马逊公司的营业收入接近 4 698 亿美元，比 2020 年增长了 22%；净利润为 334 亿美元，比 2020 年增长了 56%；其中来自产品的营业收入为 2 417.87 亿美元，来自服务业务的营业收入为 2 280.35 亿美元，两类业务占比为 51∶49。这样一家公司其税收缴纳情况是怎么样的呢？从近几年的数据来看，亚马逊公司 2017 年和 2018 年的利润分别为 56 亿美元和 112 亿美元，这两年其支付的州税和地方税仅为 2.95 亿美元和 3 亿美元。但在享受了美国联邦税收抵免并扣除公司高管股权补偿之后，亚马逊公司在 2017 年和 2018 年分别获得了 1.37 亿美元和 1.29 亿美元的联邦退税。从长期综合来看，2009—2018 年，亚马逊公司的年均有效税率仅为 3%①，税率低得令人咋舌！亚马逊公司是怎么做到这样的低税率的，除了像前面所述的苹果公司那样在税收洼地国家卢森堡注册公司进行税务架构设计，并利用成本分摊制度、税格勾选制度等现有税收政策缺口实现避税以外②，亚马逊公司还另有奇招。下面，笔者将主要介绍其采用的另外两个避税策略。

一是借助多元化经营优势并利用地方政府之间的引资竞争获得高额补贴。亚马逊公司所销售的产品覆盖人群数量大、地域广，也需要建设物流

---

① 蔡昌，曹晓敏，蔡一炜. 数字企业国际避税与反避税研究：以亚马逊公司避税案为例 [J]. 会计之友，2022（2）：107-113.

② 蔡昌、曹晓敏和蔡一炜（2022）对此有详细清晰的梳理介绍，感兴趣的读者可以自行查阅，此处因为篇幅所限不再赘述。

站点、仓库等配套设施。因为各地政府在这些枢纽型基础设施建设上存在竞争且给出的政策补贴和税收优惠不同，亚马逊公司在进行具体布局时就会将纯商业因素和财政税收优惠综合起来进行考虑。另外，亚马逊公司还借助自己的品牌优势和巨大影响力，积极拓展业务，当地方政府需要建设数据中心和物流中心、提供就业岗位并愿意为此提供政策补贴时，亚马逊公司都是非常有力的竞争者和常胜将军。在这个过程中也实现了公司的广泛投资，为企业储备了更加深厚持续的发展潜力。自2012年以来，亚马逊公司的物流中心和数字中心每年在政府那里可以享受大约20项政策补贴，到2021年5月底，其累计获得的地方政府补贴达40亿美元之多。

二是利用纳税时点进行节税。在亚马逊公司2012年Prime会员（付费会员制度）模式启动后，为了提升服务实效和服务质量，它必须在Prime家庭数量最多区域设立仓库，同时所在地的政府可以开始向亚马逊公司征收销售税。但当时亚马逊公司采取了尽可能拖长时间进行抵制的策略，甚至在某个阶段在得克萨斯州欠下了2.69亿美元的未征税款，随着各地对于仓库和物流中心建设竞争的加剧，再加上公司开展的政治游说和舆论引导，最终形成了非常有利于企业的税收政策环境。亚马逊公司实现了超低税率却未违反税法，还在于用好了美国的"亏损抵后"规则，企业可以用当年发生的亏损额抵扣以后年度的应税所得，美国的期限为15年。亚马逊公司于1997年上市后有8年多时间都处于亏损状态，账面显示的亏损额达30多亿美元，2014年也是亏损且亏损额为2.41美元，亚马逊公司掌门人贝索斯以其超强胆识和敏锐眼光积极进行企业的发展战略转型，将投资成本、亏损、利润、补贴、缴税在超长时间跨度下进行谋划配置，最终形成了企业发展快速壮大、竞争优势增强、股价市值大幅增长和享受超低税率的良好发展态势。

第三节　空姐跨境代购案分析

一、空姐代购案的梳理

李某曾是航空公司空姐，从2008年夏天开始，其在淘宝网上销售化妆品，起初主要从代购店进货再加价转卖，后来结识了韩国某公司高级工程师褚某，由褚某代为提供韩国免税店优惠账号并结算货款。李某和其男友石某在收到这些免税店购买的化妆品后，再以"客带货"的方式从无申报通道携带入境并在淘宝店铺加价出售，获取利润。2011年8月31日，李某故技重演时在我国某市机场被当场抓获，随后以走私货物罪被提起公诉。2012年9月，该市第二中级人民法院做出一审判决：李某犯走私普通货物罪，判处有期徒刑11年，并处罚金50万元。李某不服一审判决结果，上诉至该市高级人民法院。2013年5月2日，该市高级人民法院对此案做出二审裁定认为一审证据不足，裁定发回重审。2013年12月17日，该市第二中级人民法院重审后宣判，以走私普通货物罪判处李某有期徒刑3年并处罚金4万元。至此，石某和褚某两位犯罪嫌疑人也得到了相应的刑罚，并继续追缴李某、石某和褚某三人偷逃税款上缴国库。李某对这一裁定仍然不服，继续提起上诉。2014年3月31日，该市高级人民法院对此案做出终审裁定，驳回上诉维持原判①。该案及其判决结果公开后，在网上引起了较大反响，"代购入刑"让绝大多数网友对于跨境代购的风险有了直观的感受。2018年，某明星被举报通过阴阳合同偷逃税款，经税务部门查实责令缴纳税款、滞纳金和罚款共计8.83亿元。在明星巨额偷逃税及处罚案舆情发生时，不少网友再次翻出了空姐跨境代购案，并将两者的处罚进行了比较，该案再次进入大众视野，并得到了持续关注。由此可以看出，空姐跨境代购案具有典型性且影响持久，这也正是本书选择这个案例的重要原因。

二、空姐代购案的处罚争议点

作为空姐代购案的主审法院，某市第二中级人民法院在前后两次判决量刑时出入较大：第一次判决李某有期徒刑11年，并处罚金50万元；第二次判决李某有期徒刑3年，并处罚金4万元。这两次判决之所以有那么大的差距，并不是因为主审法官有什么违法行为，而是两次关于涉案金额的认定有较大差异，这也正是数字经济税收尤其是电商税收的应税所得认定面临的一个现实问题，是这个案例中的一个客观反映。对于此案，首先，对于网友普遍关注的量刑是否太重的问题，法律专家解释，李某触犯的是普通货物走私罪，其性质认定要比一般的偷逃税严重得多，在走私罪之外叠加了偷逃税，所以自然与明星偷逃税款的处罚不能仅从涉案数额上

---

① 根据 https://baike.baidu.com/item/空姐代购/12007611? fr＝aladdin 相关资料整理。

进行简单对比。其次，在涉案金额认定上，该市第二中级人民法院第一次使用的是现场查获的涉案金额加上淘宝网店订单金额推算，认定李某"偷逃税款 113 万余元"，上诉法院认为这个涉案金额的认定证据不足。众所周知，网络销售中可能存在刷单等虚假销售，所售商品也可能存在挂羊头卖狗肉的情况，法院最终认定的偷逃税从 113 万多元骤降至 8 万元，因此，相应的刑罚年限从 11 年降至 3 年，罚金也从 50 万元降至 4 万元。

三、空姐代购案的税收舆情启示

空姐跨境代购案之所以在当时引起广泛的社会关注并在多年后又被再度提起，一个重要原因在于，在大众法律专业知识较少和法制观念比较淡薄的情况下，人们很难将利用职务上的便利采买国外商品带回来加价销售与被判 3 年甚至 11 年有期徒刑联系起来[1]，但显然最终判决又是合法合规的。空姐李某并不是以普通旅客身份享受规定额度内的免税商品，在机场和海关审验时选择的也是无申报通道，购买携带的商品也不是自用而是以销售为目的，显然以不知情、非故意为借口难以自圆其说。在当时，电商蓬勃发展起来，很多个体从业者在淘宝等交易平台开起了网络小店，并在朋友圈、微信群里进行宣传销售，其中既有以此为生的专职店主，也有不少以网上开店增加收入为副业的上班族。在国际航班上工作的空姐出国方便，跨境代购的供需双方也在网络的撮合下得以对接，这在当时无论是对于售卖者还是消费者看来都似乎是一个比较正当的生意，空姐代购案对人们的这种习惯性的认知和错误的认知给了当头一棒，让人们重新认识电商这种新兴交易载体。因此，从这个程度上讲，空姐跨境代购案只是当时事实存在的庞大跨境代购中少有的被认真处罚的案例之一，在笔者看来，此案的普法教育意义远高于处罚本身，让大众开始关注并学习海关监管、电商税收等相关领域的法律法规。

---

[1] 尽管李某在犯罪过程中已经从航空公司离职，但显然她的犯罪路径是与其过往的职业经历高度相关的。

第四节　直播网红逃税案分析

一、直播电商市场及涉税情况概述

受新冠疫情导致的空间移动限制影响，我国宅经济发展迅速，近三年我国网络直播用户快速增长，直播电商产业成为数字经济的一个新兴的重要增长领域，通过直播带货促销成为诸多企业的新选择，也催生了一批以此为业的直播网红。艾瑞咨询发布的《2021年中国企业直播行业发展趋势研究报告》显示，2020年中国直播电商市场规模在1.2万亿元以上，年增长率接近2倍达到了197%，估测2021—2023年年均复合增速可以达到58.3%，2023年直播电商规模有可能会超过4.9万亿元。随着直播产业生态圈的构建和发展，直播电商服务企业和从业人数快速增长，到2020年年底，直播电商相关的中国企业注册数量达到了8 862家，比2019年增长了3.6倍以上，行业内主播的从业人数超过百万达到了123.4万人。艾瑞咨询发布的《2022年中国企业直播行业发展趋势研究报告》显示，2021年中国企业直播服务商营收规模为43亿元，成立时间短、经营规模小、经营管理还不够规范是这个阶段的直播电商企业的典型特征。

在数量超过百万的主播从业者内部，是高度分化的收入格局，头部网红直播市场影响力大收入高，这也成为吸引其他人加入直播行业的重要诱因。而绝大多数主播则苦苦挣扎于收支平衡线上下，直播行业内部将互联网行业的"赢者通吃，绝大多数人只是陪跑"的现象进一步强化，形成了非常明显的收入两极分化态势。据业内人士介绍，在直播平台上有收入过亿的主播，年收入在百万以上的主播也至少几千人。从收入类型来看，网红主播大致可以划分为三类：一是靠带货赚取坑位费和佣金收入的带货主播，通过现场展示宣传帮助企业推广品牌并扩大销售渠道；二是拿打赏收入的秀场主播，通过展示自己的才艺，获得观赏者的肯定和认可，并激发其付费以表示观赏者对该主播的肯定和鼓励；三是赚软性广告植入的内容型主播，将更多人群聚集并留在特定网络场域，并在直播间挂上一些销售链接，用以俘获那些正好需要此类商品的消费者。不管是用什么方式赚钱的主播，如果按照个人工资薪金、劳动报酬所得缴税，收入超过96万元的部分，应适用45%的最高边际税率。缴纳税款方式一般取决于主播和平台两者之间的合作关系：如果主播以个人独立的身份在平台工作，与平台之间就是劳务关系，这种情况下，平台应该按照劳务报酬进行代扣代缴；如果主播与平台签订了正式的劳动协议，是作为平台员工身份承担直播工作，则应按照劳务报酬所得扣缴个税。

二、直播网红逃税及处罚案例

2021 年 9 月，中央宣传部印发了《关于开展文娱领域综合治理工作的通知》，要求针对文娱领域的突出问题展开综合治理。同年 9 月，为了贯彻落实中宣部通知的相关要求，规范文娱领域税收秩序，国家税务总局办公厅发布了通知，要求进一步加强文娱领域从业人员日常税收管理，要辅导文娱相关的个人工作室和企业依法依规建账建制，并适用查账征收方式进行申报纳税。通知还要求各地税务局结合 2020 年度个人所得税汇算清缴办理情况，做实做细税收风险管理工作，对存在涉税风险的明星艺人和网络主播进行风险提示并限期督促整改。

2021 年 9 月 28 日，国家税务总局表示，税务部门抽查发现，有两名带货主播涉嫌违规将个人收入转变为企业经营收入，进行虚假申报少缴个人所得税，涉税金额较大，已被立案侦查。2021 年 10 月中旬，"某市追征一网红 600 多万税款"的消息一出，舆论哗然。据相关新闻报道，该市相关地区税务局运用大数据实现信息系统自动提取数据，加大对文娱领域从业人员的税收征管力度，追征一名网红 662.44 万元税款缴入国库。在 662.44 万元中，634.66 万元是补交税款，27.78 万元是滞纳金。在相关涉税事实清楚的情况下，该纳税人分 15 笔结清了税款。这是本轮在税务总局要求各地税务机关加大对网红、明星等查税力度后，网红公开补税的首个数额较大并引起媒体网友广泛关注的案例。

2021 年 12 月中下旬，某市税务局稽查局发布了某网络直播带货头部网红的偷税及处罚决定：网络主播黄某在 2019—2020 年，通过隐匿个人收入、虚构业务转换收入性质虚假申报等方式偷逃税款 6.43 亿元，其他少缴税款 0.6 亿元，依法对黄某做出税务行政处理处罚决定，追缴税款、加收滞纳金并处罚款共计 13.41 亿元。该信息发布后，迅速在网上引起了广泛传播和讨论，该案涉案金额巨大，案主职业身份特殊，诸多网友感慨网红直播吸金能力之强超乎想象，惊叹直播行业税收流失之严重。相关部门通过对典型逃税案例的依法惩治，也对网络直播行业的其他从业者进行了警示和税收等法制教育，对于规范文娱领域税收管理起到了明显的促进作用。

三、直播网红逃税策略解析

网红主播与娱乐明星有一定的相似性，尤其是头部网红主播和当红明星一样都属于超高收入群体，日收入可能都会高达百万元，月收入和年收入可能接近千万元甚至上亿元，很容易适用45%的最高税率，这就意味着他们的每百元收入中就有45元要作为税收上缴。因为涉及的税收利益巨大，高收入主播有更强的动机进行税收筹划，因而涉税双方的税收博弈更加常见，博弈过程更为复杂，征纳双方的利益冲突和矛盾可能也会更加激烈。专业税筹机构为高收入主播提供的一种常用方案就是避开雇佣关系下的缴税方式，先由主播设立个人独资企业、合伙企业、个体工商户等形式的工作室，再通过工作室与平台形成一种合作关系。在这种税务架构下，按照经营所得缴纳个人所得税，仅适用最高35%的个税税率，与个人劳务所得要缴纳45%的最高税率相比可以减少10个百分点。另外，很多地方为了鼓励当地文化娱乐产业发展，对于工作室这种组织形式制定了专门的税收优惠政策，依据毛收入采用核定征收方式以较低税率征税，甚至还会附加承诺将个人所得税地方分享部分按照一定比例或全额返还给纳税者的税收优惠，这样就使两种报税方式的税负出现了非常大的差距。按照税法规定，无论是按个人收入缴税还是按公司收入缴税应以事实为依据，而不能为了逃避纳税义务改变收入性质，故意将收入主体从个人转为公司，将雇佣所得转变为经营所得，把劳动合同变为劳务合作形式。

除此之外，网红主播还可能会采用阴阳合同、利益输送和发票报销等违规方式进行税筹。第一种是阴阳合同，即平台与主播签订虚假的低薪合同，但薪资的绝大部分却由平台以现金方式支付给主播，头部网红主播因为具有话语权，只保证个人实收收入，而将财务问题和税务问题留给平台公司去面对和处理。第二种是利益输送，即由主播向平台公司提供一家自己可以控制的公司，平台与这家公司合作，以业务往来的名义将利益输入这家公司，通过这家公司把收入再转移到主播那里，实现收入性质的转移和适用税率的下调。第三种方式是让主播自己找发票，即平台基于主播是公司员工和该开销是公司经营成本的逻辑，对主播的票据进行报销转账。

四、直播网红逃税的税收征管应对趋势

2021年3月，《中共中央办公厅 国务院办公厅印发〈关于进一步深化税收征管改革的意见〉的通知》积极回应了数字经济发展和数字技术变革影响下的税收征管现实中出现的新问题，部署全面推进税收征管数字化升级和智能化改造，要求精准实施税务监管，对于逃避税问题多发的行业、地区和人群加强风险防控及监管。随着税收征管体制改革的逐步推进和税务部门征管技术手段的不断升级，针对网络主播这一群体的税收风险监管和税务稽查力度也会随之加大，网络直播行业的税收征管漏洞会逐渐缩小直至消失。同时，因为主播的业务活动主要在线上，交易记录与活动轨迹在互联网和网络平台留有痕迹，一旦税收部门进行执法行为，网络主播的逃避税行为基本上就难以遁形。纳税人自觉照章纳税和降低税收征管成本是税收征管的重要改革方向，对个别主播的稽查和处罚的目的不在于针对某一个个人，税务部门的初衷还是希望对整个行业的从业者起到一种警示作用和教育作用，引导这个新兴行业的从业者知法守法，在快速获得新技术和新经济增长红利的同时，网络主播的法治意识和社会责任感也能相应提升，无论是对于个人还是对于一个国家，只有实现了权利和义务的平衡，才能行稳致远。当头部主播群体被税务稽查并依法给予处罚后，在一定程度上也有利于遏制直播电商行业的"刷业绩"歪风，"吹牛也得交税"，从这个角度来看，规范网络主播的日常税收管理也有利于整个主播生态趋于良性发展。

第五节　数字经济税收伦理的构建

一、数字经济税收伦理构建的背景

伦理是处理人与人之间、人与社会之间的关系时倡导遵循的行为规范。税收伦理是现代伦理尤其是现代经济伦理的重要组成部分，税收伦理研究兼具必要性、紧迫性和重要性[①]。税收伦理是征纳双方在税收相关利益互动中应该遵循的准则和规范。税收具有法定性、强制性和无偿性，公民依法照章纳税是国家得以正常运转和社会文明得以进步的前提。税收代

---

① 姚轩鸽. 税收伦理问题初探 [J]. 阴山学刊，2009，22 (4)：11-17.

表着个人利益的让渡，是纳税人当下收益的真实牺牲，因而征纳双方围绕税收利益的互动过程更加复杂，面临的矛盾冲突更为直接，相应地，税收伦理的构建也就显得更为必要，对税收伦理的专业性与合意性也提出了更高要求。数字经济是借助新兴数字信息技术发展起来的新的经济形态，活跃于其中的生产经营者、消费者以及彼此互动的行为模式尚处于不断的探索之中，参与者的自我定位和对对方的认知还在不断扩展深化，政府税务部门对这一新型经济形态中出现的新商业模式和新业态也处于早期的观察磨合阶段，尚未形成成熟、系统、有效的相关主体互动行为模式，数字经济税收伦理明显尚处于供给短缺阶段。

与数字经济税收伦理供给不足形成鲜明对比的，是数字经济税收伦理的重要性和迫切性与日俱增。其具体体现在三个方面：一是数字经济具有明显的链接效应和叠加效应。税收伦理缺失导致的风险扩散更快更大，可能危及经济运行根基，所以迫切需要调整应对。数字经济下的善与恶都容易被无限扩大，一人恶意逃避税，其他人很容易学习模仿，微小的税收风险漏洞，经过一定时间的累积和其他人的模仿拔高，最后可能会对整个税收体系造成极大冲击，从长期来看可能会对经济运行的根基带来不利影响。二是数字经济税收领域的无序和冲突。如果缺少伦理的指引和约束，税收征纳双方最后面临的很有可能是双输结局。数字经济企业或头部网络主播如果将大量的时间配置于超越底线的税收筹划，国家税务部门花费大量的公共资源用于税务稽查，猫鼠游戏内卷过度，最后对双方都是极大的消耗，而且得不偿失，所以最好是在税法的基础上强化数字经济税收伦理建设，减少无谓损失，实现整个社会的福利最大化。三是数字经济放大了个人力量和短期利益诱惑。缺少了相关伦理规则的指引，数字经济时代的精英新贵容易陷入个人主义和短期主义的陷阱，于个人于社会都极为不利。数字经济盛行流量为王和赢者通吃，网络精英的创富能力甚至超过了许多大型传统企业，能够整合的资源甚至比许多地方都要强很多。这就很容易使其滋生一种无所不能和无所畏惧的个人英雄主义妄念，网络社会下热点的快速转换和持续的推陈出新也容易激发其胜者为王、赢在当下的动机。在数字经济的这两剂猛药的麻醉之下，网络精英容易犯脱离集体想个人和脱离长期谋当下的错误。近几年已有多个当红明星和网红主播人设坍塌的案例都对此进行了反复验证，这也正是缺少道德伦理约束的结果。具体到税收领域，因恶意逃避税后被相关部门查处，个人形象陡降，当红事业熄火，仅关注个人且只立足于短期的违规税筹，在造成国家税收流失和损害公共利益的同时，也必将对个人的长远发展带来极大损害，因而于人于己都是下策。

二、数字经济税收伦理的原则

数字经济税收伦理的缺失和供给不足，于个人利益和公共利益都不利，关注研究并构建数字经济税收伦理显得既必要又迫切。那么，在构建数字经济税收伦理时要参照哪些原则呢？本书认为，在构建数字经济税收伦理时要注重四大原则：一是协同共生原则。数字经济的一个重要技术基础就是链接，每个人在网络中所处的节点和影响力有较大差异，但都处于网络共同体中，任何一个节点出现问题，都可能在多次传递叠加后对整个网络体系带来不可估量的影响。所以在数字经济背景下，我们更应强化集体意识和法律道德的意义，只有在一个健康可持续的网络共同体中，能者才能得到更稳定也更有质量的回报。在数字经济下我们更应培育和弘扬遵纪守法、照章纳税文化氛围，不断提升人们的税收遵从度，为社会文明的持续进步提供经济支撑。二是诚信优先原则。数字经济下纳税主体高度分散化、业态和商业模式新型化，更需要纳税主体主动学习税法知识，自觉履行纳税义务，征纳双方基于对彼此的动机、行为肯定的基础上展开税收互动，要将诚信视为数字经济税收的黄金法则，放在优先位置予以贯彻落实①。为了鼓励企业和个人开展自主申报，简化税收征管流程，税务部门应把工作着力点放在税收服务和重点风险处置上，便利纳税人，降低税收征管成本，积极营造良性征纳关系。三是公开透明原则。网络降低了信息传递成本，强化了人们的民主意识，数字经济涉税法律制度及办理流程应在网络上公开以便于纳税人查看，企业和个人的涉税相关信息应该纳入特定信息系统以便于相关研究者、监管督查机构进行核算比较，减少税收征管的暗箱操作，让涉税信息置于阳光下，构建"不敢、不能、不想"的三维税收违法治理框架。四是精简公平原则。现有的税制结构和税收政策体系因为不断叠加的税收优惠补丁已经变得日益复杂，而且使得整个税收政策体系呈现出了支离破碎的特征。数字经济税源中的无形资产占比高、流动性强，成本和利润的变更和转移相对比较容易，税收筹划也就自然容易滋生，在这个过程中税收筹划要维持在恰到好处的点是比较困难的。诸多

---

① 苏月中，向景. 诚信纳税：税收伦理的金规则 [J]. 涉外税务，2006（6）：17-19.

企业也许并没有故意逃避税，但适用不同政策确实会带来明显的税负差异，而且相关税务事项是否适用该税收优惠政策，有关部门也未全部明示，企业本来是立足于在合法的范围内进行税收筹划，但在一定时期有了明确意见后确定政策不适用，涉事企业不仅要补缴税款还面临着另缴罚款的超额负担，像这种情况引导我们不得不反思，税收政策本身还需进一步完善。在我国工业经济向数字经济转变的时代背景下，在税制设置上需要强化精简公平原则，对于企业经营行为确定一个固定税率，给企业一个稳定的税收成本预期，将企业家的精力更多地引向为市场提供更加优质的产品上，减少企业在税收筹划上的时间和资源方面的无谓浪费。

三、数字经济税收伦理的构建路径

构建数字经济税收伦理，本书建议从五个方面入手：一是创新优化税收宣传方式，将税法、税收伦理道德和税务倡议等植入多元化网络空间。税务部门可以把税务宣传从城市广场、街道、税务大厅等物理空间向线上网络空间拓展，从书面文字形式向语音、视频、剧目等形式拓展，从严肃正式场合向活泼生动的场域拓展。二是加大税收违法惩戒力度，提高税收违法成本。税务部门可以深化数字经济税收重点税源、重点地区和重点人群的风险防控，强化纳税人自觉诚信纳税意识，对于违规企业加大稽查与惩处力度，形成震慑效果，维护税法权威。三是加强数字经济基础信息适时监管、综合调度和统筹使用能力，夯实新时代税收治理信息支撑。伴随着数字经济的发展壮大，税务部门可以相应增强对互联网大企业、平台公司的监管能力，将由用户创造并由企业收集存储的信息视为重要的公共资源。税务部门应该被赋予对这些信息进行适时查看、调度和使用的权力，在强化信息支撑的基础上，对数字经济的运行及相应的涉税事项实现更精准、更及时的把握和处理。四是塑造数字经济税收典型和榜样，为其他企业提供示范和参照样板。对于涉税事务处理专业度高、质效好的数字经济企业，税务部门要进行评比表彰，为其他企业提供学习参照的榜样。五是优化数字经济企业涉税服务，加强政府、中介组织和企业之间的良性互动，降低新成立的小微数字经济企业税务合规成本。税务部门要将自身更多的资源投向对企业的服务方面，推行阳光税务，缩小税务中介的政策游说空间，营造良好的税务治理环境，引导涉税相关主体把注意力和精力更多地投向促进企业提质增效方面。

第五章　中国数字经济税收治理政策、实践与成效评估

　　以电子计算机和互联网等新兴技术成果为支撑的数字经济最先在美国发展起来并迅速向其他国家扩散，这一历史进程正好与我国20世纪八九十年代的出国留学潮重合，出国留学的青年大学生及时接触到了这些新型应用，并对计算机和互联网对社会和商业带来的变革有了切身感受。在20世纪90年代中后期美国数字经济兴起成势时，我国努力探索建立社会主义市场经济体制的具体路径，比较有利于形成良好的社会整体氛围和经济发展环境，一批留学归国人员开始尝试在中国注册成立互联网公司开启了商业化应用之路。从最开始的门户网站、信息检索到后来的电商平台、社交软件和移动支付，得益于中国长期稳定的宏观环境，中国互联网企业快速成长，数字经济蓬勃发展成为一股极具活力的革新力量，对经济社会各领域带来了巨大的影响。数字经济作为一种新生事物，发展过程中既受到企业自身发展战略决策的影响，又受到政府对其不断深化的认识以及采取相应的治理理念和政策导向的影响，在发展中呈现出明显的阶段性特征。第二章梳理了数字经济及其税收问题的相关理论，第三章以横切面的形式分析了数字经济崛起及其对现有税制的影响，第四章通过解剖麻雀的案例分析形式对数字经济下税收流失和政企税收博弈进行了具体分析，本章将从历史进程梳理的纵向视野和政府治理维度系统考察我国数字经济税收治理实践，以便更好地把握我国数字经济及其税收治理相关政策实践演进的背景、进程，希望通过历史回顾的方式对数字经济及其税收治理实践进行系统的总结，在纵向对比中分析得失成败经验，在历史的总结分析中找到数字经济税收演进的内在逻辑和发展方向。

　　基于此，本章围绕我国数字经济税收治理实践及困境展开分析，具体包括四部分：首先，对我国数字经济发展政策分阶段进行回顾梳理；其

次，对我国数字经济税收治理实践进程进行梳理；再次，对我国过去数字经济税收治理中形成的成绩经验进行总结，剖析其中存在的问题和不足，并分析原因所在；最后，着眼于当下，客观诊断我国数字经济税收治理面临的现实问题。

第一节　中国数字经济发展政策体系及治理思路

数字经济发展是市场无形之手和政府有形之手协同发力的结果，数字经济的发展速度、发展规模和发展方向既受到技术研发的制约，又受到所在国家制度和政策环境的影响。在中国特色社会主义市场经济体制下，数字经济发展更加明显地烙上了社会主义基因特性，发展路径也体现出了更加鲜明的国家特色。政府、企业和消费者及其互动联系构成了数字经济发展生态系统，明确了中国数字经济发展政策框架并分析了政策演进的内在逻辑，这有利于我们更好地将政府视角与市场视角综合起来进行考察。只有在理解和把握国家关于数字经济发展的政策倾向、政策目标、政策工具、实施步骤的基础上，企业才能在复杂多变的市场环境中把握经济社会发展深层次上的确定性，进而更加理性、科学地进行资源优化配置，消费者才能更从容地在鱼龙混杂的数字丛林中进退取舍。通过对国务院文件库的系统检索，笔者认为，中国数字经济政策体系主要体现在八个方面。接下来，笔者分别予以归纳阐述。

一、以信息化战略为基点夯实数字经济发展基础

国外的多党轮流执政理念、新旧政党执政理念和政策重点难免有所不同，我国执政理念相对比较稳定，从新中国成立后就高度重视规划在经济社会发展中的引领作用。1949年新中国成立，经过三年社会主义改造建立社会主义公有制后，我国从1953年就开始执行"一五"计划，至今已经进入了"十四五"规划实施阶段。党的历次代表大会、每年召开的"两会"和每年召开的中央经济工作会议都会提前对经济的整体形势、发展趋势进行研判，并相应地进行布局规划，以便全国一盘棋实现协同联动，一张蓝图绘到底实现前后相继。数字经济以科技含量高的信息通信、芯片、软件等为技术基础，对传统经济社会进行了颠覆性创新，是具有极大创新

性的新型经济形态，因而其发展也得到了国家的高度重视，并进行了系统的谋划布局。

一是系统谋划推进信息化战略。数字经济在 20 世纪 90 年代中后期在美国成长起来，彼时，在我国，邓小平同志于 1992 年进行了南方谈话，坚定了国家实行改革开放的发展方向，同年召开的党的十四大也做出了探索建立社会主义市场经济体制的决定。在经济社会发展方向明确的情况下，整个社会的活力得到了极大的释放，出国留学、下海经商在社会上成为一种新风尚，与发达国家的接触和交流增多。2001 年，我国顺利加入了世界贸易组织（WTO），经济发展迎来了相对宽松的国际环境。2002 年 11 月召开的党的十六大提出了信息化发展战略；2003 年 10 月召开的党的十六届三中全会提出了加快发展电商的决定。党的十六大报告在第二大部分特别强调了创新的价值，并对创新的内涵和路径进行了比较系统的论述，在第四部分聚焦于经济建设和经济体制改革，特别提出要走新型工业化道路，明确"实现工业化仍然是我国现代化进程中艰巨的历史任务。信息化是我国加快实现工业化和现代化的必然选择"，要求"坚持以信息化带动工业化，加快建设现代化"。党的十六届三中全会报告特别指出，强化市场的统一性是建设现代市场体系的重要任务。我国要大力推进市场对内对外开放，加快要素价格市场化，发展电商、连锁经营、物流配送等现代流通方式，促进商品和各种要素在全国范围自由流动和充分竞争。

二是扎实推进政务信息化建设。1993 年 9 月，美国政府宣布实施"信息高速公路"计划，开启了国家信息基础设施建设的新篇章。随后，世界各国掀起了"信息高速公路"建设大潮。我国在 1993 年就确立了国家经济信息化联席会议①，在 1993 年年底，国民经济信息化的起步工程——"三金"工程②正式启动，办公自动化和政务信息化被正式纳入政策议程并大幅提速。2002 年 8 月，中共中央办公厅和国务院办公厅印发了《国家信息化领导小组关于我国电子政务建设指导意见》，其中明确：把电子政务建设作为未来信息化工作重点，通过政府先行带动国民经济和社会发展信息化。针对前期电子政务建设中存在的重复建设、信息孤岛问题，要求统

---

① 张晓. 数字化转型与数字治理 [M]. 北京：电子工业出版社，2021：66.

② "三金"工程具体指金桥工程、金关工程和金卡工程，其中金桥工程着重建立国家共用经济信息网；金关工程指国家经济贸易信息网络工程；金卡工程是以推广使用"信息卡"和"现金卡"为目标的货币电子化工程。

一规划、整合资源、统一标准，并确立了由政务内网和政务外网构成的电子政务网络架构，两网之间实施物理隔离，政务外网再与互联网实行逻辑隔离。在这个基础架构之上，加快 12 个重要业务系统建设，规划形成了"一站、两网、四库、'十二金'工程"① 电子政务建设基本框架，覆盖了我国电子政务亟须建设的各个方面。

三是全面拓展和深化信息化建设。2012 年 7 月，《国务院关于大力推进信息化发展和切实保障信息安全的若干意见》发布，从重点领域信息化水平、下一代信息基础设施建设、信息产业转型升级和国家信息安全保障体系建设四个方面对国家信息化未来发展和信息安全保障进行了系统安排，明确了"实施'宽带中国'工程，构建下一代信息基础设施""推动信息化和工业化深度融合，提高经济发展信息化水平""加快社会领域信息化，推进先进网络文化建设""推进农业农村信息化，实现信息强农惠农""健全安全防护和管理，保障重点领域信息安全"等政策举措。2012 年，我国发布了《"十二五"国家政务信息化工程建设规划》。2016 年，国务院印发了《"十三五"国家信息化规划》，其中指出，"十三五"时期是数字红利充分释放的扩展阶段，信息化已经成为引领创新和驱动转型的先导力量。2017 年，我国发布了《"十三五"国家政务信息化工程建设规划》。

二、数字经济各支点的产业培育扶持政策

一是鼓励并大力支持电商发展。电商作为数字经济最重要的表现形式，最早被纳入数字经济的统计范围和国家政策议题。2002 年党的十六大报告提出，要加快发展电商的政策方向。2005 年，《国务院办公厅关于加快电子商务发展的若干意见》发布，充分肯定了发展电商的意义，明确了发展电商的指导思想和基本原则，并从政策法规、配套建设、企业主体培育、技术和服务支撑、提升公民电商应用意识、国际合作竞争等方面进行了系统谋划。2011 年、2016 年和 2021 年，商务部等部门制定并发布了电商发展的"十二五"规划、"十三五"规划和"十四五"规划，对各个时

---

① "一站"指政府门户网站；"两网"指政务内网和政务外网；"四库"指建立人口、法人单位、空间地理和自然资源、宏观经济四个基础数据库。"十二金"工程指 12 个重点业务系统，具体包括：金财工程、金农工程、金盾工程、金保工程、金税工程、金关工程、金水工程、金质工程、金审工程、金卡工程、金贸工程、金企工程。

期的电商发展基础进行了总结，对未来电商发展面临的机遇和挑战进行了分析，并提出未来五年的发展方向和发展举措。2015 年是电商发展的政策集中发布期。2015 年 5 月 7 日，《国务院关于大力发展电子商务加快培育经济新动力的意见》发布，进一步肯定了电商在国民经济中的作用，针对电商发展新阶段出现的新问题相应给出了更具针对性的政策解决方案。针对快速成长的跨境电商，2015 年 6 月 20 日，《国务院办公厅关于促进跨境电子商务健康快速发展的指导意见》发布，并随后开始了延续至今的跨境电商综合试验区的创建工作。与此同时，相关部门积极推进电商向具体经济领域的延伸，先后出台了《推进农业电子商务发展行动计划》《国务院办公厅关于促进农村电子商务加快发展的指导意见》和《关于加快推进兵团电子商务发展的指导意见》，将电商深度嵌入经济社会的各个发展领域。针对电商和快递物流协同发展面临的政策法规体系不完善、发展不协调、衔接不顺畅等问题，2018 年 1 月 23 日，《国务院办公厅关于推进电子商务与快递物流协同发展的意见》发布，从制度创新、规划引领、规范运营、服务创新、标准建设、绿色低碳等方面进行了系统的政策建构，为电商发展提供了更有力的政策环境和制度保障。2021 年 1 月，《商务部办公厅关于推动电子商务企业绿色发展工作的通知》发布，针对电商发展中的塑料污染治理、快递包装绿色转型进行了规范，引导电商践行绿色发展理念和高质量发展理念。

二是积极培育软件产业和集成电路产业。集成电路产业和软件产业是信息产业的核心，在科技革命和产业变革中发挥着关键性作用。我国一直高度重视并积极培育软件产业和集成电路产业，为这两个产业发展提供了有力支撑。为了促进软件产业和集成电路产业发展，提升我国信息产业的创新能力和国际竞争力，2000 年 6 月 24 日，《国务院关于印发鼓励软件产业和集成电路产业发展若干政策的通知》发布，明确了这两个产业的政策目标，并具体从投融资、税收、产业技术、出口、收入分配、人才吸引培养、采购、资格认定、知识产权保护等方面出台了支持政策。经过多年努力，我国软件产业和集成电路产业的发展已取得了明显成效，但与国际先进水平相比，我们在产业基础、创新能力、应用开发水平和产业链建设等方面还存在明显的差距。针对两大产业发展的政策新需求，2011 年 1 月 28 日，《国务院关于印发进一步鼓励软件产业和集成电路产业发展若干政策的通知》发布，在财税优惠、支持研究开发、扩大进出口、人才、知识产权、营商环境建设等方面为两大产业加力。2018 年，美国时任总统特朗普发起中美贸易摩擦并在科技领域加强了对我国的围堵封锁，高端芯片、集成电路等对我国数字经济发展和产业升级带来了制约，我们亟须破除这些卡脖子技术障碍，走出科技自主创新之路。为此，2020 年 7 月 27 日，《国务院关于印发新时期促进集成电路产业和软件产业高质量发展若干政策的通知》发布，进一步优化了两大产业的发展环境，努力深化产业国际合作，着力提升产业创新能力和发展质量。

三是统筹推进大数据和算力基础设施布局优化。随着信息技术和互联网经济发展，数据逐渐成为国家基础性战略资源，对数据进行采集、存储和分析可以发现新知识、创造新价值，云计算是推动信息技术按需供给、促进信息技术和数据资源高效利用的全新业态，大数据和云计算正成为一种增长迅速的新的数字经济发展空间。为了促进云计算和大数据产业发展，2015 年 1 月 30 日，《国务院关于促进云计算创新发展培育信息产业新业态的意见》发布，明确了我国发展云计算的指导思想、基本原则和发展目标，指出了云计算发展中的增强云计算服务能力、提升云计算自主创新能力等六大主要任务，并从完善市场环境、建立健全相关法规制度、加大财税政策扶持力度等七个方面完善保障措施，为我国云计算发展指向助力。同年 9 月 5 日，《国务院关于印发促进大数据发展行动纲要的通知》发布，分析了全球大数据产业的发展趋势和大数据产业在我国国民经济发展中的重要意义，明确了我国大数据发展的指导思想和政策目标，并从政府数据开放共享、产业创新发展和数据安全保障三大领域指出了具体发展路径，还构建了促进相关政策目标实现的政策机制。工业大数据是工业领域产品和服务全生命周期数据的总称，促进我国工业数据化转型并挖掘用好工业数据资源对于提升我国产品竞争力、发展壮大数字经济具有重要意义。2020 年 5 月 15 日，《工业和信息化部关于工业大数据发展的指导意见》发布，对工业大数据的发展做出了按照新发展理念推动高质量发展的总要求，还从数据汇聚、数据共享、数据应用、数据治理、数据安全和数据产业发展等方面提出了指导意见。党的十九届四中全会明确了数据的生产要素属性，数据成为整个国家的基础战略性资源。为了促进新型基础设施建设和大数据协同创新，同年 12 月 28 日，工业和信息化部等 4 部门发布了《关于加快构建全国一体化大数据中心协同创新体系的指导意见》，对全国大数据中心建设布局进行顶层设计，规划建设了数网体系、数纽体系、数链体系、数脑体系和数盾体系五大数据发展体系，为数据中心的集约化发展、规模化发展和绿色化发展提供政策保障。2021 年 11 月 30 日，《工业和信息化部关于印发"十四五"大数据产业发展规划的通知》发布，对"十三五"期间大数据产业取得的发展成效进行了总结，分析了我国大数据产业在"十四五"期间面临的发展形势，明确了发展要求，并从培育数据要素市场、发挥大数据特性优势、夯实产业发展基础、建设数据产业链、繁荣产业生态和保障数据安全六大任务入手，搭建未来五年我国大数据产业发展的系统框架。

四是高度重视 5G 和工业互联网建设。5G 具有传播速度快、延时少和链接广等优点，为建立人机物超链接智能社会提供了网络基础。2019 年 6 月 6 日，工业和信息化部正式向中国电信、中国移动、中国联通和中国广电发放了 5G 商用牌照，我国 5G 发展进入了商用元年。为了加快推进 5G 网络建设和应用推广，2020 年 3 月 25 日，《工业和信息化部关于推动 5G 加快发展的通知》发布，从加快 5G 网络建设部署、丰富 5G 技术应用场景、加大 5G 技术研发力度、构建 5G 安全保障体系等方面对我国 5G 发展进行了全面安排。2021 年 2 月 3 日，《工业和信息化部关于提升 5G 服务质量的通知》发布，针对用户提醒不到位、宣传营销不规范等问题，从思想认识、提醒机制、营销红线、监测体系、监管检查等方面对提升 5G 服务质量的举措做出了明确要求。为了促进 5G 融合应用，2021 年 7 月 13 日，工业和信息化部等 10 部门联合发布了《5G 应用"扬帆"行动计划（2021—2023 年）》，为 5G 的全面推广应用提供政策支持。工业互联网是新一代信息技术与制造业深度融合的产物，为新工业革命提供了关键支撑，为制造强国和网络强国建设筑基固本。2017 年 11 月 27 日，《国务院关于深化"互联网+先进制造业"发展工业互联网的指导意见》发布，对我国工业互联网发展进行指导和规范。为了进一步推动工业互联网创新发展，2021 年 12 月 22 日，《工业互联网专项工作组关于印发〈工业互联网创新发展行动计划（2021—2023 年）〉的通知》发布，将 2021—2023 年视为工业互联网的快速成长期，通过制订系统的行动计划推动工业化和信息化两化之间实现更广范围、更深程度和更高水平上的融合发展。

五是鼓励开展物联网、人工智能等领域探索。物联网是新兴信息技术的高度集成和综合应用，物联网的应用发展有利于经济社会的智能化转型、精细化管理和网络化治理，物联网是我国战略性新兴产业的重要组成内容。2013年2月17日，《国务院关于推进物联网有序健康发展的指导意见》发布，确立了我国物联网发展的目标原则，明确了技术研发、应用示范、社会管理等推进物联网发展的九大重点任务，并在财税、投融资、国际合作等方面形成了配套保障措施。针对近年来快速发展起来的移动物联网，我国也专门出台了培育政策。2020年5月8日，《工业和信息化部办公厅关于深入推进移动物联网全面发展的通知》发布，就推动移动物联网全面发展进行了全面安排。国家"十四五"规划高度重视现代基础设施建设，基于物联网在整个现代基础设施体系中的重要地位，为了支持其发展，国家专门制订了相应的三年行动计划，扎实推进该项工作。2021年9月29日，工业和信息化部联合中央网络安全和信息化委员会办公室、科学技术部、国家能源局等部门发布了《关于印发〈物联网新型基础设施建设三年行动计划（2021—2023年）〉的通知》，对物联网的发展方向、举措、保障措施进行了具体布置。人工智能的迅速发展对世界和人类社会带来了深刻的影响，这是引领未来的战略性技术，正成为国际竞争的新焦点。2017年7月20日，《国务院关于印发新一代人工智能发展规划的通知》发布，对人工智能的发展趋势进行了深入研判，制定了我国人工智能的整体发展目标和三步走战略目标，确定了人工智能发展的重点任务和主要举措，为我国人工智能发展提供了纲领性指导。为了凸显人工智能发展的区域特色和试点示范带动优势，2019年8月29日，《科技部关于印发〈国家新一代人工智能创新发展试验区建设工作指引〉的通知》发布，鼓励地方开展试验区建设，并随后核准同意支持上海、北京、合肥、杭州、苏州、长沙等地建设人工智能创新发展试验区。

三、推动数字经济与实体经济融合政策

数字经济在线化、虚拟性特征明显，在发展早期对实体经济形成了颠覆性的冲击。与此同时，我们也要看到数字经济与实体经济具有内在的关联性，因为人们的"吃、住、行、游、购、娱"需求是客观的，所以线上的经济形态和虚拟的经济形态最终还是离不开实体经济的支撑。从这个角度来看，数字经济只是改变了产品和服务的运行渠道与生产组织方式，实体经济仍然是整个经济运行的底层支撑。经济社会发展的理想状态是数字经济与实体经济的高度融合，将数字经济的开放性、效率与实体经济的稳定性和安全性结合起来。因此，我国在推动数字经济发展中高度重视数字

经济与实体经济的融合。2015年7月4日发布的《国务院关于积极推进"互联网+"行动的指导意见》提出，要积极把互联网创新成果深度嵌入经济社会各个领域，努力形成更广泛的以互联网为基础设施和创新要素的经济社会发展新形态，并明确了"互联网+创新创业""互联网+协同制造""互联网+现代农业""互联网+智慧能源""互联网+普惠金融""互联网+益民服务""互联网+高效物流""互联网+电商""互联网+便捷交通""互联网+绿色生态""互联网+人工智能"11个重点行动。此后，我国数字经济与实体经济的融合进程不断提速，融合深度不断拓展。2016年，针对"互联网+"的具体领域，国务院又分别发布了《国务院关于深化制造业与互联网融合发展的指导意见》和《国务院关于加快推进"互联网+政务服务"工作的指导意见》。2017年11月27日和2018年4月28日，国务院又先后发布了《国务院关于深化"互联网+先进制造业"发展工业互联网的指导意见》和《国务院办公厅关于促进"互联网+医疗健康"发展的意见》，针对实践中出现的问题提出了针对性的政策方案。

四、数字经济区域分工探索与创新试点政策

作为一个新生事物，陈旧观念需要加快转变，未知领域需要实验探索，管理制度需要创新改革。因此，在数字经济发展过程中，我国还以区域试点的形式展开特定数字经济形式的特色化探索，使得数字经济在整体上不仅呈现出国家特征，还呈现出明显的地域特色。通过试点探索，可以在有限的时间范围内对多种发展路径进行比较甄别，在形成初步的判断后再进行推广普及，这对于加深数字经济的认识、限制新生事物的负面影响和减少同质化低层次竞争造成的资源和时间浪费具有重要意义，是政策影响下我国数字经济良性健康发展的有力保障，更加充分地彰显了有为政府与有效市场的协同配合的积极成效。具体来说，这种政策试点探索主要体现在以下四个方面：

一是数字经济创新发展试验区的设立和差异化发展的探索。在2019年召开的第六届世界互联网大会上，国家发改委联合网络安全和信息化委员会办公室召开了数字经济创新发展试验区启动会，并发布了《国家数字经济创新发展试验区实施方案》，在方案中确定选择河北省（雄安新区）、浙江省、福建省、广东省、四川省和重庆市作为试点，启动国家数字经济创新发展试验区创建工作。各试验区根据国家部署并结合本地数字经济发展基础，选择差异化道路开展先行先试。具体来说，河北省（雄安新区）重点探索数字经济生产要素充分流通机制，服务京津冀协同发展；浙江省着重探索构建数字经济新型生产关系，助力长三角一体化发展；福建省负责总结推广"数字中国"20年建设经验，开展"数字丝路"（网上丝绸之路）和智慧海洋等区域特色实验；广东省着力探索数字经济创新要素高效配置机制，支持粤港澳大湾区建设；四川省和重庆市合力探索数字产业集聚发展模式，促进数字经济与实体经济融合发展，推动成渝地区双城经济圈高质量发展。

二是跨境电商综合试验区。近年来，跨境电商发展迅速，形成了比较可观的交易规模和产业集群。为了进一步促进其发展，2015年6月20日，《国务院办公厅关于促进跨境电子商务健康快速发展的指导意见》发布，从多个角度提出了具体的支持举措，为了将跨境电商更好地引向深入，采取了通过试点进行特色探索的发展路径。2015年，国务院同意设立中国（杭州）跨境电商试验区；2016年，我国又新增了天津等12个试点城市；2018年，北京等22个城市也纳入了试点范围；2019年，我国又新增了石家庄等24个试点城市；2020年，我国新增试点的步子进一步扩大，河北省（雄安新区）等46个地区纳入试点；2022年，我国又新增了鄂尔多斯等27个试点城市和试点地区。从试点扩大的过程可以看出，对于跨境电商的创新试验区建设是梯次推进的，逐渐扩大覆盖面，使得相关工作的发展方向和发展进度呈现出了明显的政策影响，政府根据试点建设情况，灵活把握跨境电商的发展节奏。

三是新一代人工智能创新发展试验区。人工智能的迅猛发展对人类社会生活和世界带来深刻影响，抢抓人工智能发展重大战略机遇对于建设创新型国家具有重要意义。2017年7月8日，《国务院关于印发新一代人工智能发展规划的通知》发布，对我国人工智能发展做出系统谋划，具体到执行层面，还确定了先行进行试点的发展路径。为了有序推动国家新一代人工智能创新发展试验区建设，科技部在2019印发了《国家新一代人工智能创新发展试验区建设工作指引》，进一步明确国家新一代人工智能创新发展试验区创建的总体要求、重点任务、申请条件、建设程序和保障措施。在对各城市的试点申报进行审查评估的基础上，2019年10月，科技部发函同意支持北京和上海建设国家新一代人工智能创新发展试验区；2019年12月3日，试点范围又扩展到了杭州、深圳、天津、合肥等地区；

2021 年 3 月 25 日，科技部发函确认苏州和长沙也纳入了创新发展试验区范围。各个城市在进行试验区创建时都要基于自身优势，从某一个角度切入，力争形成切实的创新试验成效，并为其他类似区域的发展提供示范参照。

四是三网融合试点。2010 年，党中央、国务院做出了推动广播电视网、宽带通信网和互联网三网融合的重大决策，并发布了推进三网融合的总体方案和试点方案。2010 年 6 月 30 日，《国务院办公厅关于印发第一批三网融合试点地区（城市）名单的通知》发布，确定了北京、大连、哈尔滨、上海、南京、杭州、厦门、青岛、武汉、深圳、绵阳 11 个城市和湖南省长株潭地区为三网融合第一批试点地区。在前期试点的基础上，三网融合逐步扩大试点范围，2011 年 12 月 30 日，《国务院办公厅关于印发三网融合第二阶段试点地区（城市）名单的通知》发布，确定了天津和重庆两个直辖市，宁波计划单列市，石家庄、成都、乌鲁木齐等 22 个省会或首府城市，扬州、孝感、佛山等 17 个其他城市为三网融合第二阶段试点地区。经过近 5 年的试点探索，我国形成了诸多既具有创新性又具有推广性的经验，2015 年 8 月 25 日，《国务院办公厅关于印发三网融合推广方案的通知》发布，正式决定全面推进三网融合，基于前期试点探索形成的经验，在整体推进中形成的工作目标可行、主要任务明确、保障措施得力，为顺利推进我国的三网融合、构建高效健全的通信网络提供了有力支撑。

五、数字经济财税金融配套支持政策

一是数字经济相关财税政策。2000 年 3 月 7 日，《国家税务总局关于明确电子出版物属于软件征税范围的通知》[①] 发布，针对部分地区在执行《财政部 国家税务总局关于贯彻落实〈中共中央 国务院关于加强技术创新，发展高科技，实现产业化的决定〉有关税收问题的通知》[②] 时，把电子出版物排除在软件范围之外的做法进行了纠偏，明确电子出版物把应用软件和以数字代码方式加工的图文声像信息进行存储属于软件范畴，应当享受软件产品的增值税优惠政策，而录音带、录像带等媒体形态的音像制品不属于电子出版物，相应地也就不能享受软件产品的增值税优惠政策。2000 年 6 月 24 日，《国务院关于印发鼓励软件产业和集成电路产业发展若

---

① 该法规于 2011 年 1 月 1 日起废止。

② 该法规于 2016 年 8 月 18 日起废止。

干政策的通知》发布，对税收政策进行了专章介绍，在第三章税收政策中明确：①增值税优惠。对于增值税一般纳税人销售其自行开发生产的软件产品的，2000—2010年按照17%的法定税率征收增值税，但对于实际税负超过3%的部分实行即征即退政策，企业可将在此税收上节约下来的费用用于研究开发软件产品和扩大再生产。②所得税优惠。对于在我国境内设立的软件企业实行企业所得税优惠政策，新创办且通过认定的软件企业，从获利年度起，可以享受企业所得税"两免三减半"优惠政策；对于国家规划布局内的重点软件企业，当年未享受免税优惠的减按10%的税率征收企业所得税；软件企业人员薪酬和培训费可以按照实际发生额在企业所得税税前列支。③关税和进口环节增值税优惠。对于软件企业进口所需的自用设备以及按照合同随设备进口的技术（含软件）及配套件、备件，除了明确不能免税的之外，均可享受免征关税和进口环节增值税政策。

2000年7月20日，《国家税务总局关于计算机软件征收流转税若干问题的通知》发布，对计算机软件征收营业税、增值税过程中出现的一些政策理解模糊、执行标准不一等问题进一步进行了明确。2000年11月3日，《国家税务总局关于我国境内企业向外国企业支付软件费扣缴营业税问题的通知》发布，针对我国境内企业向在我国境内无机构的外国企业支付软件费时是否扣缴营业税在地区执行中存在争议的问题进行了明确：支付的软件使用费不再扣缴外国企业营业税；出租性质的软件使用费也不征收营业税。2013年7月25日，《国家税务总局关于执行软件企业所得税优惠政策有关问题的公告》发布，其中明确：软件企业所得税优惠政策适用于经认定并实行查账征收方式的软件企业；软件企业的收入总额按照《中华人民共和国企业所得税法》第六条规定的方法计算得出；软件企业的获利年度认定以企业开始生产经营后第一个应纳税所得额大于零的纳税年度为准，包括对企业所得税实行核定征收方式的纳税年度。2015年，《国务院关于积极推进"互联网+"行动的指导意见》发布，在第三部分"保障支撑"中特别强调，要加大财税支持力度，具体包括：在国家科技计划项目选择时，向"互联网+"融合创新关键技术研发及应用示范倾斜；财政资金支持"互联网+"平台和应用示范项目建设；加大政府采购云计算服务力度；鼓励地方政府创新风险补偿机制，探索"互联网+"发展新模式。2017年8月24日，《国务院关于进一步扩大和升级信息消费 持续释放内需潜力的指导意见》发布，在文件第四部分"优化信息消费发展环境"中特别强调，要加大财税支持力度，具体包括：深入推进信息消费试点示范城市建设；鼓励各地依法依规采用政府购买服务、政府和社会资本合作（PPP）等方式，加大对信息消费领域技术研发、内容创作、平台建设、技术改造等方面的财政支持力度，支持新型信息消费示范项目建设；落实企业研发费用加计扣除等税收优惠政策，促进社会资本对信息消费领域的投入；经认定为高新技术企业的互联网企业，依法享受相应的所得税优惠政策。2019年5月17日，《财政部 税务总局关于集成电路设计和软件产业企业所得税政策的公告》发布，规定：对于符合条件的集成电路设计企业和软件企业，在2018年12月31日前自获利年度起计算享受企业所得税优惠的优惠期，第一年、第二年免征企业所得税，第三年至第五年按照25%的法定税率减半征收企业所得税。2020年12月17日，财政部、税务总局等四部门联合发布了《关于促进集成电路产业和软件产业高质量发展企业所得税政策的公告》，对于不同类型的集成电路企业所得税减免年限、程度，亏损结转年限、多项税收优惠政策叠加等政策进行了明确。2021年3月16日，《财政部 海关总署 税务总局关于支持集成电路产业和软件产业发展进口税收政策的通知》发布，明确了集成电路企业相关经营行为的进口减免关税政策。

二是数字经济投融资政策。1986年6月5日至6月30日，我国在北京举办了全国计算机应用展览，在此期间还召开了全国计算机应用工作会议，是计算机发展的关键一年。1986年12月10日，《国务院办公厅转发电子振兴领导小组关于搞好我国计算机推广应用工作汇报的通知》发布，对我国"六五"期间计算机发展取得的成就和经验进行了总结，对我国"七五"期间加快计算机发展的目标和重点工作进行了规划。1988年4月，国务院印发了《信息技术发展政策要点》，明确了信息技术对于我国经济社会发展的重要意义，也明确指出当时我国信息产业存在的"投资长期不足"和"资金使用分散"等问题，要求在一定期限内，国家在税收、信贷、折旧等方面对信息产业中的企业和企业集团采取优惠政策，以便帮助信息技术和产业转入良性循环的启动阶段并形成自我发展能力。2000年，《国务院关于印发鼓励软件产业和集成电路产业发展若干政策的通知》发布，在第一章的政策目标之后紧接着的第二章就是投融资政策，其中明确：①资金筹措政策。要求建设软件产业风险投资机制，由国家扶持成立风险投资公司，设立风险投资基金，初期由国家注入种子资金，再加上社会定向募股和吸收国内外风险投资基金形成多方筹资合作模式，以鼓励对软件企业的风险投资；将部分预算内基本建设资金用于软件产业和集成电路产业的基础设施建设和产业化项目；相关政府部门可以将其掌握的部分科技发展资金作为软件产业的孵化开办资金。②软件企业在国内外上市融资政策。要求尽快开辟证券市场创业板，对于符合创业板上市条件的软件企业，予以优先安排；对于发展前景优势明显的软件企业，在资产评估中无形资产占净资产比例可由投资方自行商定；对于符合审核标准的软件企业，允许到境外申请上市筹资。2002 年 9 月，《国务院办公厅转发国务院信息化工作办公室关于振兴软件产业行动纲要的通知》发布，在第三部分"主要政策措施"中特别强调，要落实投融资政策，加大对软件产业的投入力度，其中要求：以软件产业为试点逐步建立健全产权交易市场，实现非上市软件企业的资本流动，吸引社会资本增加对软件产业的投入。2009 年 4 月，国务院办公厅发布了《电子信息产业调整和振兴规划》，在第四部分政策措施中特别强调，要完善投融资环境，其中要求：加大对电子信息产业的信贷支持力度；发挥信用担保体系功能，鼓励支持金融机构为中小电子信息企业提供更多、更好的融资服务；以产业基地、企业孵化器等产业集聚区为依托，扩大电子信息中小企业集合发债的试点范围；对电子信息企业合理的外汇资金需求，通过进出口银行提供进口信贷优惠利率方式进行支持；积极发展风险创业投资，吸引海外归国人才在国内创业发展。2015 年 7 月，《国务院关于积极推进"互联网+"行动的指导意见》发布，在第三部分"保障支撑"中特别强调，要完善融资服务，其中包括：引导天使投资、风险投资基金等向"互联网+"领域倾斜，积极发挥投资引领作用；开展有利于小微企业发展的股权众筹等互联网金融创新试点；鼓励具有国资背景的基金投向"互联网+"项目，推动社会资本在相关创新型企业的投资增长；积极探索拓展知识产权质押融资和信用保险保单融资增信等，鼓励企业采用债券融资方式为"互联网+"发展提供资金，支持达到条件的"互联网+"企业通过发行公司债券融资；积极探索产融结合创新模式，综合利用股权和债权满足融资需求；适当降低创新能力强和成长性好的互联网企业的上市门槛，用好证券法修订以及股票发行注册制改革的政策窗口，支持目标互联网企业在创业板上市；推动银行等金融机构加大贷款投放力度，为互联网企业提供定制化的创新信贷产品与金融服务；推动国家开发性金融机构为"互联网+"重点项目提供融资支持。

2017 年 11 月,《国务院关于深化"互联网+先进制造业"发展工业互联网的指导意见》发布,在第四部分"保障支撑"中特别强调,要创新金融服务方式,其中包括:支持扩大直接融资比重,支持达到标准的工业互联网企业赴境内外资本市场上市开展股权融资,在工业互联网领域积极推行项目收益债、可转债、企业债和公司债等融资方式,引导投资基金加大对工业互联网领域的投资力度;实施精准信贷扶持,鼓励金融机构创新信贷产品,依法有序开发数据资产等质押贷款业务;延伸产业链金融服务范围,鼓励并支持达标企业集团设立财务公司,为下属企业提供财务管理服务,集约使用资金;拓展针对性保险服务,鼓励保险公司加强工业互联网需求调研并开发定制化的保险产品。2018 年 3 月,中共中央网络安全和信息化委员会办公室与中国证券监督管理委员会联合发布了关于印发《关于推动资本市场服务网络强国建设的指导意见》的通知,在第三部分"充分发挥资本市场作用,推动网信企业加快发展"中明确了四大具体政策举措:①支持符合条件的互联网信息企业用好多层次资本市场努力做大做强;②推动互联网信息企业并购重组;③完善优化投融资环境;④进一步增强金融服务能力。2020 年 7 月,《国务院关于印发新时期促进集成电路产业和软件产业高质量发展若干政策的通知》发布,其中第二部分就对投融资政策进行了专章安排,具体列示了七大政策举措:①优化布局,辨识风险,避免低水平重复建设;②鼓励和支持同类企业加强资源整合,减少对按市场原则进行的兼并重组的行政性干预;③多渠道筹集投资基金,提高基金市场化水平;④鼓励地方政府建立贷款风险补偿机制,支持相关企业使用知识产权、股权和应收账款质押融资、供应链金融等方式获得商业贷款;⑤加大商业性银行对集成电路产业和软件产业的中长期贷款支持力度,引导保险资金开展股权投资,支持银行理财、保险、信托等非银行金融机构发起设立专门性资产管理产品;⑥拓展直接融资渠道,扩大直接融资比重,加快境内上市审核流程,对于符合企业会计准则相关条件的研发支出可做资本化处理,畅通原始股东退出渠道,用好多层次资本市场体系,满足不同发展阶段企业的融资需求;⑦鼓励符合条件的集成电路和软件企业发行企业债券、公司债券、短期融资券和中期票据等,支持企业通过债券和票据融资。

六、数字经济国际合作政策

数字新兴技术和数字经济最先在美国等经济发达国家产生并兴盛起

来，我国在软件、信息化、数字经济的发展过程中，高度重视与其他国家开展合作，逐渐从早期的学习者、追随者成长为在数字经济某些具体领域的并肩竞争者和引领分享者，秉持开放的心态和合作创新的精神一直是我国数字经济政策的内在价值导向。我国于 2015 年发布的《国务院关于积极推进"互联网+"行动的指导意见》第三部分"保障支撑"中特别强调，要拓展海外合作，具体包括三大政策举措：①鼓励企业抱团出海，即结合"一带一路"倡议以及国家相关重大战略，支持和鼓励具有竞争优势的互联网企业联合制造、金融、信息通信等领域企业率先"走出去"，通过海外并购、联合经营、设立分支机构等方式，相互借力，共同开拓国际市场，推进国际产能合作，构建跨境产业链体系，增强全球竞争力。②发展全球市场应用，即鼓励"互联网+"企业整合国内外资源，面向全球提供工业云、供应链管理、大数据分析等网络服务，培育具有全球影响力的"互联网+"应用平台；鼓励互联网企业积极拓展海外用户，推出适合不同市场文化的产品和服务。③增强"走出去"服务能力，即充分发挥政府、产业联盟、行业协会及相关中介机构的作用，形成支持"互联网+"企业"走出去"的合力。在 2016 年召开的二十国集团（G20）领导人杭州峰会上，数字经济首次被列入 G20 创新增长蓝图中的一项重要议题，通过了《二十国集团数字经济发展与合作倡议》，首次提出发展数字经济的倡议。《国务院关于深化"互联网+先进制造业"发展工业互联网的指导意见》于 2017 年发布，在第三部分"主要任务"中特别指出，要推动国际合作，具体落脚在提高企业国际化发展能力和加强多边对话合作两个维度：一方面，为了提高企业国际化发展能力，鼓励国内外企业面向大数据分析、工业数据建模、关键软件系统、芯片等薄弱环节，合作开展技术攻关和产品研发；建立工业互联网技术、产品、平台、服务方面的国际合作机制，推动工业互联网平台、集成方案等"引进来"和"走出去"；鼓励国内外企业跨领域、全产业链紧密协作。另一方面，为了加强多边对话与合作，鼓励建立政府、产业联盟、企业等多层次沟通对话机制，针对工业互联网最新发展、全球基础设施建设、数据流动、安全保障、政策法规等重大问题开展交流与合作；加强与国际组织的协同合作，共同制定工业互联网标准规范和国际规则，构建多边、民主、透明的工业互联网国际治理体系。2021 年 10 月 30 日，国家主席习近平在北京以视频方式出席二十国集团领导人第十六次峰会时强调，中国高度重视数字经济国际合作，已经决定申请加入《数字经济伙伴关系协定》（DEPA）[①]，愿同各方合力推动数字经济健康有序发展。二十国集团要共担数字时代的责任，加快新型数字基础设施建设，促进数字技术同实体经济深度融合，帮助发展中国家消除"数字鸿沟"。中国已经提出《全球数据安全倡议》，呼吁各国秉持发展和安全并重的原则，平衡处理技术进步、经济发展与保护国家安全和社会公共利益的关系；各国可以共同探讨制定反映各方意愿、尊重各方利益的数字治理国际规则，积极营造开放、公平、公正、非歧视的数字发展环境。2021年11月1日，中国商务部部长王文涛致信新西兰贸易与出口增长部部长奥康纳，代表中方向《数字经济伙伴关系协定》保存方——新西兰正式提出申请加入DEPA，努力与各成员加强数字经济领域合作、促进创新和可持续发展。

七、数字经济安全监管与规范治理政策

数字经济在快速发展和不断开放的过程中，也必然伴随着安全问题的不断凸显。平台企业在发挥规模优势和网络效应的同时，也可能会形成垄断，进而对市场竞争造成负面影响，对消费者权益造成损害。因而，在促进数字经济发展的同时，我国还制定了一系列的安全监管与规范治理政策，具体体现在两个大的领域：一是完善立法，提升参与数字经济发展的企业经营者、从业者和消费者的法治意识，形成普及性的观念提升和能力增强。如2017年6月1日起，《中华人民共和国网络安全法》正式施行；2021年9月1日起，《中华人民共和国数据安全法》正式施行；2021年11月1日起，《中华人民共和国个人信息保护法》正式施行。二是明确数字经济发展的规范治理政策。如2019年8月1日，《国务院办公厅关于促进平台经济规范健康发展的指导意见》正式对外发布，其中高度肯定了平台经济在我国经济社会发展中的重要地位，并且围绕互联网平台在长期发展中累积形成的突出问题制定了针对性的规范调整政策，为平台经济的健康发展提供政策保障。针对近几年我国数字经济发展呈现出的新问题，国家发展改革委、市场监管总局等九部门于2021年12月24日联合发布了《国家发展改革委等部门关于推动平台经济规范健康持续发展的若干意

---

① 《数字经济伙伴关系协定》由新加坡、新西兰和智利三国于2020年6月份签署，旨在加强三国之间数字贸易合作并建立相关规范的数字贸易协定。该协定以电商便利化、数据转移自由化、个人信息安全化为主要内容，并就加强人工智能、金融科技等领域的合作进行了规定。

见》，其中从健全完善规则制度、提升监管能力和水平、优化发展环境、增强创新发展能力、赋能经济转型发展等方面，为平台经济的规范健康持续发展制定了针对性的政策。国务院在 2022 年 1 月 27 日发布的《国务院关于印发"十四五"市场监管现代化规划的通知》中特别强调，要加强市场秩序综合管理，营造公平竞争市场环境；尤其是要统筹优化线上线下市场竞争生态，逐步完善线上市场监管体系，引导平台经济有序竞争，加大线上线下一体化监管力度，加强新产业、新业态、新模式市场秩序监管。针对具体的互联网算法问题，为加强互联网信息服务算法综合治理，促进行业健康有序繁荣发展，国家互联网信息办公室、中央宣传部和教育部等九部门于 2021 年 9 月 17 日发布了《关于印发〈关于加强互联网信息服务算法综合治理的指导意见〉的通知》，其中对于健全算法安全治理机制、构建算法安全监管体系、促进算法生态规范发展等方面的政策予以了明确。

八、数字经济关键技术创新政策

技术创新能力是影响我国数字经济发展前景的关键，作为数字经济后发追赶型国家，我国一直将创新驱动作为重要的发展战略，尤其是在逆全球化浪潮沉渣泛起和地区冲突多发的国际形势下，加强对"卡脖子"的关键性技术的研发创新的鼓励和支持被纳入政策议程也就显得顺理成章。我国针对数字经济关键技术创新的政策主要通过将信息产业视为战略性新兴产业的重要组成部分，在战略性新兴产业的整体布局中予以支持强化。2010 年 10 月 18 日，《国务院关于加快培育和发展战略性新兴产业的决定》发布，确定将节能环保、新一代信息技术、生物、高端装备制造、新能源、新材料、新能源汽车等产业作为战略性新兴产业，要求在经济发展中将其作为加快培育的先导产业和支柱产业。2012 年 7 月 20 日发布的《国务院关于印发"十二五"国家战略性新兴产业发展规划的通知》和 2016 年 12 月 19 日发布的《国务院关于印发"十三五"国家战略性新兴产业发展规划的通知》，分别对 2010 年的文件精神进行了部署落实。尤其是在 2016 年发布的《"十三五"国家战略性新兴产业发展规划》中，更是把新一代信息技术作为战略性新兴产业八大产业和五大领域之首，并对基于信息技术创新形成的涵盖了网络强国基础设施、"互联网+"行动、国家大数据战略、信息技术核心产业、人工智能等领域的网络经济进行了细致的谋划部署。2020 年 9 月 8 日，国家发展改革委、科技部、工业和信息化部、财政部四部门联合印发了《关于扩大战略性新兴产业投资 培育壮大新增长点增长极的指导意见》，其中明确指出，当前以信息技术为代表的新一轮科技革命和产业变革正在孕育兴起，加大关键核心技术攻关力度、加快 5G 商用步伐等迫在眉睫，要加快新一代信息产业提质增效，要按照市场化、法治化、国际化原则积极有效地扩大战略性新兴产业投资。此外，2021 年 3 月 13 日，《中华人民共和国国民经济和社会发展第十四个五年规划和 2035 年远景目标纲要》发布，明确提出要打造数字经济新优势，并提出到 2025 年数字经济核心产业增加值占 GDP 比重达到 10% 的发展目标，在经济社会主要发展指标中，"数字经济核心产业增加值占 GDP 比重"首次成为体现创新驱动的指标。我国 2020—2021 年出台的部分数字经济政策见表 5-1。

表 5-1　我国 2020—2021 年出台的部分数字经济政策

时间	文件名称	主要内容
2020-03-06	《工业和信息化部办公厅关于推动工业互联网加快发展的通知》	包含新型基础设施建设、融合创新应用、安全保障体系、创新发展动能、产业生态布局、产业政策支持 6 大领域共 20 项举措
2020-03-18	《工业和信息化部办公厅关于印发〈中小企业数字化赋能专项行动方案〉的通知》	旨在统筹推进经济社会发展工作，以数字化赋能中小企业，助力可持续发展等，同时明确了行动目标、13 项重点任务和 4 项推进措施
2020-03-24	《工业和信息化部关于推动 5G 加快发展的通知》	明确指出，要全力推进 5G 网络建设、应用推广、技术发展和安全保障，充分发挥 5G 新型基础设施的规模效应和带动作用，支撑经济高质量发展
2020-04-07	《国家发展改革委 中央网信办印发〈关于推进"上云用数赋智"行动 培育新经济发展实施方案〉的通知》	旨在加快数字产业化和产业数字化，助力建设现代化产业体系，实现经济高质量发展。从打造数字化企业、构建数字化产业链、培育数字化生态三方面明确了数字化转型的三大目标。指出上云要面向中小微企业，要普惠、低成本、持续赋能中小微企业，推动地方产业创新、发展
2020-04-09	《中共中央 国务院关于构建更加完善的要素市场化配置体制机制的意见》	数据首次被列为重要生产要素，为此，在中国特色社会主义经济体制中，数字经济成为一种新的经济形态和经济发展模式。这是继农业经济、工业经济之后的一种新的形态和模式

表5-1(续)

时间	文件名称	主要内容
2020-04-28	《工业和信息化部关于工业大数据发展的指导意见》	明确指出，要促进工业数据汇聚共享、融合创新，提升数据治理能力，加强数据安全管理，着力打造资源富集、应用繁荣、产业进步、治理有序的工业大数据生态体系
2020-04-30	《工业和信息化部办公厅关于深入推进移动物联网全面发展的通知》	要求加快推进5G网络建设，继续深化4G网络覆盖，支持Cat1发展；进一步加大NB-IoT网络部署力度，按需新增建设NB-IoT基站，县级及以上城区实现普遍覆盖，面向室内、交通路网、地下管网、现代农业示范区等应用场景实现深度覆盖；着力做好网络运维、监测和优化等工作，提升网络服务水平
2020-07-14	《关于支持新业态新模式健康发展 激活消费市场带动扩大就业的意见》	对加快发展数字经济15大新业态新模式重点方向提出19项创新支持政策，以创新生产要素供给方式，激活消费新市场，发展新的就业形态，培育壮大新动能
2021-05-27	《数字经济及其核心产业统计分类（2021）》	明确指出，数字经济是指以数据资源作为关键生产要素、以现代信息网络作为重要载体、以信息通信技术的有效使用作为效率提升和经济结构优化重要推动力的一系列经济活动。相应地，数字经济核心产业是指为产业数字化发展提供数字技术、产品、服务、基础设施和解决方案，以及完全依赖于数字技术、数据要素的各类经济活动
2021-06-10	《中华人民共和国数据安全法》	基于总体国家安全观，将数据主权纳入国家主权范畴，并进一步将数据要素的发展与安全统筹起来，为我国的数字化转型，构建数字经济、数字政府、数字社会提供法治保障

第二节　中国数字经济税收治理实践

随着数字经济在我国的发展壮大，与其相应的税收治理也依次展开。如前所述，数字经济是一种外延范围很广且边界还在不断拓展的新型经济形态，数字经济税收政策也散见于数字经济各组成部分相关的税收政策当中。为了更好地认识和把握我国数字经济税收治理实践，我们对分散在数字经济各个领域的税收政策进行了检索、汇总和梳理，具体做法为：一是对国家税务总局官网中的"税收政策文件"和"税务新闻"两个栏目的信息进行了浏览，把与数字经济相关的条目筛选出来，并按时间顺序进行排列；二是利用中国知网数据库将《中国财政》和《中国税务》两本杂志从2000年以来发表的内容进行筛选，从中将数字经济相关的内容筛选出来；三是从数字经济企业腾讯、阿里巴巴、百度等官网上下载各企业的财务报告，了解这些大型互联网企业的实际税负情况。通过汇总这三个渠道的信息并进行主题分类，继而从政策演进的视角洞悉不同时期数字经济税收治理实践的重点变化。基于这种做法，经过分析后我们将我国数字经济税收治理划分为五个方面，并依次进行阐释。

一、数字产品的区别对待及相应的税收政策建构

电脑、软件、音像制品和电子出版物是数字经济早期出现的代表性数字产品。对于这些新出现的数字产品应该适用于什么样的税收政策，是数字经济税收治理面临的首要问题。1999年11月2日，《财政部 国家税务总局关于贯彻落实〈中共中央 国务院关于加强技术创新，发展高科技，实现产业化的决定〉有关税收问题的通知》发布，其中分别对增值税、营业税、所得税、外商投资企业和外国企业所得税、进出口税收和科研机构转制涉税问题进行了规定，以切实的税收优惠政策鼓励技术创新和高新技术企业发展。该文件发布后，针对各地在对计算机如何征税问题上理解和执行的不一致，2000年7月20日，《国家税务总局关于计算机软件征收流转税若干问题的通知》发布，进一步对政策进行明确，以规范各地税务机关的执法行为。2004年12月10日，《财政部 国家税务总局关于提高部分信息技术（IT）产品出口退税率的通知》发布，规定对部分信息技术产品出口退税率由当时实行的13%提高到17%。2007年9月3日，《财政部 国家税务总局关于调整音像制品和电子出版物进口环节增值税税率的通知》（已废止）发布，其中规定：从2007年9月15日起，将音像制品和电子出版物的进口环节增值税由17%下调至13%，并对政策涉及的音像制品和电子出版物进行了明确的界定。2011年10月13日，《财政部 国家税务总局关于软件产品增值税政策的通知》发布，及时对《国务院关于印发进一步鼓励软件产业和集成电路产业发展若干政策的通知》进行了回应，其中规

定：增值税一般纳税人销售其自行开发生产的软件产品，按17%税率征收增值税后，对其增值税实际税负超过3%的部分实行即征即退政策。

二、数字贸易兴起及相应的电商税收治理实践

为贯彻落实党的十六大提出的信息化发展战略和党的十六届三中全会关于加快发展电商的要求，2005年1月8日，《国务院办公厅关于加快电子商务发展的若干意见》发布，要求研究制定鼓励电商发展的财税政策。有关部门应本着积极稳妥推进的原则，加快研究制定电商税费优惠政策，加强电商税费管理；加大对电商基础性与关键性领域研究开发的支持力度；采取积极措施，支持企业面向国际市场在线销售和采购，鼓励企业参与国际市场竞争；政府采购要积极应用电商。

随着电商规模的快速扩大以及长期享有的税收优惠对实体经济造成不公平竞争的诟病日益增多，美国第一个全国性互联网消费税提案——《2013市场公平法案》于2013年3月22日以74：25的压倒性优势在美国国会参议院通过，为美国各州政府对电商跨区经营收税付诸实施走出了关键的一步。根据法案规定，企业通过互联网和邮购销售的产品也要缴纳销售税。美国针对电商的税收政策转变显然也会给其他国家的电商税收政策改革带来影响。2013年，我国电商交易额突破10万亿元，同比增长26.8%。其中，网络零售额超过1.85万亿元，同比增长41.2%。随着网购规模的扩大，"电商是否应全面征税"已成为业内热门话题，一方面是全面征税以求公平的提议，另一方面是促进就业、暂缓"一刀切"的呼声。针对电商发展到新阶段以及面临的新问题，我国税务部门也专门成立了课题组，进行了密集的调研，对电商税收问题进行了系统的政策储备。2015年8月7日，《国家税务总局关于坚持依法治税更好服务经济发展的意见》发布，其中指出：2015年以来国际国内环境比较复杂，我国整体保持了良好的经济发展势头，但经济下行压力也比较大，因而在包括税收在内的宏观政策上要坚持稳中求进的工作总基调，要保持宏观政策的连续性和稳定性，着力调动各方积极性，合力保障经济社会发展和大局稳定。在文件第四部分专列"积极支持新业态和新商业模式健康发展"政策主题，明确要求：要深入分析电商、"互联网+"等新业态和新商业模式的特点，积极探索支持型的税收政策；各级税务部门年内不得专门统一组织针对某一新兴业态、新型商业模式的全面纳税评估和税务检查；着力改进管理和

服务措施。由此可以看出，针对电商，我国还是将其视为处于发展早期的新业态新商业模式，对其税收治理更加突出对新生事物的包容性和扶持性。

针对跨境电商税收问题，为了营造公平竞争的市场环境，促进跨境电商健康发展，我国税务部门出台了一系列政策。如2016年3月24日，《财政部 海关总署 国家税务总局关于跨境电子商务零售进口税收政策的通知》发布，其中对跨境电商零售（B2C）进口税收政策进行了明确规定：跨境电商零售进口商品按照货物征收关税和进口环节增值税、消费税，纳税义务人是商品购买者，电商企业、交易平台或物流企业可以作为代扣代缴义务人，按照包括货物零售价格、运费和保险费的实际交易价格作为完税价格；适用于该税收政策的进口商品范围；每个人跨境电商进口商品可以享受单次交易2 000元和年度交易20 000元的免税交易限制，在免税额以外征收的进口环节增值税和消费税，暂时按照法定应纳税额的70%征收，对于超过单次交易和累计交易限制的情况也进行了规定。针对该政策发布后在实际运行中的反馈，税务部门又在2018年对跨境电商税收政策进行了调整完善。2018年11月29日，《财政部 海关总署 国家税务总局关于完善跨境电子商务零售进口税收政策的通知》发布，将单次交易限额从2 000元调整到了5 000元，将年交易限额从20 000元提高到了26 000元。跨境电商涉及交易、支付、通关、退税、结汇等多个部门和环节，为了促进跨境电商发展，我国从2015年开始了跨境电商综合试验区建设，希望通过试验区的先行先试，探索形成可在全国范围复制推广的经验，而税收政策创新也是试验区的重要探索内容。2018年9月28日，《财政部 税务总局 商务部 海关总署关于跨境电子商务综合试验区零售出口货物税收政策的通知》发布，明确了跨境电商综合试验区内电商出口企业未取得有效进货凭证的货物享受增值税、消费税免税政策所需具备的条件。

三、培育数字经济竞争优势的税收政策助力

我国一直高度重视数字经济发展，并通过税收在内的调控工具为数字经济发展创设良好的政策环境。税收政策对数字经济发展优势的培育和数字经济健康发展的助力几乎体现在数字经济的各个具体领域，可以毫不夸张地说，我国数字经济的快速发展与我国在各个发展阶段制定的科学适配的税收政策是密不可分的。根据国务院新闻办公室2022年1月26日举行

的新闻发布会上提供的信息：增值税发票数据显示，2021年我国数字经济核心产业销售收入同比增长30.7%，两年平均增长22.8%，比全国企业销售收入增速高8.6个百分点。其中，智能设备制造同比增长64.3%，互联网相关服务增长61.5%，软件开发增长28.2%。此处因为篇幅所限，所以不能将促进数字经济的税收政策全部列出。软件产业和集成电路产业是信息产业的核心，本书选择了软件产业、集成电路产业和新型显示器产业作为代表，以此对相关的促进产业发展的税收政策进行介绍。

基于软件产业和集成电路产业在整个数字经济发展中的重要性，在2000年国务院就发布了《国务院关于印发〈鼓励软件产业和集成电路产业发展的若干政策〉的通知》。为了将该政策落在实处，切实推动这两大产业发展，增强我国信息产业的创新能力和国际竞争力，2000年9月22日，《财政部 国家税务总局 海关总署关于鼓励软件产业和集成电路产业发展有关税收政策问题的通知》，对两大产业实施明显的税收激励政策，以支持其快速发展。其中，对软件企业增值税实际税负超过3%的部分实行即征即退，对新办的软件企业从获利年度起算，实行企业所得税"两免三减半"优惠政策；对集成电路企业增值税实际税负超过6%的部分实行即征即退。2004年10月10日，《财政部 海关总署 国家税务总局 信息产业部关于线宽小于0.8微米（含）集成电路企业进口自用生产性原材料 消耗品享受税收优惠政策的通知》发布，其中规定：满足条件的集成电路企业进口的国内无法生产的自用生产性原材料、消耗品，免征进口关税和进口环节增值税，并以附件形式列出了第一批符合条件的5家集成电路生产企业名单。为了落实《国务院关于印发进一步鼓励软件产业和集成电路产业发展若干政策的通知》，2011年11月14日，《财政部 国家税务总局关于退还集成电路企业采购设备增值税期末留抵税额的通知》发布，其中指出：为了解决集成电路重大项目企业采购设备引起的增值税进项税额占用资金问题，决定对因购进设备形成的增值税期末留抵税额予以退还，并对符合条件的企业名单、准予退还的购进设备留抵税额、申请和审批程序、退还的购进设备留抵税额央地之间的分担比例等事项进行了明确。2012年4月20日，《财政部 国家税务总局关于进一步鼓励软件产业和集成电路产业发展企业所得税政策的通知》发布，其中规定：集成电路线宽小于0.8微米的集成电路生产企业，经认定后，在2017年12月31日前都可以享受从获利年度起前两年免征、第三年至第五年按法定税率25%减半征收企业所得税的优惠政策；对于集成电路线宽小于 0.25 微米或者投资额超过 80 亿元的集成电路生产企业，经营期在 15 年以上的，在 2017 年 12 月 31 日前自获利年度开始计算可以享受 10 年企业所得税优惠期，具体为"五免五减半"；在我国境内新办的集成电路企业和软件企业，满足相关条件后可以享受 25% 法定税率下的"两免三减半"企业所得税优惠。2013 年 7 月 25 日，国家税务总局对软件企业所得税优惠政策执行中遇到的问题专门发布了公告予以调整明确。

2020 年以后，随着国际形势的变化，我国促进集成电路企业和软件企业创新的政策动力更加强烈，出台的支持性政策也更加密集。2020 年 5 月 29 日，《财政部 税务总局关于集成电路设计企业和软件企业 2019 年度企业所得税汇算清缴适用政策的公告》发布，其中明确：依法成立且符合条件的集成电路设计企业和软件企业，在 2019 年 12 月 31 日前自获利年度起计算优惠期，前两年免征企业所得税，第三年至第五年按照 25% 的法定税率减半征收企业所得税。2020 年 12 月 11 日，《财政部 税务总局 发展改革委 工业和信息化部关于促进集成电路产业和软件产业高质量发展企业所得税政策的公告》发布，针对更高标准的线宽小于 28 纳米、65 纳米、130 纳米的集成电路生产企业分别制定了企业和项目所得税减免与亏损结转政策。其中，线宽小于 28 纳米（含）的集成电路企业可以享受 10 年免征企业所得税优惠政策；线宽小于 65 纳米（含）的集成电路企业可以享受"五免五减半"政策；线宽小于 130 纳米（含）的集成电路企业可以享受"两免三减半"政策。同时，该文件还确定了优惠期限计算方法：按集成电路生产企业享受税收优惠政策的，优惠期从企业获利年度起算；按集成电路生产项目享受税收优惠政策的，优惠期从项目取得第一笔生产经营收入所属纳税年度起算。另外，该文件还对企业亏损结转、关联行业企业、其中的重点企业制定了相应的优惠政策：对于国家鼓励的线宽小于 130 纳米（含）的集成电路生产企业，在国家发布的鼓励性集成电路生产企业清单之前 5 个纳税年度内发生的还没有弥补完的亏损，给予不超过 10 年期的向以后年度进行亏损结转的政策优惠；国家鼓励的重点集成电路设计企业和软件企业，从获利年度起算，前 5 年免征企业所得税，后续年度按 10% 的优惠税率征收企业所得税。2021 年 3 月 16 日，《财政部 海关总署 税务总局关于支持集成电路产业和软件产业发展进口税收政策的通知》发布，对免征进口关税的集成电路企业需要具备的具体条件进行了规定：承建集成电路重大项目企业在 2020 年 7 月 27 日到 2030 年 12 月 31 日进口的新设备，对于没有缴纳的税款提供海关认可的税款担保，可以按照规定的比例分 6 年缴纳进口环节增值税。2021 年 7 月 26 日，国家税务总局专门发布了"软件企业和集成电路企业税费优惠政策指引"，将此前出台并仍在执行的针对这两类企业的税收优惠政策进行了整理，并从享受主体、优惠内容、享受条件、政策依据 4 个板块对相关政策进行了集中呈现，最终梳理形成了 20 项针对软件企业和集成电路企业的税费优惠政策，以方便相关企业了解并享受政策红利。

为了进一步鼓励和促进新型显示器件的发展，2012 年 4 月 9 日，《财政部 海关总署 国家税务总局关于进一步扶持新型显示器件产业发展有关税收优惠政策的通知》发布，其中规定：2012 年 1 月 1 日到 2015 年 12 月 31 日，新型显示器件生产企业进口国内不能生产的自用生产性或研发用原材料和消耗品，免征进口关税，但进口环节增值税需要照章征收；对于进口建设净化室所需的国内又无法提供的配套系统以及维修生产设备所需的零部件，免征进口关税和进口环节增值税。2016 年 6 月 1 日，《财政部 海关总署 国家税务总局关于新型显示器件项目进口设备增值税分期纳税政策的通知》发布，指出政策目标是推进新常态下信息产业实体经济发展，帮助相关企业降低税费成本以更好地参与国际竞争，其中明确：对于 2015 年 1 月 1 日至 2018 年 12 月 31 日进口的新型显示器件项目关键设备，准予在首台设备进口后 6 年内分期缴纳进口环节增值税，其中第一年可以免交，第二年至第六年每年缴纳进口环节增值税总额的 20%。2012 年 12 月 5 日，《财政部 海关总署 国家税务总局关于扶持新型显示器件产业发展有关进口税收政策的通知》发布，其中将《财政部 海关总署国家税务总局关于进一步扶持新型显示器件产业发展有关税收优惠政策的通知》的政策时限进一步拓展至 2020 年 12 月 31 日，也就是说，在前面的文件时限到期后，继续延续了企业享受的优惠政策。为了加快壮大新一代信息技术，支持新型显示产业发展，2021 年 3 月 31 日，《财政部 海关总署 国家税务总局关于 2021—2030 年支持新型显示产业发展进口税收政策的通知》发布，对以前制定的针对新型显示产业的免征进口关税和分期缴纳进口环节增值税政策进行了汇总延续，且提供了 10 年期的政策时效，给相关企业带来了稳定的政策预期，以便相关投资者进行科学决策。

四、数字经济税收风险治理实践

数字经济是一种迅速成长起来的新兴经济形态，它在推动社会创新创业、提高经济社会运行效率、优化社会资源要素配置的同时，也对传统实体经济、政府监管治理带来了不小的冲击。具体到税收领域，数字经济因为产品与服务的数字化、经营场所的虚拟化、交易活动的隐蔽性等方面的新变化，也对正常的税收征管带来了挑战。大型数字平台企业具有天然的垄断性，业务量大，经营范围广，利润转移相对容易，税收博弈动力强；依附于数字经济平台上的单个经营者，交易规模小，纳税意识尚有待养成；围绕数字经济形成的过大过小的纳税主体特点，导致数字经济税收存在着明显的税收流失风险。大型数字平台企业联合专业税务中介组织向税务部门展开政策游说，积极争取最优的税收优惠待遇，因为过于分散导致税收征管成本高容易形成互联网平台上的小型经营者事实上的税收漏损。随着数字经济的快速增长及其在我国经济结构中所占比重的上升，数字经济纳税主体过大过小的结构特征，既形成了数量庞大的税收流失风险，又对实体经济形成了不利的竞争环境，对我国努力培育的法治、公平、有序的市场竞争环境带来了致命冲击。因而，对税收风险的治理也是我国数字经济税收治理的重要内容，相关政策归纳起来，主要体现在征管能力建设和税收违规行为处罚两个方面。

从数字经济税收征管能力来看，国家税务部门通过一系列管理改革措施和增强信息技术手段，着力提升数字经济税收的风险识别、动态监测和系统防范能力。一是推出网络发票并制定规范的网络发票管理办法。国务院 2010 年通过了《国务院关于修改〈中华人民共和国发票管理办法〉的决定》，其中第二十三条规定"推广使用网络发票管理系统开具发票"，此后税务部门就开始摸索网络发票的技术实现途径和形式。2013 年 2 月 25 日，《网络发票管理办法》发布，并规定 2013 年 4 月 1 日起正式付诸实施。尽管出台并实施《网络发票管理办法》的政策初衷并不是像媒体分析的那样是针对"网络购物和电子商务征税"做准备，但网络发票作为一种规范发票使用和税收征管的手段，对于引导消费者在网络购物时索取发票和经营者提供发票给予了必要的支持，在客观上会对数字经济供需双方提高纳税遵从度产生积极影响。二是对网络直播行业税收管理进行规范。2022 年 3 月 25 日，国家互联网信息办公室、国家税务总局和国家市场监督管理总局联合印发《关于进一步规范网络直播营利行为促进行业健康发展的意见》的通知，其中在第四部分列出了"规范税收管理，促进纳税遵从"的专章，明确要求：网络直播平台、网络直播服务机构应当明确区分和界定网络直播发布者各类收入来源及性质，并依法履行个人所得税代扣代缴义务；各级税务部门要优化税费宣传辅导，引导网络直播平台、服务机构和发布者提高税务遵从并依法享受税收优惠。

从税收违规行为处罚的角度来看，国家税务部门通过对典型数字经济税收违法行为的依法惩处以及相应形成的舆论传播，对整个数字经济行业和民众起到一种教育引导作用，对其他违法者形成一种震慑，对普通民众起到税法宣传作用并培养了他们的依法照章纳税意识，进而有利于提升包括数字经济税收在内的整个社会纳税遵从度，降低税收征纳成本。前面案例分析中提供的空姐代购案和直播带货网红逃税案，都是引起广泛关注的数字经济税收舆情，为其他违规违纪者敲响了警钟，从而促进了相关从业者主动补缴税款，降低了数字经济的税收流失风险。

五、开放条件下的全球数字经济税收合作与冲突应对

开放性是数字经济的重要特征之一，能够实现"买全球、卖全球"目标是跨境电商的优势所在，通过网络实现的跨境贸易突破了海关、国界等物理存在的管理界限，对国家的税收权形成了冲击。我国数字经济和电商蓬勃发展时期，也正是我国成功加入世界贸易组织后积极融入国际分工合作和进出口贸易大幅增长阶段，因而涉及的全球数字经济税收问题就显得现实而又重大。相应地，针对开放条件下的全球数字经济税收合作与冲突应对，也成为我国数字经济税收治理政策的重要关注点和着力处，具体体现在以下两个方面：

一是积极参与数字经济国际税收规则制定。现行的国际税收规则制定于 20 世纪 20 年代，它以经济效忠原则（economic allegiance）确定税收管辖权，但随着数字经济发展，大型跨国数字企业借助新业态和新模式从消费国获得大量收入而贡献很少甚至不贡献税收，引发国家之间的税收利益冲突加剧。2015 年以来，针对数字经济跨境所得课税的规则重塑在国际税务领域展开，其中既包括 OECD 和 G20 主导下的多边规则探索，也有部分国家开展的单边规则制定行动。虽然目前新的征税规则主要是针对西方的数字巨头，但随着我国数字经济的发展，以腾讯、阿里巴巴等为代表的互

联网巨头的国际业务也在不断拓展，自然也面临着数字经济的国际税收问题，因而也需要积极关注国际税改趋势和我国数字企业税收权益，并在新的国际税收规则制定中积极发出我们的声音并维护我们国家和企业的正当税收权益。全球数字经济税收合作的政策目标在于，既要堵住税收漏洞、保护国内税基不受侵蚀，又要为国内企业"走出去"发展留下空间，保护并提升本国数字经济企业的国际竞争力。因此，我国税务部门对相关数字化应用部门积极开展调研，进行前期研究，深入了解数字业务的价值创造过程及其构成，高度关注数字化背景下的企业诉求，对 OECD 等国际组织的相关提案和国际税收规则加强研究，分析评估各种方案对国际税收规则重塑、利润重新分配的影响，深度参与国际税收规则的制定。

二是加强数字经济税收国际征管合作。2019 年 4 月 18 日，国家税务总局发起成立了"一带一路"税收征管合作机制。四年来，合作机制广泛推介并加强联络，着力提升"一带一路"沿线国家的税收协调性，解决包括数字经济税收在内的利益冲突，在促进全球贸易流通中积极发挥税收作用。我国于 2016 年主动承办了 OECD 第十届税收征管论坛（FTA）[①]，作为该年 9 月于杭州举行的二十国集团领导人第十一次峰会的配套活动，其主要议题就是实施新的国际税收规则，以积极应对数字经济发展的新趋势和新挑战。受全球流行的新冠疫情影响，第十四届税收征管论坛于 2021 年12 月 16 日至 17 日以视频会议形式召开，会议围绕落实数字经济税收改革"双支柱"方案、疫情冲击下的税收征管挑战等议题展开。国家税务总局局长王军在会上介绍了我国税收征管在技术和产业变革影响下面临的挑战及应对举措。近年来，我国税务部门积极应用大数据、云计算和人工智能等新型信息技术提升税收治理成效，深入推进税收征管数字化转型，努力探索税收征管数字化的全球性标准，积极提供税收治理的中国经验。

---

① 税收征管论坛（FTA）于 2002 年发起成立，是经济合作与发展组织财政事务委员会的下设机构。FTA 大会每 15~18 个月举办一届，目前已发展成为世界主要经济体税务部门高级别沟通对话以及协调合作平台，是税收征管领域最有影响力的国际多边平台。借助这个交流平台，与会各方共同探讨全球税收热点问题并寻求加强国际税收合作的方法。我国从第二届开始参加 FTA 大会。在 2014 年 10 月召开的第九届 FTA 会议的大会交接仪式上，国家税务总局局长王军正式确认我国将承办 2016 年举行的第十届 FTA 会议。2016 年 5 月 11—13 日，第十届 FTA 会议在我国北京召开。

第三节　中国数字经济税收治理的成绩与经验

从数字经济出现以来，我国包括税务部门在内的各政府机构就高度重视数字经济在我国经济社会发展中的重要意义，密切关注数字经济发展新变化和新趋势，并按照包容审慎的理念开展相关治理，努力为数字经济发展提供良好的政策环境。经过长期的摸索实践，到目前为止，我国初步搭建形成了涵盖数字经济多个领域的税收政策框架。长期针对数字经济的减税降费政策有力地促进了数字经济的快速发展，在数字经济国际税收领域贡献了独具特色的中国税收治理方案，积极应用数字新兴技术推动整个税收征管的数字化转型，通过数字经济推动社会创新创业努力培植新的税源。这些成绩和经验为我国后续治理以及其他国家数字经济税收治理提供了参考经验。

一、初步搭建形成了数字经济各具体领域的税收政策框架

数字经济是一个综合性的概念，其包括的具体内容非常广泛。经过长期探索，我国国家统计局于2021年5月发布了《数字经济及其核心产业统计分类（2021）》，对数字经济的具体涵盖范围和分类进行了明确，统计分类标准的发布为我国数字经济核算提供了统一可比的统计标准、口径和范围，对于形成与数字经济发展相适应的税收政策体系和制度环境具有重要意义。统计分类标准明确了数字经济的范围主要包括产业数字化和数字产业化两大领域，具体体现在数字产品制造业、数字产品服务业、数字技术应用业、数字要素驱动业和数字化效率提升业五大类别。其中，前四类为数字产业化范畴，数字化效率提升业为产业数字化范畴。

根据新发布的数字经济分类目录，对照现有税收政策体系，我们不难发现，经过多年的摸索实践，针对数字经济的各个具体领域，我国已经初步搭建起了一个相对完整的税收政策框架。如前面数字经济税收政策部分所梳理分析的那样，在数字产品制造业方面，早在21世纪初我国就开始了对计算机整机、零部件等生产企业的税收政策供给，近年来对工业机器人、半导体等数字产品制造业也给予了较多的税收关照；在数字产品服务业方面，我国也在很早就针对音像制品、电子和数字出版物零售出台了税

收管理规定，对数字产品批发、零售、租赁和维修等服务业也制定了明确的税收政策；在数字技术应用业方面，我国对软件开发、电信服务和互联网相关服务中因为数字经济特殊性而引发的涉税处理争议进行了明确；在数字要素驱动业方面，我国对互联网平台、互联网批发零售（电商）等方面进行了长期全面的税收政策探索；在数字化效率提升业方面，我国从智能制造、数字商贸等方面尝试进行了税收政策储备。由此可以看出，经过长期的不断探索和实践，针对数字经济的各个具体领域，我国也初步基于数字经济的差异性而形成了特殊税收政策体系。

二、税收优惠政策有力地促进了数字经济的快速发展

在数字经济发展的过程中，我国政策的主基调是鼓励创新，积极促进新型经济形态的成长。相应地，数字经济的税收政策是以减税降费的税收优惠政策为主基调的，通过企业所得税和增值税的减免、延期缴纳等优惠政策，降低企业税费成本，进而实现企业整体成本的下降和利润的上升，鼓励更多投资流向数字经济的各个生产经营领域，再加上对小规模纳税人的税费减免，合力培育更多数字经济市场主体；通过对研发费用加计扣除、购进设备加速资产折旧等方式鼓励数字经济企业创新的政策，引导企业从长远和核心竞争力着眼，进行资源优化配置，极大地提升了我国数字经济企业的技术创新能力和国际竞争力；通过员工培训费用的税前扣除和数字经济高端技术人才的个人所得税优惠，激励和吸引优秀人才快速成长并流向数字经济领域。税收优惠政策以其真金白银式的利益让渡，从市场主体成长、引领技术创新、人才汇集等方面着力，对于形成规模更大也更具活力的数字经济发展生态发挥了重要作用。

三、数字经济国际税收合作取得重要进展

2010年，我国成为世界第二大经济体，与全球各个国家之间开展的包括数字经济在内的贸易增多，双边投资大幅增加。尤其是2013年我国提出"一带一路"倡议后，与沿线国家的经济贸易往来更加密切，互联网"出海"和企业"走出去"日益增多，华为、腾讯、阿里巴巴、小米等数字经济企业开发的产品和服务在全球拥有了大量新增客户使用群体，面临的国家之间税收权益维护和企业享受公正的税收待遇需求显著增加，带动我国数字经济国际税收合作向纵深推进。我国参与了多个国际税收多边合作平

台，完成了多个国家的税收协定谈判签署，积极推动了"一带一路"税收征管合作机制、《区域全面经济伙伴关系协定》（RCEP）规则谈判，高度关注并深入研究 OECD 双支柱方案，花大力气培育国际税收专业人才，在数字经济税收国际规则制定中积极贡献中国力量，引导规范我国数字经济企业国际税收行为，努力维护我国政府和企业的正当税收权益。

四、积极应用新兴数字技术推动税收征管数字化转型

数字经济既是税收治理的对象，又是对包括税收在内的传统领域产生重要影响的变革力量，数字经济在与税收的互动中并不是单纯被动地被税收引导和塑形，数字化技术在效率与绩效方面的超常能量，自然也会被引入税收征管领域。伴随着我国数字经济发展，在关注和培育数字经济的同时，新兴的数字化技术也被广泛地应用到了传统税收的升级改造之中，大数据、人工智能、区块链等新技术以及税收征管信息化系统的建设投用和升级换代，大大改善了传统税收征管在人手不足、人情干扰、征管成本高昂等方面的不足，通过数据比对可以快速筛查出风险点，再进一步进行历史对比、行业对比，大大提升了税收风险的识别判断效率，也有利于践行依法治税理念。以数治税不断引向深入，基于丰富数据支撑的税收信息系统，对于宏观经济发展形势的精准把握和科学决策也提供了强有力的支撑。

五、发挥数字经济在创新创业方面的优势厚植新税源

数字经济在带动社会创新创业方面优势突出。依托于互联网平台和电子支付提供的便利，高额的店面场地成本、专职人员聘用及工资支付等让传统创业者心生畏惧的创业成本被大幅削解；借助互联网链接的广阔市场，原来属于极其小众化的需求也能因为链接的范围足够广而累积形成相当可观的需求规模；供需双方得以对接，原来价格高到无法承担的需求现在可能就因为网络链接形成的规模化经营而得到极大降低，极大地丰富了市场上的产品和服务；个人的特长和创意依托于网络达成了价值实现，对于个人进一步学习提升个人认知和技能形成了正面强化，整个社会的人力资源得到了提升；个人技能提升和收入提高后，为扩大消费提供了信心和基础，带动整个经济社会步入良性运转轨道。数字经济良性发展后，从整体和长远来看，带来的是整个经济活力的增加、人力资本的积累和经济社

会发展质量的提升，因为减税降费和产业转型升级导致的税收收入的短期降低，经过一定的时间累积后，会获得可观的经济增长和税收收入增量，促进数字经济运行在良性轨道上的税收政策就是为未来厚植税源。

第四节　中国数字经济税收治理存在的问题与困境

在看到我国数字经济税收治理取得的成绩和形成的经验的同时，也必须正视我国在数字经济税收治理上存在的不足，尤其是未来数字经济税收治理面临的困境，主要包括数字经济税收政策的主动性还有待提升、数字经济税收政策体系还有待优化、数字经济税收的征纳关系还需要进一步改善、数字经济税收政策储备和相关人才培养还有待加强。

一、数字经济税收政策的主动性还有待提升

通过梳理分析我国数字经济税收政策出台的背景、条款、历史进展不难发现，现有的数字经济税收政策更大程度上还是表现在国家关于数字经济的综合治理一盘棋情况下的落实执行层面上。一般的政策产生过程是：先在关于数字经济某一个具体领域的综合规划或培育扶持性指导意见的配套政策部分，对税收支持提出了一些方向性的改革要求，继而税务部门再制定专门的税收政策文件，其后可能针对执行中的一些理解错误或操作变形再通过规范公告进行矫正。综合来看，针对数字经济发展，从其价值产生过程、利润构成、通过税收渠道呈现的发展趋势、对其他经济领域的正反面影响等重要问题的调研和政策储备还不够充分，既有税收政策在前瞻性、主动性方面距离理想目标还有不小差距。

二、数字经济税收政策体系还有待优化

如前文所述，针对我国经过长期摸索后形成的数字经济统计分类目录，已经初步形成了数字经济的税收政策框架，但这个政策框架目前还比较初级，大都是在传统的税制政策体系下拆下一块通过打补丁的形式标示存在，数字经济各个组成部分相应税收政策的散点化特征明显，政策之间的内在融通、政策传递叠加影响等方面的关注和实现情况还不理想；数字经济税收政策体系完整性、成熟度和认同感方面还亟须提升，尚未形成专

题化的数字经济税收政策体系，纳税主体对于自己享受的税收优惠政策是否属于数字经济范围的意识不强，关于数字经济税收政策的宣传力度和效果也还不理想；还有不少数字经济企业对自身能够享受到的税收优惠还不太清楚，数字经济税收政策红利的可及性和普惠性还有待提升。

OECD 在数字经济及其税收的理论与实践方面走在了世界前列，其于2020 年 11 月 27 日发布的《2020 年数字经济展望》对数字经济发展进行了全景展现，并梳理了 OECD 国家及其合作伙伴国家的数字经济战略框架，形成了"走向数字化的综合政策框架"，可以为我们未来优化数字经济及其税收政策体系提供参照，也可以为我国利用互联网和数字技术实现公共政策目标提供经验借鉴。OECD 走向数字化的综合政策框架见表5-2。

表 5-2 OECD 走向数字化的综合政策框架

序号	维度		对应关键政策领域和指标
1	访问 （access）	1.1	投资（investment）
		1.2	通信基础设施和服务 （communication information and services）
		1.3	竞争（competition）
		1.4	区域发展（regional development）
2	使用 （use）	2.1	数字政府（digital government）
		2.2	投资（investment）
		2.3	商业活力（business dynamism）
		2.4	中小企业（small and medium enterprise）
		2.5	技能（skill）
		2.6	数字安全与隐私（digital security and privacy）
3	创新 （innovation）	3.1	创业精神（entrepreneurship）
		3.2	中小企业（small and medium enterprise）
		3.3	竞争（competition）
		3.4	科学和技术（science and technology）
		3.5	数字政府（digital government）
		3.6	部门政策法规 （sectoral policies and regulations）

表5-2(续)

序号	维度		对应关键政策领域和指标
4	工作 (jobs)	4.1	劳动力市场（labour markets）
		4.2	技能（skill）
		4.3	社会保障（social policies）
		4.4	税收和福利制度（tax and benefit system）
		4.5	区域发展（regional development）
5	社会 (society)	5.1	社会政策（social policies）
		5.2	技能（skill）
		5.3	税收和福利制度（tax and benefit system）
		5.4	环境（environment）
		5.5	卫生保健（health care）
		5.6	数字政府（digital government）
6	信任 (trust)	6.1	数字风险管理（digital risk management）
		6.2	中小企业（small and medium enterprise）
		6.3	隐私（privacy）
		6.4	数字安全（digital security）
		6.5	消费者保护（consumer protection）
7	市场开放 (market openness)	7.1	贸易（trade）
		7.2	投资（investment）
		7.3	金融市场（financial market）
		7.4	竞争（competition）
		7.5	税收（tax）

资料来源：王梦梓. 全球高层级数字经济政策协调新趋势：经合组织《2020年数字经济展望》解读［J］. 互联网天地，2021（8）：45.

三、数字经济税收的征纳关系还需要进一步改善

数字经济的纳税主体呈现出明显的"过大过小"特征。受规模效应和网络效应等机制影响，互联网平台企业容易形成市场垄断地位，也容易滋生税收博弈的强烈动机。依附于数字经济平台上的个体从业者因为税收法治意识较弱，容易产生法不责众的侥幸心理，积沙成塔后，不光会造成规模惊人的税收流失，还会对整个社会的税收文化产生负面影响。由此可

知，在数字经济背景下，我们更应该积极营造良性的税收文化，加强税法宣传，增强税务部门的服务意识，构建和谐的税收征纳关系，提高整个社会的税收遵从度。数字经济中的大企业不能过于傲慢，个体和小规模纳税人也要提升自觉纳税意识，正视征纳双方税收利益冲突的存在，坦诚地进行交流沟通，努力减少数字经济税收负面舆情的发生概率和负面影响。

四、数字经济税收政策储备和相关人才培养还有待加强

数字经济作为一个新生事物，还处于不断的发展变化之中。我们要加强对数字经济及其税收问题的关注调研，引导学者走出书斋关注社会现实的新近变化，加强对数字经济及其税收问题变动趋势的把握能力，增强税收政策的前瞻性和战略性，在数字经济发展中更加主动积极地发挥税收政策的导向作用。数字经济是超越国界海关的经济，开放性特征和竞争性特征明显，相关部门要努力培养具有国际视野、丰富实践经验和高超能力的国际税收和数字经济税收专业人才，积极参与数字经济国际税收规则制定，以担当起维护我国政府和企业的正当税收权益的重任。

第六章 数字经济税收治理的国际经验借鉴

数字经济因为网络的超链接属性和业务覆盖范围的跨国界属性，在国际视野下观察数字经济税收的必要性大大增强。数字经济企业跨国经营是常态，苹果、亚马逊等国际数字企业巨头的业务范围覆盖了全球大多数国家和地区，我国的华为、腾讯、阿里巴巴、小米等数字企业也在积极地向国外市场拓展进军。不同国家之间的数字经济企业的股权架构、经营领域、利润税收分配的交互性大幅提升。相应地，税收制度的关联交织也在不断增强，在全球化和数字化的双重作用之下，世界更加明显地呈现出了地球村的扁平化趋势，国家与国家之间呈现出明显的"你中有我，我中有你"的互动链接特征。短短几年时间，国内外大型数字企业已经给我们的生产生活带来了重要影响，数字工具成为我们日常生活中须臾不可缺少的依靠，也成为经济社会变革的重要推动力量。不同国家基于各自产业背景和国内经济发展水平，在数字贸易和数字经济税收治理领域的侧重点也各有不同。对其他国家数字经济税收治理方略、举措和经验进行梳理和介绍，既可以为我国企业"走出去"提供税务政策支持，又可以为我国数字经济税制改革提供经验借鉴。

基于此，在第五章对我国数字经济及其税收政策进行分门别类的梳理并归纳了我国数字经济税收治理的成绩、经验、问题、困境的基础上，本章将研究视野从国内扩展至国际，重点关注主要国家在数字经济税收治理方面的实践，并从中为我国数字经济税收治理提供经验借鉴。按照这个思路，本章涉及美国、法国、新加坡和印度四国的数字经济税收治理，共包括了五节内容：美国作为数字经济的发源地和领头羊，用好全球市场推动电商不断发展壮大一直是其重要的政策目标，在电商税方面进行了持续而颇具创新性的探索；法国作为欧盟成员和 OECD 成员，近年来因国内财政压力引发的发展困境和变革需求显著增加，一直积极倡导开征数字税以应对税收流失问题，在 OECD 数字经济税收规则谈判制定速度无法满足本国需求时，率先开征了数字服务税，将数字经济税收从理论向实践推进了一大步；新加坡一直被视为国家治理的"模范生"，在关键机遇和发展策略的选择上有诸多值得借鉴之处，其数字企业以具有创新性的中小企业为主，新加坡也在积极推动形成新的数字经济国际税收合作机制并取得了初步成效；印度和我国一样具有数量众多的人口和广阔的市场发展空间，因为历史原因在软件研发方面具有较强优势，是被寄予厚望的发展中国家，印度也针对数字经济开征了均衡税。在对这四个国家的代表性数字经济税收治理实践和经验进行介绍和分析的基础上，本章提出了四国数字经济税收治理实践对于我国数字经济税收治理的启示和经验借鉴。

第一节　美国数字经济税收治理实践

一、美国数字经济发展概况

美国商务部发布的《数字经济 2000》指出，因为信息技术先进、信息产业发达，美国在 20 世纪 90 年代初就率先进入了数字经济时代，而其他国家在 21 世纪才陆续进入数字经济时代。美国是数字革命的策源地，20世纪 90 年代中后期开始由美国推动的数字革命，以互联网为基础设施，以信息技术为先导技术，以信息产业为引领和支柱产业，以电商为经济增长的发动机[①]。

美国紧紧抓住了数字革命的机遇，政府一直高度重视计算机和互联网在拉动经济增长和推动社会变革中的重要作用，在全球最早开始了数字经济布局。早在 1993 年，美国就将促进互联网普及发展提升至国家战略层面，提出并实施了"信息高速公路"计划，大力提升整个经济社会的信息化水平和信息共享能力，着力构建形成运转效率更高、信息更加公开透明、依靠数字赋能促进公平的数字社会。在这些政策影响下，一方面，美国互联网信息科技得到了高速发展，使得美国的信息科技在全球创新体系

---

① 夏皮罗. 数字经济 2000：美国电子商务报告《浮现中的数字经济之三》［M］. 黄奇，袁勤俭，等译. 北京：国家行政学院出版社，2000：代序 2.

中占据重要位置，呈现出明显优势；另一方面，信息科技又极大地促进了商贸交易的达成，降低了信息搜集传递成本，促成美国进入经济高增长、高就业和低通货膨胀率的黄金发展期。作为配套举措，美国政府还从数字基础设施建设、税收政策引导支持、市场环境培育等方面着力，积极推进电商的全球自由贸易，通过互联网开辟了国际贸易自由区和免税区，将信息科技方面的垄断优势转化为商贸优势，通过电商发展进一步推动美国在全球贸易格局中不断扩大优势。

在取得数字经济的先发优势并借以扩大美国在全球科技、贸易的影响力和竞争力的基础上，美国还持续不断地在数字经济领域展开探索。美国在2010年就提出了建立"数字国家"的目标，2015年美国商务部发布的《数字经济议程》将发展数字经济作为实现繁荣和保持竞争力的关键。此外，美国政府十分重视消除数字鸿沟问题，并积极主导全球数字经济创新与合作。

二、美国电商税收治理实践

美国的电商税收政策大致经历了两个主要发展阶段：一是发展早期积极倡导并推行免税政策；二是在争议中开始征税。

（一）发展早期积极倡导并推行免税政策

如前所述，美国是电商发展最早的国家，在早期电商全球贸易中处于世界领先地位，也占据了较大份额。美国的工商业界和政府部门很快就洞悉了电商发展对于美国经济增长和全球贸易竞争的积极作用，在国内为互联网制定免税政策，促进国内电商的发展，带动就业和相关产业发展，增加政府财政收入。在国际上，美国借助自身话语权和影响力，在国际组织相关规则制定中积极倡导其他国家免征数字化产品的关税，对通过电商达成的交易实行免税，帮助美国企业穿透"关税壁垒"，进而以产品优势获取超额利润。

在1995年美国就确立了对电商发展进行鼓励支持的税收政策导向，在这个前提下确定的美国税收政策目标是为电商发展提供一个预期稳定、长期持续且简单的税制环境，防止各级各地政府因为对电商这一新生事物的不了解而施加不适当的政策限制。1996年，美国财政部专门发布了全球电商选择性税收政策主旨，其中明确：一是坚持税收中性原则；二是对现有税制进行修改以便能够与电商这种新的商业模式相适配；三是坚持税收公平原则，不针对电商开征新的税种。1997 年，美国时任总统克林顿在其发布的《全球电子商务纲要》中，明确美国电商税收要坚持三大原则：一是税收中性原则，不能因为商务形式的选择而实行差别化税收政策；二是税收简明原则，要求税收政策要保持简单透明；三是内外协调原则，即美国国内税制和国际税制要相互协调。同时，他还号召世界各国政府鼓励并扶持本国企业发展互联网商业应用，建议将互联网建成有利于扩大自由贸易的免税区。

在克林顿政府的积极推动下，美国国会通过了著名的《互联网免税法案》，这项法案将电商免税从政策理念向贯彻实施推进了一大步。该法案对于州、地方政府征收互联网接入服务税、电商重复征税以及征收歧视性税收做出了暂停征税三年的政策安排，还安排成立专业性组织——电商咨询委员会，负责对联邦、州和地方政府在互联网及互联网接入方面的国内国际税收问题展开系统研究。该法案在超过时限后又多次延长政策时效，已经延长了 3 次长达 16 年，并在 2007 年 11 月 1 日由美国时任总统布什签署成为法律，将政策时效延长至了 2014 年 11 月 1 日。

（二）在争议中开始征税

随着时间的推移，电商的经营范围不断拓展、经营规模快速扩大，它逐渐从一个在传统经济范围下争取发展空间的幼苗突变为对传统经济产生竞争并占据诸多优势的参天大树。电商在开拓了原来传统经济未曾顾及的经营领域之外，也开始在固有经济版图中与传统贸易形式展开竞争，并借助数字技术和互联网赢得了诸多竞争优势，对传统经济形成了较大冲击。尽管早期免税法案在美国是以压倒性优势获得通过的，而且在临近政策尾声时曾连续 3 次获得延长，但每个事物都有两面性，对其评价也可能出现截然不同的态度和观点。对免税法案的反对声也始终存在，特别是随着时间的推移和电商的发展壮大，相应的争议也越来越大。对此持反对意见者主要基于三方面理由：一是有悖公平课税原则。对电商免征销售税，导致传统商务面临不平等竞争，厚此薄彼造成传统商务处于劣势地位，这显然与税收中性原则和税制公平原则相悖。二是减少财政收入。这就意味着，免征电商以及电视、电话和邮购销售的销售税，会导致美国的州政府和地方政府的财政收入减少。在早期电商经营规模微不足道时，减少财政收入的压力还不明显，当电商随着时间的推移涉及的领域和规模快速增长后，则会使财政的压力不堪承受。三是影响外溢侵害他国利益。美国是基于其在信息技术、电商方面的竞争优势和领先地位形成了国内国际电商免税政策导向的，免税法案不仅体现了美国的国内产业和税收政策，也体现了美国的全球经济战略，欧盟发达国家以及大多数发展中国家在数字经济方面与美国的产业基础和政策目标大相径庭，正好可能会是美国电商免税政策的利益受损方和成本承受方，自然会对美国的电商免税政策表达质疑和反对态度。

（三）两个电商税收相关诉讼判例体现政策转向

早期的电商免税导向在 1992 年的奎尔公司与北达科他州诉讼案中可以清楚地看到。美国最高法院在裁定此案时的主要依据仍然是物理存在原则，认为如果零售商将货物运入某州但该零售商在此州没有实体店或商店仓库等"关联体"时，州政府不能对该零售行为征税①。此后的类似案件也大都按照这一判例审定。而 2018 年 6 月 21 日的南达科他州诉讼 Wayfair 税案结束了长期以来电商因为没有物理存在就无须代收代缴销售税的历史。美国联邦最高法院以 5：4 的投票结果推翻了 1992 年奎尔案中确立的"依据是否具有物理存在判定是否负有纳税义务"的原则，判定南达科他州要求在该州没有物理存在的州外电商企业向该州销售商品的时候代征销售税的法律不违反宪法，并将最高法院以往判决中与此案不一致的部分发回原审法院重新审理。2018 年南达科他州诉讼 Wayfair 税案的判决结果对美国电商和跨境电商的经营及其纳税具有重要的导向意义。在审判中，美国联邦最高法院基于电商这一新兴商业模式的特殊性，将 1967 年和 1992 年关于销售税的两个判例推翻，改变了跨州贸易涉及的销售税仅基于物理存在的规则②。

第二节　法国数字服务税的开征

一、法国数字经济发展概况

新兴数字技术和网络链接给人类生产生活带来了翻天覆地的变化，这一新型经济形态相应地也对法国经济社会产生了持续且巨大的影响。法国

---

① 刘从戎，刘心一. 美国的互联网税收政策：上 [J]. 涉外税务，2000（11）：35-39.

② 蔡昌，马燕妮. 数字经济征税规则的变革趋势与中国应对举措：基于美国电商 Wayfair 税案的研究 [J]. 创新，2020，14（4）：88-99.

政府逐渐意识到信息技术创新的重要意义，采取了一系列措施汇集多方力量全力推动法国经济数字化，并不断加大对信息系统基础设施的建设力度和对数字创新领域的投资力度，搭建形成促进数字经济发展的部门协作机制，具体包括四个方面：一是注重规划引领。法国政府在国家层面发布了数字化路线图，以便政府各个部门和企业、民众能够明确本国大数据和战略性高新技术产业的发展目标、途径、举措，形成战略向导和政策指引。二是注重政府投资引导。法国政府投资部从 2006 年开始支持建设了 16 个大型数据中心，这些公用数据中心和民营数据公司建成项目共同构成了可以覆盖法国全域的互联网交换点和数据枢纽，为法国奠定了良好的信息设施基础。三是注重应用落地。法国政府开始实施"数字法国 2020"战略，通过发展固定宽带和移动宽带、推广数字化应用和服务、扶持电子信息产业发展等政策措施，为法国提升信息化水平和促进信息产业发展创造良好的政策环境。四是坚持部门协同。法国政府充分考虑到了数字化涉及经济发展与社会进步的方方面面的客观事实，不把数字化建设划定为单一部门的职责，而是调动各个层级、各个地方全力支持并积极参与国家数字化建设。

受益于政府的规划引领和社会大众的支持参与，法国数字经济取得了快速发展，并在整个国民经济中占据了重要地位。Rexecode 发布的研究报告显示，法国国民生产总值大约有 5% 来源于数字经济，数字经济大约贡献了法国经济增长的 25%、就业的 3% 和投资的 16%。数字经济发展及其相应的变革力量促使法国产业产生了巨大的转变，借助于信息化和技术创新，整个国家的经济运转效率大幅提升，国家的经济效益不断提高。

二、法国数字经济税收治理面临的主要挑战

法国为培育本国数字经济做出的种种努力，也对跨国数字企业的进入产生了极大的吸引力。法国所处的是欧盟这一相对发达的经济圈层，民众的思想观念、消费能力、信息素养相对较高，是值得开发的数字市场。欧盟不同成员在市场、贸易税收政策方面相对开放，法律制度体系更加成熟稳定。而且按照法国之前的税制，对于数字经济的征税仅限于对数字企业的所得征税，而网络数据的收集、出售几乎是零成本，基于这些优势，大量互联网公司进入法国拓展数字业务。许多跨国数字巨头将其区域总部和大型数字中心设在了法国，IBM、Interxion、Equinix 等数据领域的知名国

际公司都在法国展开了业务布局，且获得了相当可观的经营收入。数字经济具有高度依赖无形资产、用户参与价值创造、利润容易转移等特性，随着时间的推移和相应带来的国际避税问题愈演愈烈，法国面临的数字经济税收流失问题日益严重。受所处地理位置、产业特点、国内外数字企业结构等因素影响，法国面临的数字经济税收挑战从全球范围内比较来看，问题和矛盾更为突出、应对和解决的需求更加迫切。具体来说，法国面临的数字经济税收挑战主要来源于以下三个方面①：

（一）用户数据参与价值创造但无法分享收益也无法征税

对通过网络获取的数据进行加工利用进而获得利润，是数字经济的重要商业模式。跨国数字巨头公司经常策略性地将依赖法国用户数据获得的利润转移到"避税天堂"，这就使得对仅有的来自法国境内所得的征税也难以有效实施，从而导致大量的税收流失。随着数字经济规模的扩大尤其是跨国数字企业在法国的营业规模和利润规模的扩大，这种税收流失对法国的财政收入带来了较大压力。据法国媒体估计，2012 年脸书（Facebook）法国网站的营业额起码有 3 亿欧元，税前盈利约 3 000 万欧元。但由于利润转移策略，法国无法对这一税源实现有效征税，以至于法国只能另寻其他途径以弥补跨国数字巨头避税给国家带来的税收损失。

（二）独立交易原则受到挑战助长了跨国公司的逃税避税

随着数字经济的快速发展壮大，跨国企业借助设立于低税率国家的关联公司以方便逃税漏税的动机日益强烈。众所周知，在全球贸易和跨国经营不断发展的过程中，全球主要发达经济体附近总会形成一些低税率国家，在欧洲典型的税收洼地有卢森堡、爱尔兰等，大型跨国数字巨头往往会充分利用不同国家税制和税率税负差异，通过公司组织架构和股权配置，将利润向低税率国家转移进而实现减少税负甚至逃避纳税的目标。法国国内全力调查的几个涉嫌逃税漏税的跨国企业，大都利用了法国原来没有严格核验其运营是否严格遵守了独立交易原则，而是通过组织架构设计将公司部分职能转移至法国之外的关联公司以方便避税。

（三）常设机构的定义在数字经济中变得模糊

与数字技术不断发展迭代相伴随的是法国网络信息共享程度的日益提高，网络用户及其网上行为形成的数据成为法国互联网创造价值的重要组

---

① 杨杨，杨晓倩. 法国数字经济税收相关问题探析：基于全球 BEPS 行动计划 [J]. 税收经济研究，2015，20（4）：7-12.

成部分，但却无法获得相应收益。这些企业只需要付出极低的成本，通过数据的收集、存储和转售就可以获得持续且数量惊人的盈利，这种一本万利的商业模式自然会激励更多互联网跨国公司到法国拓展数字业务，因而产生的国际避税问题也渐趋严重。由于法国未能针对数字经济为常设机构的定义做出明确指引，本来应该分配给用户的利润因为按照既有的常设机构定义无法找到其来源而只能被网络公司占有，从而导致数字经济税收流失。

三、法国开征数字服务税的背景

一是数字经济导致的税收不公问题日益严重。欧盟委员会在 2017 年发布的统计数据显示，跨国互联网企业在欧盟负担的平均税率不到 10%，传统行业的平均税率负担要比数字企业税负高出一倍以上，达到了 23.2%。一些互联网企业在巨大利益诱惑下借助专业税务中介开展激进税收筹划和政治游说，综合来看，甚至可以享受不必缴纳任何税款或税负额的优厚待遇，这显然会造成严重的税收不公。法国总统马克龙曾指出，数字经济导致的市场扭曲和结构失衡问题值得关注，数字企业需要承担向社会和公众提供调整和补偿的成本，而不能成为数字时代的"搭便车者"。法国一直高度关注数字经济税收挑战及其应对策略，早在马克龙竞选总统时，法国政府就开始酝酿开征数字服务税的计划，并致力于推动形成国际多边解决方案，但直到 2019 年 7 月才正式落地。OECD 自 2013 年启动了税基侵蚀和利润转移行动计划，但因为各成员的数字经济发展基础和政策目标存在较大差异，其中美国和欧盟成员对解决方案的看法分歧冲突尤为明显，使得各国之间达成共识的过程面临重重困难。而且 OECD 认为，"数字经济"正在向"经济数字化"演变，仅靠引入特殊的数字税并不能很好地应对这一挑战，而是要把解决问题的关键放在改变现有的税收规则上。在 OECD 国际税收规则重塑进展缓慢的情况下，法国政府也曾积极推动先在欧盟对跨国互联网公司征收数字服务税的计划，在改革进程和改革内容未能得到满意回应后，决定采取单边行动。

二是数字经济税收流失导致的国内财政收支缺口日益增大①。法国启动征收数字服务税的一个重要原因是增加财政收入以便缓解财政赤字压

---

① 张春燕. 法国数字服务税法案的出台背景及影响分析 [J]. 国际税收，2020 (1)：53-57.

力。2018年11月，以抗议政府加征燃油税为导火索的"黄背心"运动在法国爆发并延续了较长时间，对法国的经济社会造成了严重影响。民众从反对政府加征燃油税继而蔓延至对税负负担高低不一、国家财富分配不公等问题的不满。示威者认为，法国现行税制对法国民众不断新增了碳税、航空税等新税种，法国民众的税收负担不断增加，而法国境内的大型跨国企业特别是那些互联网巨头们却可以通过专业高超的避税策略最终只承担了极低税负，尤其是在法国多年来已累积大量财政赤字的情况下，跨国企业赚取了大量利润却没有为其利润来源国财政收支做出多少贡献，显然有失公平。在此经济社会背景下，推出数字服务税算是法国政府对民众税收公平诉求的一个必要回应。

三是国际税收规则的变革与重塑进程缓慢。在欧盟范围推出统一标准、采取一致行动陷入僵局和OECD主导的国际税收规则谈判进程缓慢等背景下，为了应对日益严重的税基侵蚀与利润转移以及不断加大的财政压力，法国决意采取单边行动以摆脱长时间的拉锯战，在本国境内率先开征数字服务税。

四、法国数字服务税开征进展及主要内容

数字税作为伴随数字经济兴起而出现的一个全新税种，其概念源于法国提出的"谷歌税"。2011年法国人民运动联盟提出的预算法案修正案在法国议会获得通过后，"谷歌税"被取消，相关征收"谷歌税"的提议也宣告终结①。随后，法国在2013年出台了著名的《数字经济的税收行动方案》，其中将常设机构的概念扩展到了"虚拟常设机构"。由于国际税收规则涉及的国家众多、利益交织复杂，变革进程比较缓慢，因而法国极力寻求先在欧盟层面开征数字服务税，然后再将该税种推向全球范围。2017年,法国与德国、意大利和西班牙等国家一起向欧盟提出对互联网巨头们按照"营业收入"征税的建议。2019年3月，法国财政部长提交计划向全球数字巨头征收数字税的法案；法国国民议会于2019年4月投票通过了数字税法案；2019年7月25日，法国正式公布了经由参众两院通过且由法国总统马克龙签署同意的数字税相关法案，批准法国政府自2019年10月1日起可以开征数字服务税（digital services tax，DST）。

---

① 邱峰. 数字税的国际实践及启示 [J]. 西南金融，2020（3）：13-24.

数字服务税法案阐明该税种针对的主要是网站服务经营者的数字广告以及数据的跨境流动等交易行为。受该法案影响的纳税人具有三大特征：一是全球年收入超过 7.5 亿欧元；二是来源于法国境内的收入超过 2 500 万欧元；三是主要涉及网络广告商、数据销售商以及特定的网络平台三类大型互联网企业。其具体征税标准为：法国税务部门将按这些大型互联网企业在法国获得的营业收入 3% 的比例征收数字服务税，法案生效日期从 2019 年 1 月 1 日起算。

五、法国开征数字服务税的影响

一是通过率先行动为推进数字经济国际税收治理框架形成提供了助力①。按照法国数字服务税法案的内容，对征税对象的营业规模和来源于法国境内收入有金额限制，按其规定达到征税标准的主要是全球 30 多家大型互联网企业，因此数字税在法国还有一种称呼就是"GAFA"税，命名原则就是将谷歌、亚马逊、脸书、苹果这四个互联网公司的英文名字首字母缩写而成。这 30 多家大型互联网企业有很大部分来自美国，体现出明显的国家针对性。因此，从法国筹备立法开始，美国就一直对此法案持极力反对态度，认为法国政府这一行为是对美国企业的歧视和非公正对待。就在数字服务税法案获得法国参议院通过的前一天，作为反制措施，美国贸易代表办公室对外宣布将对法国即将开征的数字服务税展开"301 调查"。显然，开征数字服务税进一步加剧了法国与美国本就存在的贸易冲突。但从长远来看，积极应对经济数字化对传统国际税收体制的挑战，促成各国求同存异达成共识，进而构建形成一套与经济数字化发展相匹配的稳定税收框架，刻不容缓。法国从理念到法案再到行动的一系列努力，对于 2021 年 10 月 OECD 双支柱协议的达成可能提供了一定助力。

二是为其他国家提供了应对数字经济税收挑战的参照和模板。尽管法国政府承诺，在经济合作与发展组织就数字税收形成新的税收治理框架后，法国将遵行国际法履行本国权利和义务，这项税收也可能会被取消，但法国在组织成员未能对开征数字服务税达成共识时率先采取单边税收行动，在世界范围产生了不容忽视的影响。开征数字服务税虽然再次加剧了法国与美国之间本就严重的贸易摩擦，但显然法国并非孤家寡人，即便是

---

① 张春燕. 法国数字服务税法案的出台背景及影响分析［J］. 国际税收，2020（1）：53-54.

在欧洲范围内，也有英国、西班牙、意大利等国跟随其后与法国的选择和行动遥相呼应，积极探索针对互联网巨头们开征类似的数字税并寻求政策落地。意大利随后也学习法国开征了数字服务税，规定：对于来源于意大利境内因为定向广告和数字接入服务产生的收入按照3%的税率征收。英国也于4月1日开征数字税，规定：征税对象为全球销售额超过5亿英镑并且来自英国用户的收入不少于2 500万英镑的企业，税基为来源于英国用户的收入，实行的税率为2%。

第三节　新加坡的数字经济合作机制构建和商品与服务税改革

一、新加坡数字经济发展概况

在互联网时代，数据是最具活力也最具发展潜力的重要生产要素。能够开发并有效使用数据的国家，也就意味着掌握了时代发展和国际竞争中的更多主动权。新兴数字和网络技术为提升国家竞争力提供了难得的机遇，基于此出现的"数字经济"成为各国的竞争焦点。新加坡作为一个位于东西贸易通道上的东南亚发达国家，敏锐地捕捉到了数字革命和智能网络的发展趋势，一直致力于建设成为亚洲领先的数字经济体，并不断培育本国数字生态系统。早在2006年，新加坡就推出了"智能城市2015"发展蓝图并通过配套政策予以贯彻落实；2014年，新加坡又在"智慧城市2015"发展蓝图的基础上升级形成了"智慧国2025"的10年计划，极具前瞻性地为全球提供智慧国家蓝图。尤其是近年来，新加坡政府一直积极构建数字经济行动框架，从数字治理、打造数字产业、促进数字贸易、发展金融科技、推动数字经济国际合作等方面着手，实施了一系列政策为数字经济发展提供了有力支撑。新加坡大力发展高新技术，并借此努力在全球数字经济竞争格局中占据优势地位，逐渐发展成了东南亚的"硅谷"。

新加坡的前瞻布局和持续创新努力获得了丰厚回报。TechCrunch提供的相关报道显示，新加坡利用东南亚巨大的人口数量和市场规模，积极拓展数字业务，已规划建成亚太地区重要数据枢纽，这些数字基础设施的规划和建成投用将为其数字经济发展提供更加有力的支撑。目前，新加坡的数字生态系统已经能够覆盖东南亚主要市场并达到了可观的规模。新加坡时任副总理王瑞杰曾表示，新加坡将数字经济发展视为关乎其未来的重要领域，一定要努力抓住数字经济带来的新机遇，并承诺新加坡未来将在数字经济领域投入更多资金。由上海社会科学院发布的《全球数字经济竞争力发展报告（2019）》显示，美国、新加坡、中国占据全球数字经济国家竞争力榜单前三名。凭借成熟健全的法律制度体系、有效的政府治理、优越的国际发展环境和多元文化交融的生活方式，一大批数字化创业者正被这些有利因素吸引而涌入新加坡，亚洲数字创业者的"熔炉"有望在新加坡形成。基于新加坡前瞻性的布局以及独特的基因，我们可以预期：在未来50年的全球数字经济发展竞争格局中，新加坡将占据关键性的位置并发挥举足轻重的作用。

二、新加坡的数字经济合作机制构建

（一）构建数字经济合作机制的原因

拥抱数字经济一直是新加坡的重要发展战略，而加强与各国之间的数码联通是达成这一战略目标的重要举措。从数字经济的发展趋势来看，数字经济逐渐从国内层面向国际层面拓展，世界各国数字经济的网络互联互通、标准互认、数据共享对于进一步释放数字经济发展潜力具有重要意义。新加坡为了强化本国数字经济发展优势，积极主动推动数字经济合作机制建设，努力与他国构建形成双边或多边数字经济框架，并推动数字经济协定的签订，可能主要基于以下四个方面的考量：

一是数字经济拉动经济增长的意义在新冠疫情下进一步强化，加强数字经济合作是引领全球下一轮经济发展和构建新型国际经贸关系的重要途径。新加坡政府更加深刻地认识到了数字经济对全球经济增长尤其是促进经济复苏的引擎作用。新冠疫情凸显了数字经济的韧性和活力，无论是在新加坡还是在其他国家，其对 GDP 的贡献都呈现出越来越大的发展趋势。随着新冠疫情在世界各国的范围蔓延和时间延续，发展数字经济成为各国选择的对冲疫情冲击和带动经济复苏的重要手段。随着数字经济的快速发展和重要性与日俱增，数字领域合作框架的搭建和规则制定成为影响国际经贸关系的重要领域。

二是成为全球数字经济强国一直是新加坡的重要战略目标。为了实现这一目标，政府制定了国内外战略规划及实施步骤。从国内来看，即着力搭建形成畅通高效的数字基础设施布局，提升数字技术在整个国家的普及和应用，推动传统企业加快数字化转型步伐，激发企业加大技术创新投入力度和能力建设力度；从国外来看，即着力推动本国数字产品和服务走向全球市场，加强与其他国家数字经济的互联互通，营造有利的国际商贸环境，为企业"走出去"搭建平台，并在新的数字经济合作机制和规则制定中掌握话语权。

三是加强数字经济领域的双边或多边合作，为维持和扩大全球经贸自由提供支持。长期以来，新加坡是经济全球化和贸易自由化的主要受益者和积极推动者，在全球经济增长乏力、逆全球化和贸易保护主义沉渣泛起的背景下，通过数字经贸合作机制的建立和经贸合作的拓展，可以为加强国家之间的互联互通和拓展全球自由贸易提供助力。

四是数字经济的竞争日趋激烈，尽早建立数字经济双边或多边协定，有利于降低贸易成本，实现互利共赢。在数字经济协定下，国家之间可以在人工智能、数据挖掘和数字身份等新兴领域开展合作，可以在集合多国资源的基础上形成更加明显的竞争优势。

（二）《数字经济伙伴关系协定》（DEPA）的谈判进展

首先，由新加坡与智利、新西兰发起的DEPA协定在2020年6月正式签署。以新加坡与新西兰合作开发的国际连接系统为例，借助该连接系统中的交换动物产品电子证书功能，两国贸易货物的通关时间得到了大幅缩短，企业需要承担的成本也有了明显降低。显然，在DEPA框架下，新加坡与智利、新西兰的企业通过数码方式进行贸易往来时，可以在增加信任的基础上提高效率并降低成本。

其次，DEPA的签约国不断拓展。新加坡与澳大利在2020年8月6日签署两国数字经济协议。新加坡和韩国于2020年6月宣布启动数字伙伴关系协定谈判并在2021年12月完成谈判，韩国成为亚洲市场中第一个与新加坡签署数字经济协议的国家。新加坡和英国在2021年6月启动数字经济协议谈判并在2021年12月完成谈判，英国成为新加坡向欧洲拓展数字经济协议进行谈判的第一站，协议主要涉及数字贸易、数据跨境流动和网络安全等方面，两国规划建立互操作性系统，在多个领域展开合作。《英国—新加坡数字经济协定》（UKSDEA）于2022年6月14日正式生效，成为新加坡推进数字经济和加强与他国互联互通的标志性成果。《英国—新加坡数字经济协定》将为高标准的数字贸易规则设定一个全球基准，并惠及两国企业和民众，尤其有助于中小企业更好把握两国数字市场的机会。

最后，中国于 2021 年 11 月发起了加入 DEPA 的申请。在日内瓦召开的世界贸易组织第十二届部长会议期间，新加坡与中国代表于 2022 年 6 月 13 日签署了《关于加强数字经济合作的谅解备忘录》，明确表示两国将在数字经济领域合作探索引领双方共同增长的机会，为两国的投资和数字贸易提供便利，拓展数字化服务，共同建立可信安全的数字环境，为两国数字经济发展和合作提供新动力。新加坡与印度和加拿大等国家以及欧盟关于数字经济国际合作的交流与谈判也在有序进行中。

三、新加坡的商品与服务税改革实践

（一）新加坡商品与服务税改革的背景、进程与主要内容

随着时间的推移，数字经济向经济数字化演变的趋势日益明显。相应地，跨境数字产品和服务的规模日益扩大，对现行的建立于工商业经济基础之上的税收制度提出了严峻挑战。在新冠疫情冲击和线上经济快速发展的背景下，各国政府正面临着鼓励创新与保障公平的"双螺旋困境"，税收制度如何在借助数字技术促进创新和开发经济发展潜力的同时避免市场分裂？如何构建一个适应数字时代的公平优良营商环境？这些成为当前税制改革面临和必须解决的重要问题。也正是基于这一客观背景，各国政府都在努力寻求数字经济税收问题的解决之道，以期构建形成更加公平且有效的税收制度并与日益繁荣的数字经济相适应。

新加坡是东南亚区域范围内较早宣布对数字服务开始征税的国家之一，主要针对的是大型跨境数字企业，对非居民企业向新加坡用户提供的相关数字服务征收商品与服务税（goods and services tax，GST），要求在新加坡提供数字服务的海外供应商从 2020 年 1 月 1 日起都要进行本土注册，并对其相关服务收取商品与服务税。从整体来看，目前新加坡针对数字服务开征的商品与服务税已为全球数字服务税政策体系增加了一种重要类型。新加坡在 2018 年年底公布了前期制定形成的《商品与服务税（修订）条例草案》，其中明确要求进口服务将会被纳入商品与服务税应税范围。随后，新加坡政府在 2021 年 2 月公布了 2021 年的财政预算案，其中对商品与服务税的应税范围进行了进一步扩展。对于快速发展的数字经济和日益凸显的数字经济税收问题，新加坡采取了"渐进式"策略，通过对现有

税制规则的逐步更新实现完善数字税收规则的目标[①]。新加坡商品与服务税简介见表6-1。

表6-1　新加坡商品与服务税简介

生效时间	2020年1月1日	
商业模式	B2C模式	B2B模式
征税规则	境外供应商制度（OVR）	反向征税机制（RCM）
征税范围	企业对消费者（B2C）供应的数字服务，具体指向非消费税注册主体（包括未注册消费税的个人和公司）供应的服务，包括跨境数字下载、媒体订阅、获取软件及驱动程序、网页搜索及电子数据管理等	企业对企业（B2B）供应的进口服务，具体指向消费税注册主体（包括公司、合伙企业和独资经营者）供应的服务，包括营销服务、会计服务和IT服务
具体规定	①全球年度营业额超过100万新元，并在12个月内为新加坡客户提供的数字服务价值超过10万新元的海外供应商，需要在新加坡注册商品及服务税，并向新加坡客户收取有关的商品与服务税。②一定条件下，电子市场的本地或海外运营商，也可被视为海外供应商通过这些市场提供数字服务的供应商。此时，电子市场运营商承担登记并收取商品与服务税的责任	①已注册商品与服务税的企业，从2020年1月1日起，若是部分免税业务无权享有全额进项税抵免的企业，以及商品与服务税注册的慈善机构或福利机构收到的非经营性收据，需要就其从海外供应商处购买的所有进口服务缴纳商品与服务税。②未注册商品与服务税的企业，从2020年1月1日起，在12个月内进口服务的总价值超过100万新元，即使已进行GST注册，也无权获得全部进项税抵免
适用税率	7%（与境内数字服务缴纳商品与服务税的税率相同）	—
计税方式	应纳税额＝销项税额−进项税额	—

资料来源：方铸，王成展，王敏. 亚洲国家数字服务课税的实践比较研究：以印度与新加坡为例［J］. 财政科学，2021（6）：128.

（二）新加坡商品与服务税改革的目的

为防范因数字经济兴起催生的新消费形式和新商业模式导致的税制不公，针对税收制度中与此相关的商品及服务税税制，新加坡政府提出了多项改革措施；并且通过两项"新政"的改革（改革反向征税机制和加强海

---

① 方铸，王成展，王敏. 新加坡商品及服务税：改革目的、实践与政策启示［J］. 财政科学，2021（10）：120-130.

外供应商注册制度）将依赖于数字革命和网络连接而不断增长的数字产品和数字服务顺利地融入了现行税种，以便更好地发挥商品与服务税的职能。新加坡推动这项改革的目的可以归纳为以下三个方面：

一是为国内外供应商营造公平的竞争环境。与从国内采购的数字服务相比，进口的数字服务由于成本较低而更具吸引力和竞争力。在数字经济时代，在没有"反向收费"机制的情况下，消费税注册人可以通过从国外供应商那里获得服务绕过享受全部进项税抵免的政策限制，从而实现逃避消费税的目标。这种税制上的漏洞就使国内数字服务供应商因为不公平的税负导致了成本的上升，从而在商业竞争中被迫处于劣势地位。而"反向收费"机制的构建，可以为国内外经营者营造更加公平的竞争环境。

二是从新经济上开辟新财源以应对剧增的财政收支平衡压力。对外贸易是新加坡经济的重要支柱，在 2008 年美国金融危机冲击复苏乏力的情况下，诸多国家通过贸易摩擦和挑唆地区冲突以实现转移国内矛盾的目标。相应地，在国际经贸关系方面，贸易保护主义和逆全球化沉渣泛起，加之新冠疫情的发生，使本就复苏乏力的经济更是雪上加霜，国家之间围绕贸易和税收的利益冲突显著增加，而新加坡是典型的外向型经济国家，受到的不利影响尤为明显，财政收入目标面临较大冲击。为了对冲外部经济波动对国内经济发展的负面冲击影响，新加坡政府加大了财政开支力度，一增一减之间导致财政收支缺口扩大，而数字经济伴随的税源涵养将成为新加坡寄予厚望的新财源增长点。

三是将数字服务纳入商品与服务税更有利于税收征管。针对新兴的数字经济税收问题，英国和法国等欧洲国家大都采取的是依照特定数字服务收入门槛专门设立新税种，而新加坡则选择了完全不同的策略。新加坡在商品与服务税应税范围中将对数字服务征税的条款增补进来，对非居民企业向新加坡用户提供的相关数字服务征收商品与服务税。这样既顺应并跟上了各国对跨境数字服务开始征税的大趋势，又可以将数字服务税纳入现行税制征管体系，大大降低了改革成本。

四、新加坡商品与服务税改革的经验

一是选择了改革国内原有税制体系的渐进改革路径，减少了改革阻力，更加容易获得各方认可和支持。随着数字经济日新月异的发展，数字经济税源达到了非常可观的规模，作为一种新兴税源的合意性与日俱增，

新加坡政府针对这种经济形态演变和税源流动情况提出了多项改革措施，将借助数字经济衍生的新消费形式和新商业模式尽量囊括其中，最终选择的改革突破口就是激活尚处于"休眠"状态的建立海外供应商注册制度和反向征税机制。新加坡政府通过将数字服务融入国内原有的税制体系来实现与国际增值税体系的接轨，因为是采取的疏导"并轨"而非破坏"变轨"策略，改革中所产生的阻力较小，更加便于推行落实。

二是配套出台相关改革草案与指南，步步为营为改革有序展开提供保障。为了尽早疏解国内财政收支平衡压力并为长期经济增长营造内外公平的竞争环境，新加坡还公布了《2019 年商品与服务税（修订）条例草案》，对于税收改革及后续实施过程中可能面临的一些问题进行了解释和细化，如更新针对数字支付令牌的商品与服务税规则，继续完善进口服务商品与服务税的税收管理等，并诚恳地向公众进行意见征集。新加坡国内收入局也在 2019 年 8 月 22 日发布了第二版的《商品与服务税电子税指南：通过反向征税机制对进口服务征税》，随后的 8 月 26 日又公布了《商品与服务税电子税指南：通过海外供应商注册制度对进口服务征税》，通过种种配套方案和举措，稳步推进改革进程。

第四节　印度数字经济税收治理实践

一、印度数字经济发展概况

印度是当今全球经济增长较快的万亿美元经济体之一，在 2022 年位列世界第六大经济体。2000 年以来，印度的 GDP 年均增长率为 6%～7%。作为后发国家，印度一直是"数字经济"界的励志传说，近年来能够获得领先于世界的 GDP 增长率在很大程度上便可归结为互联网的强力推动。在印度产业结构中，服务业占比近 60%。凭借着信息科技方面的传统优势，伴随着受过教育并懂英语的大量青年涌入劳动力市场，印度逐步发展成为全球知名的软件技术外包中心，IT 服务业成为其王牌产业。印度人口规模庞大且人口结构比较年轻，超大人口规模和大量年轻人为互联网发展提供了超大想象空间。印度互联网用户已经达到非常可观的规模，但仍具有较大增长潜力，因而近年来印度已成为跨国数字企业拓展业务的关键目标市场。

印度总理莫迪在 2014 年首次就任时就提出了"数字印度"的口号，并在其后采取了一系列措施加快"数字印度"实施进度。2016 年，印度进行"废钞令"这一"壮士断腕"式的改革，虽然改革以打击腐败为由，但实际政策意图是将印度拉入"无现金社会"，在印度扩大数字货币和移动支付覆盖率。新政策将印度流通货币的 86%作废，引导印度民众改变传统的现金交易习惯，开始尝试使用电子货币进行交易，有力地推动了印度数字货币支付业务的发展。数字货币和移动支付的普及显著提高了经济运行效率，为数字经济发展带来积极影响。2018 年，印度政府着手完善电商相关法规，协调国内电商与传统实体经营者的利益冲突。尽管印度数字经济已表现出了比较亮眼的成绩，但因为经济发展基础、历史传统、宗教文化等方面的因素影响，印度在表征数字经济发展水平的"管—端—云"方面仍存在诸多薄弱环节，印度政府对此也有清醒的认识。作为一个传统大国，印度在数字经济发展上体现出了其一贯的独特思路，在数字经济对外开放合作和数据安全方面予以了较多考量；在处理相关问题时体现出了印度独特的发展思路和治理理念，面对自身在"管—端—云"方面的薄弱基础，对于做好自身建设和培育本土企业着力较多；在自身优势不突出的情况下并不急于将庞大的市场向跨国互联网巨头开放，尤其是对于中国和美国等数字经济强国的跨国企业会时不时地通过采取一些具有打压倾向的针对性政策。在对国外数字企业加强监管的同时，印度政府一直持续努力推动数字基础设施建设，推出电子 Aadhaar 生物识别系统，汇集印度人口数字身份信息；统一电子金融支付接口，通过数字支付结构将未被银行服务覆盖的居民人口引入正规金融系统；通过政策激励，鼓励建立基于印度本地的供应链网络，促进与数字经济相关的硬件的产出。

经过多年的不断探索和不懈努力，印度数字经济取得了比较显著的发展成效，形成了可期的发展潜力。印度总理莫迪在 2020 年指出：借助数字技术，印度的发展更加以人为本，数字技术已经成为印度的一种生活方式，不再只是政府倡导的口号。印度国家改革发展委员会负责人康特指出，印度数字经济创造的价值有望在 2025 年达到 1 万亿美元，其中一半的机会可能会来自新的数字生态系统。

二、印度数字经济税收治理进展及均衡税的开征

1999 年，印度政府针对电商出台了税收新政策，明确指出：将境内企业通过计算机网络获得的境外支付款项认定为特许权使用费收入，对该收入征收预提税。

2016 年，由于全球经济数字化背景下征收直接税面临的困境，印度政府参照经济合作与发展组织在 2015 年的税基侵蚀与利润转移项目行动计划报告中的建议，在国家层面启动了数字服务税治理探索，率先在全球范围内开征均衡税。在没有对现行国际税收协定进行修改的前提下，印度电商税收委员会在国内法框架下提出了临时性解决方案，通过向亚马逊、谷歌、脸书等外国数字巨头经由在线平台做广告，在本国获取的收入征收均衡税，以便更好地应对数字经济导致的常设机构判定标准和用户参与价值创造等变革对现有税制的冲击。随后，印度通过的《财政法案（2016）》在第八章对均衡税的具体内容予以了规定：均衡税以交易为基础，在归类上属于流转税，不属于印度税法上的收入税，适用的税率为 6%，采取源泉处代扣代缴方式。与此同时，为了减轻对用户数据贡献进行测算的压力，均衡税并不全面铺开而是划定了一定的征收范围，主要针对 B2B 型交易和非居民企业经由在线广告和数字服务获取的收入。为了避免重复性征税，印度还设计了豁免条款，即已缴均衡税的收入可以用于冲抵企业所得税①。

2020 年，为了减轻全球流行的新冠疫情对本国造成的经济下行和财政赤字猛增的压力，印度政府在《2020 年财政法》中规定：对为印度用户提供数字服务的境外公司按照 2% 的税率征收数字税，为了鼓励中小企业发展，特别划定了在印度本地销售规模超过 2 000 万卢比的征税门槛，这样就将征税范围大致框定在了跨国数字巨头身上。印度均衡税的开征及其后续改革为解决大型跨国数字企业利用税制漏洞损害市场国税收利益提供了新思路，为经济数字化导致的直接税课税难题提供了短期解决方案，在一定程度上保护了税基，增加了财政收入，为其他国家数字经济税收治理提供了参考②。印度均衡税内容简介见表 6-2。

---

① 李蕊，李水军. 数字经济：中国税收制度何以回应 [J]. 税务研究，2020 (3)：91-98.
② 蔡德发，要思晗. 我国数字经济税收政策与规制设计：基于 OECD、美国、印度等典型国家数字经济税收政策比较 [J]. 商业经济，2022 (1)：172-174.

表 6-2　印度均衡税内容简介

项目	印度 2016 年均衡税	印度 2020 年均衡税新增内容
生效时间	2016 年 6 月 1 日	2020 年 4 月 1 日
纳税主体	向两类付款方提供特定数字服务的非居民企业（①印度居民企业；②在印度境内设立常设机构的非居民企业）	向三类付款方提供特定数字活动的非居民电商运营商（①印度居民；②在特定情况下的非居民；③使用印度 IP 地址购买商品或服务的付款方）
征税范围	提供在线广告服务以及用于在看广告的其他配套服务	原有征税范围基础上，增加在线销售电商运营商拥有的商品；在线提供电商运营商提供的服务；电商运营商促进的在线商品销售或服务提供
收入门槛	特定数字业务收入总额超过 10 万卢比或者一年合计超过 100 万卢比	特定数字业务一年合计超过 2 000万卢比
适用税率	6%	2%
商业模式	仅包含 B2B 模式	覆盖 B2B 模式和 B2C 模式
申报期限	按年申报纳税	电商运营商按季度申报纳税

资料来源：方铸，王成展，王敏. 亚洲国家数字服务课税的实践比较研究：以印度与新加坡为例［J］. 财政科学，2021（6）：126.

三、印度开征均衡税的目的

一是减少跨国数字巨头借用税基侵蚀与利润转移获得的竞争优势，在创造公平竞争环境的情况下对本土数字企业进行培育和支持。近年来，印度也产生了 flipkart、OLA 等长势喜人的本土数字企业，获得了可观的用户规模和增长潜力，但与亚马逊、谷歌等国外数字巨头相比，还有很大差距。从整体上看，印度自身的互联网市场大致还是被国际互联网巨头把持住了。跨国互联网巨头利用征管漏洞，采取激进的税收筹划将在印度市场获得的利润隐藏转移出去，既侵蚀了印度自身的税基并造成大量税收流失，又形成了对本土数字企业的税收歧视，不利于形成公平的竞争环境，如果政府坐视不管，这种不公平造成的强者恒强态势将会不断被循环强化。改革现行税制以适应数字时代发展形势，按照"显著经济存在"原则对非居民企业征税，均衡国内外数字企业承担的税负水平，就成为印度政府改革税制并设立均衡税的首要目的。

二是开发新财源以便缓解与日俱增的财政压力。得益于数字经济的良好发展势头，印度经济增长的引擎逐渐从传统实体经济转向数字经济，新开征均衡税可以带来可观的税收收益，为缓解因疫情等影响造成的经济下行及相应的财政收入下降提供援手。印度电子信息技术部提供的预测数据显示：2025 年印度数字经济规模有望达到 1 万亿美元，数字经济可能占到印度名义 GDP 的 18%～23%，相应地，政府大约可以获得 1.4 万亿～1.8 万亿美元的数字税收入。从实际情况来看，根据印度税务部门提供的数据，2019 年印度政府通过对提供线上广告和衍生服务的境外数字企业征收数字税，就获得了 93.9 亿卢比的税收收入，税收收入同比增加了近60%，这对于缓解印度自身财政收支压力给予了强有力的支撑。

四、印度开征均衡税的影响评价

印度从 2016 年开始征收均衡税，并在 2020 年通过改革使得均衡税征税范围进一步扩大。综合来看，我们可以从以下两个方面对其影响进行评价：

一是征税范围由窄向宽扩展，税率及门槛设置在渐进调整中趋向合理。2016 年的均衡税仅针对 B2B 模式的在线广告服务，征税范围较窄，收入门槛也比较低，仅为年收入大于 100 万卢比的特定数字业务，大部分数字企业均能涵盖；且税率比较高，改变了传统的一般按照利润征税的原则，是针对的企业特定收入征 6% 的税，这显然会给中小企业造成较重的税收负担，而且有可能会造成重复征税。而 2020 年印度通过扩大原有征税范围和提高收入门槛等对均衡税进行优化调整，从原来仅针对 B2B 交易征税改革为通过 B2C 交易产生的类似业务也要缴税；特定数字业务年收入门槛从原来的大于 100 万卢比提高到大于 2 000 万卢比。2016 年和 2020 年的数字税政策相比而言，新政策更充分地考虑了对小企业运营成本可能产生的影响，而且针对不同的业务类型设置不同税率，税收政策更具针对性，税率也从原来的 6% 大幅下降为 2%，与国际上其他国家的数字经济税率更具有可比性，从而不会因为开征新税对数字经济企业形成过重负担而影响其发展。

二是前期因为缺少借鉴经验改革较为激进，实施中遭遇了较大阻力，具体实践中也尚存在不少局限性。印度属于较早开始数字税治理的国家，早在 2016 年就率先针对跨国互联网巨头企业开征了均衡税，是通过开征新税种这种相对比较剧烈的税制改革将在线广告等纳入征税范围的先行国家之一。在实践初期因为可借鉴的经验较少，税收改革政策方案不完善，印度相当于要承担起对这些境外数字企业进行数字税收教育的破冰任务，而印度本身又是一个发展中国家，在制度建设话语体系中并不占据主导地位，自然会遭到相关数字企业的抵触，因而在征收中也遇到较大阻力。此外，因为是初步探索，所以其相关条款也不够成熟，其中并未明确征收的新税种的性质，新设立的均衡税似乎既未归类于所得税范围，也没有明确为间接税，被认为存在政策合理性存疑、直接税或间接税划分争议和违背非歧视性原则等问题。2020 年印度扩大征税范围后，前述核心争议问题虽然分歧有所消弭但并未完全解决，且在征管上也面临技术难题，给具体征管带来了困难，也提高了税收征管成本。

第五节　数字经济国际税收治理经验借鉴

在前四节中，我们依次对美国、法国、新加坡和印度四个国家在数字经济税收治理方面的典型实践和经验进行了阐述。美国是数字经济的发源地，从数字经济出现至今一直保持着全球数字经济领头羊的地位，而且这种领先优势仍然非常显著，美国是如何做到的呢？这显然是一个非常值得思考的问题，可以分析出来的原因众多，但如果从税收的角度来看的话，显然其电商税的影响不容忽视。美国在电商方面的国内与国际税收政策的系统谋划和动态演变，为美国数字经济发展创造了最有利的内外环境。借助于电商的积极影响，美国不但实现了国内经济运转效率的大幅提升，迎来了长期的经济高速增长期，而且对于扩大美国对外贸易也起到了至关重要的作用，进而对美国的科技创新优势的维持和强化提供了诸多裨益。法国所处的欧盟发达国家圈层，在经济政策、法律制度、社会治理和国际关系建构方面具有成熟经验，也是美国跨国数字企业对外拓展布局的重要市场，其面临的数字经济税基侵蚀与利润转移难题具有较强的代表性。该国在 OECD 等国际组织关于数字经济国际税制改革进展缓慢的情况下，在欧盟各国中率先对跨境数字巨头在国内的相关数字服务开征了数字服务税，并进而引发了美国启动"301"调查予以回应，法国开征数字服务税政策实践中揭示的数字经济税收治理问题非常具有典型性和深刻性。新加坡地处中西方经贸文化交流的关键节点，在诸多问题上呈现出独到的眼光和远见。在数字经济方面，新加坡一直使其处于快速可控的发展轨道之上。尤其是近年来，在数字经济从国内向国外拓展趋势日益明显和国际形势波诡云谲的背景下，新加坡前瞻性地对数字经济发展的国际合作进行了布局，积极扩大全球数字经贸朋友圈，为其他国家数字经济的拓展深化提供了诸多借鉴。印度人口众多且人口结构趋于年轻化，在互联网用户拓展和市场开发方面具有较大想象空间。由于其整体经济发展水平还不高，在数字经济发展中，印度在依靠自身还是借助外力方面处于一种比较矛盾的艰难选择中，对发展数字经济的重要性已有明确认知，采取依靠自身的本土企业、资本和人才的闭关锁国式发展路径，显然无法跟上全球数字经济的发展步伐，但跨国数字巨头和国际资本的涌入又会在国家数据安全、长期竞争优势等方面埋下诸多隐患，在数字经济市场开放和国际数字经济合作方面呈现出了比较矛盾的一面，这种矛盾心态也反映在了数字经济税收治理方面。基于这些分析可以知道，前述内容中所选取的国家及其数字经济税收治理的着眼点都极具代表性。数字经济是全球互联的经济形态，一国的数字经济税收政策会受到他国税收治理政策的较大影响，通过对这四个极具代表性国家的典型数字经济税收治理实践的梳理和阐述，可以为我国基于数字经济发展进行的税收制度改革和数字经济税收治理理念路径选择提供诸多参考借鉴。具体来说，笔者认为主要表现在以下四个方面：

一、对数字经济影响的认识是决定数字经济税收政策导向的关键

任何事物都有两面性，数字经济对于一个国家、一个企业和一个人来说到底意味着什么，认识是态度和行动的先导，只有对数字经济的利弊有了更加客观、理性且全面的认识，我们对于数字经济才能形成更加科学、适配的政策体系，才能更好地扬其所长、避其所短，让这一新生事物更好地为我们服务。当计算机和网络在美国刚刚兴起之时，有人视其为一种伟大的发明和巨大的变革力量，一接触就被其威力所吸引，并积极地走近它、琢磨它，在不断研究中进行技术创新和实践应用；而有的人对它却是一种漠视、敌视甚至恐惧的态度。新的生产工具和新兴的生产力对原有的习惯和格局形成了极大的冲击，思想观念比较保守的人对新的变革大都选择的是一种抗拒的态度，而科技创新和社会变革的趋势是不以人的意志为转移的，当未来已经成为客观现实而被迫接受时，对个人来说可能意味着成长和财富积累上的落后，对企业家来说可能意味着竞争优势的丧失，对

一个国家来说则可能意味着错过科技革命带来的发展机遇而被其他国家远远地抛在了身后。数字经济从 20 世纪 90 年代中后期产生至今，各个国家对它的认识也经历了一个不断深入的过程。最初美国将自身因为数字经济发展带来的高增长、高就业且低通货膨胀率的黄金增长期作为对外宣传推介数字经济的主基调，号召各国都积极拥抱这一新事物，并在国际组织中主导制定了有利于数字产品和服务出口贸易的国际税收规则。在这种政策导向下，大量资本涌入互联网投资领域，形成了巨大的金融泡沫。在 2000 年前后，当人们发现互联网并没有那么神奇的力量，也无法持续带来高增长时，互联网泡沫只能被现实无情地捅破。在美国信息科技和数字产品竞争优势非常明显的时候，美国曾极力主导数字技术产品的对外贸易和科技合作，而当中国、欧盟等在数字经济上对美国形成了追赶压力时，美国的政策又转变为科技封锁和经济脱钩。随着时间的推移，数字经济作为新生事物在继续呈现出积极一面的同时，其发展过程中相伴而生的数据隐私安全、社会分化、资本肆意扩张等问题逐渐被暴露了出来，各国政府和民众对于数字经济认识的天平逐渐走向平衡。

能看到数字经济具有两面性，在看到其积极作用的同时也知道其存在着负面影响，仅局限于此并不能制定合意的数字经济税收政策。本书认为，我们必须真正地认识到数字经济的积极作用有哪些，并且明确支撑这些积极作用发挥的因素和传导机制是什么，需要弄清楚数字经济的负面作用表现在哪些方面，这些负面作用的发生机制是什么。对于这些关于数字经济的基础性问题和根本性问题的认识，是我们获得良好治理绩效的关键。数字经济税收治理及其相关配套制度和政策的改革也要把这一点放在首要位置，这也是本书在聚焦于税收问题的同时也要对数字经济本身着墨较多的原因所在。

从整体来看，本书认为数字经济的发展趋势不可逆转。我国作为一个地域广阔、人口众多、区域发展差距还比较大的国家，网络连接后能够产生的数字红利将会是惊人的，相应地，在网络舆论、意识形态、社会治理等方面可能产生的破坏性也同样非同小可。我国政府特别提出了促进共同富裕的发展目标，这也正是基于美国等国家在数字经济下催生的社会分化、种族矛盾和社会冲突衍生的一系列问题的一种应对策略。数字经济税收对市场主体和民众具有导向作用，我们要根据我国的人口、经济、社会、文化等方面的特殊情况，更好地把握数字经济的发展节奏、突破点位，相应地，税收政策也要为数字经济的整体发展策略提供支撑。

二、基于本国产业结构特点突出数字经济发展特色

随着数字经济的发展蔓延，经济数字化愈演愈烈，数字经济几乎拓展延伸到了经济社会的各个领域，各国数字经济发展战略的竞争已经从早期的规模竞争向中期的特色竞争转变。网络连接背景下存在明显的赢者通吃现象，与其按部就班地在其他国家后面追赶，我们不如独辟蹊径努力挖掘自身特长优势，培育数字经济的新兴增长点和发展特色。新加坡在培育中小特色数字企业方面就积累了非常好的经验，它并没有像美国的谷歌、亚马逊和中国的腾讯、阿里巴巴这样的超大型跨国数字巨头，而以中小创新型数字企业为主。新加坡在数字经济发展中并没有将着重点优先放在鼓励业务有交叉的企业进行重组合并，形成与中国、美国等国家类似体量的大型企业集团上，而是从一些细分领域积极拓展与其他国家的双边数字经济合作和多边数字经济合作，在数码联通和标准制定方面加劲儿使力。要不了多少年，我们就能看到新加坡这种差异化、特色化竞争策略所能获得的超额收益。当然，各国的产业结构特点大都具有特殊性，不能照搬他国经验，重要的是提供一种参照思路。

基于各自产业结构特点探寻数字经济的特色发展之路不光存在于国家层面，在国内区域层面也可以参考借鉴。我国的大型数字巨头大都分布在北京、上海、广州和深圳等东部城市，中西部城市数字经济领头企业的规模、竞争力和影响力与这些发达城市还有差距。参照新加坡的经验，本书建议各个地方可以转变思路，从差异化和特色化入手，聚焦于本地市场，找出尚未被那些头部互联网企业关注的空白领域进行布局耕耘，以地方政府的战略眼光和发展定力为国内层面的数字经济区域之间的未来竞争赢得更大空间。

三、注重税收政策的主导性和前瞻性

数字经济之间的国际竞争日益激烈，企业之间的竞争更加明显地体现出了其背后的国家力量，尤其是在数字经济税收政策领域，因为直接涉及的是利润和收益分配这一根本性问题，因而在其中内含的竞争强度更大，与国家支撑的关联更深。法国为了培育本国数字经济，出台了诸多有利的支持政策，但在纯粹的市场机制下，美国的跨国互联网巨头凭借先发优势

充分利用了法国的数字经济政策红利，在法国市场中具有更大的竞争优势。法国政府对此并没有坐视不管，即便在需要承担激化与美国的贸易摩擦成本的情况下，还是出台了具有较强针对意味的数字服务税，积极捍卫税收主权和本国政府的税收利益，也许在短期要付出一定的代价，但其中展示的国家立场、勇气，从长期来看，将会在未来的数字经济国际税收谈判中收获巨大的回报。印度政府尽管在国际关系的很多领域都积极地向美国示好，但在数字经济发展方面体现出了明显的独立自主倾向。新加坡也通过推进 DECP 数字经济合作机制，积极地在数字经济及其国际税收规则制定中谋求主导性和话语权。法国、印度和新加坡的数字经济及其税收政策体现出了明显的主导性和前瞻性，对于秉持霸权主义思维的数字经济强国予以了有力的回击，百年未有之大变局中伴随的国际秩序重塑和国际税收规则变革正迎来了加速期。

我国在数字经济的发展上也体现出了独特的发展思路，政府一直高度重视数字经济的发展，在数字经济发展早期采取了包容审慎的监管治理框架和培育支持性的税收政策。随着移动互联网时代的到来，我国数字经济进入加速发展期，腾讯、阿里巴巴等企业的注册用户和经营规模大幅增长，一些新的互联网平台如美团、拼多多等快速成长起来，中国互联网企业的高速增长和发展前景得到了国际资本的青睐。在我们为国内互联网上市公司获得国际资本追捧而感到欣慰的同时，也清醒地认识到了互联网发展对国家经济社会各个领域造成的负面冲击，如网络媒体的舆论控制、低俗文化的泛滥、资本扩张过甚后对实体经济和底层民众营生的挤压等。与此同时，互联网资本市场存在的大量泡沫也不容忽视。于是，2021 年我国开始了对于数字经济和互联网行业的大规模整治，加大了垄断审查、安全防范、税务合规等方面的审查力度，在一定程度上对于互联网行业的一些隐患进行了系统排查，为我国互联网行业和数字经济的长期可持续健康发展奠定良好的基础。虽然这在短期内对这些互联网上市公司的市值形成了一定的冲击，但从长远来看，我国互联网企业的内在价值并没有从根本上改变，通过刮骨疗伤式的治理方式，改变的是资本市场和企业监管治理上的跟风被动状态，为我们国家和企业应对波诡云谲的金融市场和国际环境增添了更多的自信和从容。所以，从这个角度来看，笔者并不认为国家在2021 年对互联网企业的监管治理属于打压政策，也不认为 2022 年 5 月以来的调整是数字经济治理政策上的拨乱反正，而将其视为按照本国互联网产业和数字经济发展实际，在国际国内环境变动中选择合适的时机进行的颇具前瞻性的战略谋划。未来，我们在数字经济及其税收治理上仍然要注重把握自己的节奏和着重点，防止被其他国家裹挟下形成的被动应对局面，逐渐走出更加独立自主的数字经济发展之路。

四、把数字经济国际税收合作放在重要位置进行考量

数字经济是高度互联互通的经济，国际的交流与合作在数字经济发展中的重要性远超任何其他经济形态。为本国数字经济发展营造良好的国际经贸环境，不断扩大朋友圈，并在国际税收规则制定中赢得与自身数字经济实力相称的话语权，显然会成为各个国家都非常关注的一个数字经济发展着力点。美国和法国在这方面已经为我们提供了诸多的经验，同样作为美国数字经济追赶者的新加坡的策略尤其具有借鉴意义，印度在开放与安全两者之间的权衡抉择也给我们处理数字经济税收国际合作问题上提供了诸多参考。

我们在做好国内数字经济治理的同时，要积极地参与数字经济标准和国际税收规则的制定，做好数字经济国际税收人才储备和数字经济税收改革方案研究工作，密切关注世界各国数字经济税收治理新动向，追踪国内外大型互联网公司的发展战略转向，积极开展不同地域、不同层级政府和数字经济各具体行业的政策需求调研，及时将内部的利益诉求和政策方案反馈上升到国际层面。从 2010 年开始，我国已经成长为世界第二大经济体，是国际社会中各项事务的重要参与者，对我们的应对策略也提出了较高要求和较大挑战。单纯地关注国内问题甚至本地问题已经不能适应这种国际形势的变化和新要求，我们要积极调动不同部门、不同地域和不同行业的积极性，逐渐形成在国际视野下观察和认识问题并思考问题的解决办法的习惯。尤其是对于学者而言，要更加注重拓展自己和学生的国际视野，更加强化研究和教学中的国家使命感，从大处着眼，选择小切口进行持续而深入的研究，力争在相关领域取得具有世界水准的研究成果。具体到数字经济税收领域，我们要高度关注并积极参与经济数字化趋势下新一轮国际税收规则的重塑，积极发出中国声音，为世界各国数字经济税收治理提供中国参考方案；要深入研究"一带一路"国家、金砖国家、RCEP等领域的进展和税收合作机制的构建，并贡献出学者力量。

第七章 数字经济发展趋势与我国税制改革建议

随着大数据、云计算、人工智能、区块链等数字技术在经济社会生活中的广泛应用，数字经济与实体经济的融合互嵌日益深入，数字经济的发展速度之快、影响程度之深和辐射范围之广前所未有，日益成为大国竞争的焦点和区域发展的重要驱动力量。中国信息通信研究院发布的《全球数字经济白皮书（2022 年）》显示：中、美、欧逐渐形成了世界数字经济发展的三级格局。2021 年，美国数字经济规模仍然稳居世界第一，达到了15.3 万亿美元；中国以 7.1 万亿美元的规模位列第二。从数字经济在 GDP 中的占比来看，德国、英国和美国数字经济在 GDP 中的比重都超过了65%。从全球来看，产业数字化是当前数字经济发展的主引擎，在数字经济中的比重达到了 85%，数字经济在三次产业的产业增加值中所占的比重分别为 8.6%、24.3% 和 45.3%，三次产业中数字化程度差异明显，数字化在第三产业转型发展中起到引领作用。从中国内部情况来看，2021 年我国数字经济规模达到了 45.5 万亿元，占 GDP 比重为 39.8%，数字经济在大国竞争和中国式现代化中地位重要的共识逐步达成，数字经济相关的政策密度持续增大。数据要素成为亟待开发的新兴生产要素，数据相关制度建设加快推进。尤其是在 2023 年 2 月底，中共中央、国务院印发了《数字中国建设整体布局规划》，其中明确指出：加快数字中国建设，对全面建设社会主义现代化国家、全面推进中华民族伟大复兴具有重要意义和深远影响。2023 年全国两会上通过的《国务院机构改革方案》也明确提出，要组建国家数据局，其职责是对数据基础制度建设进行协调，对数据资源整合共享和开发利用进行统筹，在数字中国、数字经济和数字社会规划建设方面举旗定向。在经历了平台经济监管治理后，数字经济进入了加速的规范发展期。

数字经济对传统税制产生了较大冲击，随着数字经济的规模扩大和影响增大，这种冲击和破坏力会更加明显，因而必然要求在税收制度上做出相应的变革。无论是从税收制度主动适应经济变迁的主动视角考虑，还是从规避新兴经济形态对税收制度的有效性造成冲击的被动视角考虑，建立和完善与数字经济新兴经济形态相适应的税收制度都显得刻不容缓。如前面章节所述，本书对数字经济的特性及其相应带来的数字经济税收问题进行了全面系统的分析。显然，分析数字经济税收问题的根本目的是解决问题，高度聚焦问题以便于探寻的解决方案更具有针对性和可操作性。基于此，在前面章节对我国数字经济税收治理实践和其他国家对数字经济税收治理经验进行分析后，本章对数字经济发展和治理趋势进行分析，并对我国税制改革进行展望，具体包括三节内容：第一节对数字经济发展及治理趋势进行分析预测；第二节明确数字经济对税收制度提出的新要求；第三节从国内税收制度改革和国际税收协调角度对数字经济税制改革进行展望。

第一节　数字经济发展及治理趋势分析

数字经济作为一种新兴且快速发展的经济形态，迄今为止既呈现出了一定的鲜明特征，又尚处于动态演进之中。因此，在进行数字经济税收制度改革时，我们既要立足于过去的历史和现在的基础，又要关注未来发展趋势。2021年10月18日，中共中央政治局会议就推动数字经济健康发展专门展开学习，习近平总书记在会上特别强调要通过对数字经济发展趋势和规律的深刻把握推动数字经济健康发展。税制改革要具有一定的前瞻性，才能提升制度和政策的生命力。参考各国数字经济相关发展规划和政策动向以及数字经济行业专家和智库机构的分析，本书认为数字经济发展及相应的治理将呈现出以下八大趋势：

一、数字经济规模继续增长，达到我国经济的半壁江山并成为主要增长点[①]

在发展数字经济方面，我国具有海量数据和丰富应用场景的优势，党中央、国务院也一直高度重视数字经济发展，在党的二十大、2023年"两会"等重要时点都对未来数字经济发展进行了部署，政府各部门也都在密集出台促进和规范数字经济发展的制度与政策。"十四五"期间，我国在供给端与需求端都具有加快数字经济发展的有利条件。根据国家"十四五"规划，到2025年我国数字经济核心产业增加值将从2020年的7.4%增加到10%，数字经济年增长率高达11.57%。如果将产业数字化部分也照此速度推算，到2025年，包含数字产业化和产业数字化两个部分的数字经济产业总值规模将超过GDP的50%。到那时，数字经济将占据国民经济存量的半壁江山，也将是国民经济增量的主要来源。

二、产业数字化加速推进，数字技术赋能第一、第二产业的能力逐步增强[②]

党的二十大报告指出，加快数字经济发展，促进数字经济与实体经济深度融合。产业数字化是数字经济最具潜力的增长空间，借助新兴数字经济为传统产业赋能升级，实现供需双方的快速精准对接和小众产品的规模化生产，可以大幅提升实体经济的运转效率效能。目前，三次产业的数字化程度差异明显，第三产业数字化普及应用已经接近一半，而第一、第二产业尤其是第一产业的数字化进程尚处于起步阶段，从整体上看，三次产业都还有很大的数字化提升空间。因为消费端技术门槛低、市场规模大和容错能力强，互联网的早期应用主要面向消费领域。随着数字技术不断趋向成熟以及国家在数字经济发展方面布局的逐步展开，产业数字化的覆盖范围将会明显扩大，数字技术与实体经济实现深度融合的条件日益完备，传统技术在智能化、精准性和规模化方面都有了大幅提升，数字技术有望达到工业和农业生产活动中的精准化要求，产业互联网将成为数字经济的

---

① 江小涓，靳景.中国数字经济发展的回顾与展望［J］.中共中央党校（国家行政学院）学报，2022，26（1）：69-77.

② 李晓华."十四五"时期数字经济发展趋势、问题与政策建议［J］.人民论坛，2021，692（1）：12-15.

新增长点，数字技术对第一、第二产业的驱动作用将逐渐显现。

三、新型基础设施建设成为未来几年扩大投资的重点领域①

"要致富，先修路"是中国改革开放以来取得举世瞩目发展成绩的重要经验之一，道路的通达为资源要素的高效流动和优化配置提供了前提。在数字经济发展版图中，通信网络、数据枢纽节点和算力中心等是数据和信息流动的主要管道，离开了新型基础设施，数据信息的链接流动和价值实现就会成为一句空话。从投资角度来看，传统的道路、桥梁等投资已经比较饱和，传统投资项目产出效率低下，在全球经济受新冠疫情影响、地缘政治冲突加剧等负面冲击导致的经济下行压力下，迫切需要采取积极的财政政策，扩大政府投资规模，对经济进行逆周期调节。因而，加快新型基础设施建设正当其时。新型基础设施建设作为发展数字经济的支撑性条件，未来将成为扩大投资的重点领域。与此同时，新型基础设施的大规模投建交付使用，也会对数字经济发展起到极大的促进作用。

四、数字经济成为中国式现代化的重要引擎

党的二十大报告中明确提出了中国式现代化的发展目标，而且指出中国式现代化是人口规模巨大的现代化，是全体人民共同富裕的现代化，是物质文明和精神文明相协调的现代化，是人与自然和谐共生的现代化，是走和平发展道路的现代化。数字经济具有智能链接、创新高效、绿色低碳和互惠包容的特点，是现代产业体系的重要组成部分，也是对其他产业进行赋能升级的重要驱动力量；数字技术的加持可以对传统高污染高耗能产业进行替代；数字治理可以大幅提升公共服务供需精准对接，促进公共服务高质量发展和民众满意度的提升；数字经济为创新创业提供了广阔空间，有利于带动全体人民共同富裕，有利于推动生态文明建设进程并提升建设成效。

五、数据和数字经济制度逐步建立完善

数字经济经历了早期的野蛮生长阶段后，迫切需要尽快建立相应的规则秩序，为数字经济发展搭建四梁八柱，营造良好的数字经济发展生态环

---

① 谢芬. 促进新型基础设施建设的税收政策研究 [J]. 税务研究，2022，448 (5)：27-32.

境，协同发挥有效市场与有为政府的作用，促进数字经济健康可持续发展。党的十九届四中全会首次确立了数据作为新兴生产要素的地位，但在数据生产要素的作用如何发挥、价值如何实现、利益如何划分等问题得到解决之前，数据闲置问题和数据浪费问题在所难免，数字经济发展也会因为这些制度的缺失和不完善而被阻碍。目前，关于数据相关制度的建设正在加快进行，各级各地政府部门和企业都在积极探索数据要素价值实现各个环节的相关制度规则。因而可以预测，我国的数据与数字经济管理制度将逐步建立完善。

六、数字经济伦理挑战与秩序重塑日益迫切

任何事物都有两面性，数字技术的广泛应用和数字经济的快速发展对人们的生产生活带来了系统影响，这些影响既有积极的一面也有诸多负面冲击，如平台企业的垄断问题、大数据杀熟问题、信息茧房问题、网络暴力问题、侵犯个人隐私问题、青少年网络游戏沉迷问题等不胜枚举。数字经济发展离不开监管，但相对于传统企业的监管而言，数字时代采用传统市场监管模式成本高、效果差，更需要参与其中的企业恪守经营道德与行业规范，也需要参与的个人自律，数字经济的生态和发展前景需要参与的每一个企业和个人共同自觉维护。数字经济面临的伦理挑战和秩序重塑的需求伴随着数字经济的快速发展和广泛影响与日俱增。

七、政府数字治理逐步迭代升级

数字技术影响的不只是市场主体和个人，同样也对政府治理理念和治理工具产生重大影响。从最开始的政府网站建设，为居民提供便利化的政策咨询和办事服务，到政务超市提供一站式解决方案，再到各种公共服务的 App 化，数字技术驱动政府流程优化和办事时间的极大节省。随着居民有关公共服务需求和供给数据的收集、累积与统计分析，政府可以更加精准地识别辖区内居民的公共服务种类、标准、时间、地点、方式等需求信息，可以用更快的速度、更低的成本为其提供匹配度更高的个性化、定制化公共服务。借助于不断创新的数字技术工具，政府的数字治理不断进行迭代升级，与之相伴随的是财政资金使用绩效和居民满意度的双提升。

八、数字经济国际竞争日益激烈①②

数字经济的创新性和颠覆性已经得到了世界各国的广泛认同，在国家发展战略中，都将抢占数字经济制高点作为重要的发展目标。数字经济存在明显的赢者通吃效应，头部企业获得行业的绝大部分利润，因而围绕数字经济的国际竞争也非常激烈，企业经营策略与国家政策保护杂糅在一起，企业利益与国家利益高度重合，企业之间的竞争除了受商业规律的影响之外，也受到了国家之间关系、国际形势等企业自身难以控制的因素影响。此外，数据及其附着的信息在数字时代成为国家非常重要的战略资源，因而数据安全和网络安全成为各国的重要关切点。美国在数字经济方面具有先发优势，我国的超大人口规模为数字经济发展提供了广阔空间，欧洲国家在数字经济规则建设方面深谋远虑，印度和新加坡也都在数字经济国际合作方面谋求有利地位。因此，数字经济的国家竞争将日益激烈，唯有在基础创新、制度建设、市场培育和国际规则制定方面深耕厚植、系统谋划，才能在竞争中立于不败之地。

第二节　数字经济对税收制度提出的新要求

在数字经济背景下，企业的组织形式、管理方式、价值创造模式和利润凝结与存在方式都发生了较大的变化，相应地对税收制度中涉及的征税对象、计量方法、税基、税率等也要进行重新考量；税收涉及每个公民的切身利益，网络赋予了大众便利快捷表达诉求的通道，公民对于税收制度的民主化和公平性要求显著提高；税务系统是整个社会系统的一个重要组成部分，在经济社会各个领域都在使用数字化工具提升效率效能的宏观背景下，大众对于税收治理工具的革新的期待也将水涨船高；进入数字经济时代以来，我们已经观察到它的概貌，但数字经济的一个重要特点就是在颠覆性创新方面表现突出，随着时间的推移，数字经济本身也处于动态演

---

① 逄健，朱欣民. 国外数字经济发展趋势与数字经济国家发展战略［J］. 科技进步与对策，2013，30（8）：124-128.

② 于晓，叶申南. 欧日韩数字经济政策、发展趋势及中国策略［J］. 财政科学，2021，66（6）：135-141.

变之中，因而需要税收制度具有前瞻性、包容性，体现出与数字经济发展相匹配的进化能力；在数字经济背景下，信息传递的速度快、范围广，税收制度在某一个细小方面的遗漏或风险都可能被迅速放大，对税收制度运行形成较大冲击；数字经济的虚拟化和线上化突破了传统物理空间对企业经营范围的限制，企业可以跨地区甚至跨国经营业务，只有税收分享制度公平规范，才能最好地发挥税收制度体系中的激励机制作用，为税收制度有效运行提供保障；数字经济对传统税收征管方式形成了较大挑战，数字经济对税收征管现代化改革提出了新要求。因此，本节将从税收治理理念变革、税收治理工具革新、税收制度进化能力、税收制度有效性、税收分享制度和税收征管制度六个方面具体分析数字经济对税收制度提出的新要求。

一、数字经济对税收治理理念变革的要求①

在数字经济背景下，税收治理要强化法治理念、公平理念、服务理念、民主理念和风险防范理念；要彰显税法权威，税种、税率、税基等税制要素的调整要经过完备的法律程序，税收制度要具有前瞻性和相对稳定性，给予市场主体和个人相对确定的税负预期；要着力营造公平竞争的市场环境，在市场能够发挥较好调节作用的领域，保持税收中性，尽量减少税收制度对市场行为的扭曲，引导市场主体把智慧和精力聚焦在满足市场需求、提升企业竞争力等方面；要着力提升税务机关及税务人员为纳税人服务的意识，倾听纳税人诉求，精简办税流程，提高办税的效率和纳税人的满意度；要重视民众参与税收政策制定调整和税收管理中的意愿，切实帮助纳税人提高税收政策知悉、评估和表达意见的能力；要增强风险防范意识，防微杜渐，及时查找和堵塞税收制度中的漏洞，防止风险进一步扩散加剧。

二、数字经济对税收治理工具革新的要求

在数字经济背景下，选择税收治理工具时要坚持可及、便捷、高效、集成的原则。税收治理工具要设置与纳税人链接的多渠道端口，保障税收政策宣传和办税的可及性，使得不同年龄段、不同类别的纳税人都可以低

---

① 陈志勇，王希瑞，刘畅. 数字经济下税收治理的演化趋势与模式再造 [J]. 税务研究，2022，450（7）：57-63.

成本地获得税收相关信息；要不断提升税收治理工具的科技含量和智能化水平，能快速识别和满足纳税人的纳税需求，不断提升办税的便捷度；要优化办税流程，精简由纳税人提供的信息资料，强化电子办税服务，以信息多跑路换取纳税人的少跑路，为纳税人节约时间成本，不断提升办税效率；税收治理工具要具有集成性，要加大不同平台工具的端口嵌入力度，尽量让纳税人可以在少数治理平台就能享受大多数政府服务，避免或不断减少因治理工具研发不成熟造成的频繁更换服务平台、政府服务平台各自为政等影响纳税人满意度的问题。

三、数字经济对税收制度进化能力的要求

电脑、手机等电子产品以及其相互联通形成的网络是支撑数字经济的底层技术逻辑，分布于世界各个角落的电子信号的链接以及由此产生的资源要素重组、环节链条精简、产品迭代升级等是支撑数字社会不断发展的创新逻辑。数字经济经过多年的发展已从原来的概念变成了产品，从一个简单的理念升级为势不可挡的主潮流，但数字经济天然的创新特质决定了数字经济的最大特征就是不断创新衍变，对数字经济特征的任何固有界定认识都可能因为时间变量的加入而变得不再适切。税收制度要与产业特点相适应、相匹配，才能更好地发挥税收的功能。相比于农业经济和工商业经济而言，数字经济的形态变化和制度需求具有更为突出的特点，对与其相应的税收制度也提出了更高的进化能力维度的需求。也就是说，数字经济时代的税收制度要基于对数字经济发展趋势的前瞻预测，而不只是被动地适应；要具有更强的制度包容性和政策普适性，不能只是基于部分经济类型构建的"头疼医头、脚痛医脚"式的比较单调、狭窄的税收制度。数字经济时代的税收制度要加强调查研究和制度成效调查反馈，着力提升制度政策的开放性，根据实际情况适时对与现实经济发展不再适应的方面进行调整变革。

四、数字经济对税收制度有效性的要求

数字社会的一个重要特点就是信息的高度开放性和传播的快速，这里的信息既包括积极的、阳光的、值得社会大众学习模仿的正面经验，也包括潜规则、违法违规操作方法等负面信息。在原来信息传播不那么快速、广泛的时代，税收制度或特定政策在某一个地方、某一个行业的漏洞或偏

倚所造成的负面影响还是可以估计和控制的，但是在现在这个各类信息高度开放并快速流动的时代，一个小小的漏洞都有可能迅速在更大范围产生负面影响，进而对整个税收的权威性和有效性形成不可估量的冲击。因此，在数字经济背景下，对税收制度的有效性提出了更高要求，要求税收制度更加严谨、更加规范，与经济和产业的匹配度更高，要在税收漏洞堵塞、税收舆情处理、税收风险化解和税收安全保障体系建设等方面着力更多。

五、数字经济对税收分享制度的要求①

互联网和平台企业是数字经济中的典型组织形式，这类企业的一个重要特点就是经营的地域范围突破了原有的某个城市、区域甚至国家的物理边界，表现出供应商和消费者都可能来自全球范围的形式。以淘宝、京东、拼多多等网购平台为例，基本上都实现了"全球买，全球卖"，这些平台上又附着数万甚至上亿的来自全球各地的商家。单从国内来看，这些平台企业的总部注册地是唯一的，但挂靠在其平台上的具体生产经营企业和消费者则是来自全国各个省（自治区、直辖市）。按照传统的企业税收分享制度，其他地区的生产经营和消费活动的税收全部汇集到了平台企业注册地缴纳，而除了企业总部注册地之外的其他地域都要承担快速运输体系建设维护、快递收发门岗货架配备、快递包装垃圾转运处理等与电商经济发展相配套的建设维护成本。当商业模式和利润结存记录方式发生明显变化而税收分享制度还是传统模式时，税收制度内部的激励机制就会发生扭曲，进而影响税收功能的正常发挥。因此，我们要基于数字经济这一特点，对传统的税收分享制度进行重构，以加大中央财政统筹力度、扩大转移支付规模的形式对税收分配中的偏倚进行补偿，改变因各个地区数字经济发展水平的差异导致的区域发展差距不降反升的不合理格局，构建形成与数字经济相适应的更加科学公平的税收分享体制机制。这既是税收体系良性运转的基本条件，又是缩小区域发展差距的必要抓手。

六、数字经济对税收征管制度的要求

税收征管是税收制度的重要组成部分，也是税收职能实现的关键环

---

① 王雍君，王冉冉. 数字经济税收治理：辖区规则、财政自立与均等化视角 [J]. 税务研究，2022，444（1）：49-58.

节。数字经济发展对传统税收制度的冲击最明显地体现在了税收征管方面。数字经济下的企业形态呈现出明显的"过大过小"特点,一方面,平台企业经营中涉及的地域范围广阔,业务规模、就业人员数量巨大,企业组织结构复杂,利益关联方众多,利润变形与转移空间大,在税收义务履行上有较强的税收利益博弈动机,容易与国内外顶级中介机构合谋进行政策游说和超过合理范围的税收筹划;另一方面,很多数字平台培育了许多个人从业者,他们打破了传统上先经过工商注册再开展经营活动的管理方式,借助网络实现了组织的线上化,基于工商业经济建立的税收网络无法锁定这部分纳税群体,造成了税收网络的破损和漏洞,而且因为个人形式的经营主体数量多、分布范围广且依法纳税意识淡薄,按照传统方式进行征管则会因征税成本过高而得不偿失。因企业规模过大或过小问题对传统税收征管造成的冲击,既影响了税收收入的组织,又因为不同主体的税收负担不均而影响了市场公平竞争。因此,在数字经济时代,税收征管中要更加注重提升应税主体的依法纳税意识,更加强调行业自律和税收伦理;税务机关要强化服务意识,以自身的优质服务提高纳税遵从;税收征管上要强化制度规则的优化完善,加大偷逃税的稽查惩处力度,营造公平的税收环境。

第三节 数字经济税制改革展望

数字经济于 20 世纪 90 年代中后期在美国诞生,至今已快进入而立之年。数字经济在中国的发展有三个比较关键的时点:一是 21 世纪初,电脑和互联网作为与新世纪同行的创新产品进入国人视野;二是 2016 年前后,移动互联网在消费领域的应用得到大幅提升,网络购物、线上生活等成为大众选择;三是 2020 年开始的全球新冠病毒感染大流行,病毒传染的特点推动了非接触、远程化、线上化的生产生活方式的流行,数字经济的影响力、发展趋势在政府、企业和大众三类主体中达成了相对一致的共识。尽管数字经济在发展中也相应地带来了许多负面影响和社会问题,但从整体来看,数字经济在促进社会创新创业、提升社会运转效率、便捷人们生活等方面的优势是毋庸置疑的。数字经济带来的积极影响是主流,而且数字经济带来的负面影响和社会问题也只有在数字经济的持续健康规范发展中被削弱或化解。看好数字经济发展前景并加大数字经济领域的投资力度，成为市场主体的选择；在加强监管规范数字经济发展的基础上，调动各方力量促进数字经济发展，成为政府政策制定的重点。因而，数字经济税收制度改革既有来自新兴数字经济形态对传统税制产生冲击必须进行调整以应对挑战的压力，也有以制度优化引导激励数字经济领域各市场主体优化资源配置、提升竞争能力的主动性内驱力量，建立与数字经济相互适应、相互促进的税收制度，成为我国当前和今后相当长一段时间税制改革的重要主题。基于本书前面章节的分析，本节将从以下五个方面对我国数字经济税收制度改革进行展望：

一、夯实数据生产要素作为数字经济税收制度构建的核心地位

按照马克思理论，生产力和生产关系是相互作用的，其中生产要素属于生产力范畴，税收制度属于生产关系范畴，不同阶段在社会经济系统里起决定作用的生产要素是不同的。比如，在劳动作为主要生产要素阶段，人头税是政府收入的主要来源；在土地作为主要生产要素阶段，根据土地产出从中抽取一部分实物或实物的货币化计量作为税收；在资本成为重要生产要素时，资本利得税也成为税收体系的重要组成部分。在数字经济时代，数据成为经济社会的新增重要生产要素，在生产要素系统里的这一重大变化，必然会反映在税收制度形态上。此外，数据生产要素相对于其他要素具有明显不同的特点，如数据的生产创造可能来源于多主体的合作，所以在所有权方面也不像既有生产要素那样容易做到权属清晰；数据可以反复使用，不像其他生产要素那样因为 A 的使用而阻碍 B、C 或 D 等的使用，经济学上的资源和要素的稀缺性产生了一定的改变；数据的快速迭代和动态演变，新的数据模块在旧有数据集上产生，旧数据的价值快速折旧甚至消失。数据生产要素的这些特点必须要在税收制度构建中予以充分的体现。

数据作为新型生产要素，其权利归属界定、质量标准设定、交易定价、价值分配等领域的制度还处于探索之中。数字经济税收制必须以数据生产要素制度的建立完善为基础，在生产要素管理基础上形成的商业模式、利润流动和多元主体之间的利益分配决定了税收的作用对象和作用方式，这些问题的思考和解决构成了数字经济税收制度创设的基础和核心，必须予以高度重视。

二、逐步增加直接税在税收结构中的比重

在明确了数据生产要素在数字经济税收制度构建中的基础和核心地位后，我们要重点关注税收的结构问题。税制结构对经济社会发展具有重要影响，税制结构科学合理可以通过优化税收负担结构，实现资源优化配置进而促进经济发展；反之，税制结构不合理则会对经济社会的参与主体行为造成扭曲，形成税收的超额负担，阻碍经济社会发展。按照税收负担能否转嫁，可以将税收划分为直接税和间接税。其中，直接税一般是直接向个人或企业征收，如个人所得税和企业所得税都是典型的直接税；间接税一般是针对商品或服务征收，如增值税、消费税都是典型的间接税。值得一提的是，间接税由企业或经营商家缴纳，但这部分负担最终可以通过提高商品或服务销售价格的方式转嫁到消费者身上。我国在长期发展中形成的间接税为主的税制结构与我国的税收制度环境大致是契合的，但随着我国经济实力的增强以及中国特色社会主义制度在共同富裕方面的重视，目前以间接税为主的税制结构的弊端也逐渐显现，优化税制结构的需求和压力与日俱增。

在数字经济时代下，传统的生产经营方式受到冲击，很多个体从业者借助网络实现了很多业务流程的外包，不经过企业注册和公共账户开设就开始了经营活动，移动支付、即时沟通工具等实现了供需双方的便利精准对接，为税制结构向直接税转变提供了条件。政府部门在税制结构中围绕企业纳税人这一主体构建税收制度的同时，要逐步建立完善围绕自然人纳税主体的税收制度，以应对数字经济背景下出现大量产销者和民众收入越来越多元复杂的问题，迫切需要加强对自然人的纳税管理。

三、优化完善数字经济税种体系

在直接税和间接税的结构体系下，我们要进一步思考具体的税种问题，重点考虑在数字经济背景下资源配置方式、企业经营模式和利润流动轨迹的新变化，进而对现有的税种体系按照"简税制、宽税基、轻税负"的原则进行调整，像"营改增"那样将重复征收的税种进行合并简化；立足于我国经济社会实践发展情况和相关制度的改革进程，参照国际上其他国家的通行做法，针对数据这一新型生产要素，适时设立新税种以便对生产经营活动进行税收制度的广泛覆盖，不断涵养新税源，不断扩大税收基础；针对近年来各国经济增长乏力、企业转型升级困难，积极落实减税降

费政策，不断减轻企业生产经营中的制度性成本和税收成本，帮助企业轻装上阵、减负纾困，助力企业提升市场竞争力。

根据相关专家的建议，针对数字经济发展新趋势，我们可以主要从两个方面着力：一是相机开征数字服务税或数据资源税。这主要是因应数据生产要素的产生和影响扩大带来的税种设立，也与欧洲、印度等国家的数字服务税相适应。二是针对数字经济中平台经济的特点，可以专门开征平台所得税，以便将平台企业与其他企业区分开来。作为企业，首先必须缴纳企业所得税，但对于平台企业，可以从现有的企业所得税中专门分化出平台所得税，相当于一种特殊所得税。分化出的平台所得税可以根据平台的经营规模、利润额、用户数等确定税率，对于国内排名前十的平台企业，甚至可以考虑根据业务特点制定定制化税收政策，也可以根据数字经济的周期特点确定中长期平均税率；在经济和业务低迷期实行低税率，在经济环境好转、企业承担能力增强时，适当调高利率，参照财政实行中长期预算的情况，对大型头部平台企业配套执行中长期税收综合负担政策。

四、全面提升数字经济税收征管能力

税收理念、税制结构和税种体系最终都要落实在税收征管制度上，由于数字经济背景下纳税主体的"过大过小"，企业经营范围的广域覆盖，经营活动的线上化、虚拟化等特点，税收征管相比于传统经济显得更为关键。数字经济税收征管制度建设的关键是提高税收征管能力，应对策略可以从四个方面着力：一是全面提升数字经济税收法治化水平，在税种设立、税基确定和税率设置过程中广泛征求意见，依法治税，强化税收的法治属性和强制属性，使得税收治理有法可依、依法照章治税，强化税收刚性，减少政策勾兑空间，把纳税主体的关注点引到提升企业竞争力、提高利润质量的正途上来；二是着力加强税收服务能力建设，强化税务机关的服务意识和税务管理人员的公仆意识，积极宣传税收政策，优化办税流程，经常到一线企业走访调研，倾听企业办税需求，及时了解企业经营状况，个性化地开展税收服务，提高纳税人的主人翁意识和纳税遵从度，积极倡导践行数字经济税收伦理，引导数字经济企业加强行业自律；三是在税收征管中加强对大数据、区块链、人工智能、物联网等新技术手段的应用，使得税收分析和经济预测建立在更强大、更高效的工具之上，从而形成更精准、更科学的决策，并在优化升级征管工具的基础上，减少税收征

管中的人情影响和人力耗费，不断降低税收征管成本；四是重点强化跨地域、跨国的税收征管能力，在传统经济向数字经济转型的过程中，跨地域或跨国经营的企业或相应业务是税收征管的薄弱环节，传统税制下，界定清晰的管辖范围在网络化、虚拟化的影响下可能变得模糊不清，从而形成税收漏洞，而数字经济下任何一点儿税收征管漏洞都可能形成税收政策洼地，从而带来深度的税收筹划，所以在数字经济税收征管制度优化和能力提升中要着力强化此类薄弱环节。

五、加强数字经济国际税收合作

在数字经济背景下，企业的经济活动范围大幅拓展，日常生产经营的原料来源和销售市场可能覆盖多个国家，各个国家的经济互嵌程度明显提升。相应地，涉及不同国家之间的税收利益交互也变得更加复杂。不同国家基于产业发展基础，实行差异化税收政策，这些差异化的税收政策在长期的互动中基本已经形成了相对稳定的处理方式，但可能因为数字经济背景下新商业模式和新业态出现新的政策模糊。针对规模和影响不断扩大的数字经济，各国都想在这个新兴领域的税收利益分享上占据优势地位，因而围绕数字经济税收展开的竞争变得日益激烈。与此同时，传统的国际税收规则是建立在工商业经济之上的，"物理存在"和"关联度原则"在数字经济背景下出现了明显的不适用问题，在增值税、所得税等领域，美国、新加坡、日本和印度等国家都尝试着对既有税制进行改革，以提升本国税收制度对数字经济新产业形态的匹配度，我国也不例外。

传统国际税收规则是在欧美等发达国家的主导下建立的，税收规则制定方面的主张更多地反映了本国产业结构特点，发展中国家在实行对外开放和融入全球化进程中，更常见的参与策略是适应既有的国际税收规则。随着我国经济实力的增强，尤其是在国家发展战略中对数字经济的重视以及长期累积形成的发展数字经济的基础和优势，要求我们在数字经济国际税收规则制定中发挥更大作用，以便保护企业和政府的合法税收利益。具体可以从三个方面着力：一是积极加入新加坡等国家以及联合国、欧盟等主导推进的国际数字经济税收合作机制；二是稳妥推进我国主导的"一带一路"国际税收征管合作机制建设；三是加强国际税收规则方面的学术研究和政策储备，大力培养高端国际税收人才，以适应国家不断扩大开放和企业不断扩大经济外向度的现实需求。

参考文献

艾华，徐绮爽，王宝顺，2021. 数字经济对地方政府税收收入影响的实证研究 [J]. 税务研究 (8)：107-112.

白彦锋，鲁书伶，肖源志，2021a. 税收底层逻辑的世纪变迁与启示：以数字经济下的"亚马逊税"为例 [J]. 山东财经大学学报，33 (6)：5-11.

白彦锋，岳童，2021b. 数字税征管的国际经验、现实挑战与策略选择 [J]. 改革，2021 (2)：69-80.

白彦锋，刘璐，2022. 平台经济发展"双失序"与共同富裕取向的财政治理选择 [J]. 河北大学学报（哲学社会科学版），47 (1)：10-23.

贝克尔，恩利施，尚茨，等，2020. 如何(不)对数据进行征税 [J]. 海关与经贸研究，41 (1)：84-97.

蔡昌，2016. 中国税史 [M]. 北京：中国财政经济出版社.

蔡昌，2017a. 电商税收流失测算与治理研究 [J]. 会计之友 (8)：2-13.

蔡昌，2017b. 税道溯源 [M]. 北京：中国财政经济出版社.

蔡昌，李艳红，2020a. 共享经济的税收治理难点与治理方略研究 [J]. 商业会计 (5)：4-9.

蔡昌，林高怡，薛黎明，2019a. 粤港澳大湾区跨境税务焦点及税收合作研究 [J]. 税务研究 (11)：60-65.

蔡昌，赵艳艳，2019b. 数字经济发展带来的税收难题 [J]. 中国财政 (18)：34-35.

蔡昌，赵艳艳，2020b. 促进数字经济发展的税收政策选择与治理对策 [J]. 会计之友 (9)：107-114.

蔡磊，2018. 数字经济背景下跨境电商税收应对策略探讨 [J]. 国际税收 (2)：26-29.

苍岚，张淑翠，张厚明，2022. 全球数字经济税收规则改革的趋势、影响及建议 [J]. 中国国情国力（6）：8-13.

曹明星，2022a. 数字经济国际税收改革：理论探源、方案评析与中国抉择 [J]. 财贸经济，43（1）：44-58.

曹明星，邓力平，2022b. 数字经济时代国际税收改革再观察 [N]. 中国社会科学报，2022-06-15（003）.

曹亚楠，王沛晗，2018. 数字经济背景下广告服务商常设机构税收规制的新发展 [J]. 税务研究（7）：84-92.

曹艳杰，2019. 数字经济背景下非居民企业所得税源泉扣缴制度的问题与对策研究 [D]. 上海：上海海关学院.

陈春花，2021. 价值共生：数字化时代的组织管理 [M]. 北京：人民邮电出版社.

陈国辉，孙文致，2021. 苹果公司"双层爱尔兰"避税模式分析[J]. 北方经贸（2）：104-106.

陈国文，2011. 商事活动理性化与国家税权的变迁 [M]. 北京：高等教育出版社.

陈红娜，2019. 数字贸易中的跨境数据流动问题研究 [J]. 发展研究（4）：9-19.

陈建奇，2022. 数字经济时代国际税收规则改革逻辑及政策重点[J]. 中国党政干部论坛（3）：84-88.

陈瑂，王婷婷，罗振策，2019. 跨境数字交易增值税制度之国际经验借鉴 [J]. 国际税收（2）：31-35.

陈琦，2019. 我国网络打赏所得税征管问题探讨 [D]. 武汉：华中科技大学.

陈维涛，朱柿颖，2019. 数字贸易理论与规则研究进展 [J]. 经济学动态（9）：114-126.

陈宇，丁玉娟，吕钰瑾，2022. 数字经济新规则下跨境云计算服务税收问题初探 [J]. 国际税收（2）：39-44.

陈卓，许志国，谢恒烺，2022. 数字经济的政策解读和发展路径[J]. 宏观经济管理（4）：26-31，39.

迟连翔，欧阳宇琦，2018. 后 BEPS 时代国际税收规则探析：基于数字经济的视角 [J]. 税收经济研究，23（2）：83-86.

崔建高，2020. 数字经济对中国海关税基侵蚀及对策研究 [J]. 中国口岸科学技术（1）：13-22.

崔晓静，赵洲，2016. 数字经济背景下税收常设机构原则的适用问题 [J]. 法学（11）：15-27.

代志新，王克智，谢波峰，2020. 数字经济背景下促进税收遵从的理论、方法和实践 [J]. 财政监督（6）：22-26.

邓力平，2021. 中国税收发展：加入 WTO 二十年后的思考 [J]. 国际税收（11）：3-9.

迪安，张可旺，2021. 数字资本主义与政治主体 [J]. 国外理论动态（1）：125-133.

丁志田，2002. 会税经金新论 [M]. 香港：国际炎黄文化出版社.

董蕾，王向东，2019. 数字经济下 C2C 电子商务课税的挑战与对策 [J]. 税务研究（9）：90-94.

杜甘，拉贝，2017. 赤裸裸的人：大数据，隐私与窥视 [M]. 杜燕，译. 上海：上海科学技术出版社.

杜建伟，曹明星，2021. 国际税收治理变革的几个基本问题探讨：数字经济下的税收权力、价值创造、公私交换与税基确定 [J]. 国际税收（1）：14-19.

杜庆昊，2019. 中国数字经济协同治理研究 [D]. 北京：中共中央党校.

杜涛，2019. 数字经济税收两难 [J]. 检察风云（6）：7.

段炳德，2019. 加强国际税收协调应对数字经济挑战 [J]. 商业文化（35）：50-53.

法尔恰尼，闵库奇，2017. 逃税者的金库 [M]. 吴若楠，译. 北京：中国人民大学出版社.

樊慧霞，张艺川，2021. 数字经济时代居民消费模式跃迁与税收政策选择 [J]. 地方财政研究（12）：41-48.

樊轶侠，王卿，2020. 数字服务课税模式比较研究及其启示 [J]. 财政研究（12）：92-102.

樊勇，邵琪，2021. 数字经济、税收管辖与增值税改革 [J]. 国际税收（3）：11-17.

冯俏彬，2019. 新经济背景下我国邮政快递业发展战略研究 [J]. 扬州大学学报（人文社会科学版），23（4）：22-29.

冯俏彬, 2020-08-05 (004). 开征数字服务税要从长计议 [N]. 中国经济时报.

冯俏彬, 2021. 数字经济时代税收制度框架的前瞻性研究: 基于生产要素决定税收制度的理论视角 [J]. 财政研究 (6): 31-44.

冯秀娟, 魏中龙, 周璇, 2021. 数字经济发展对我国税收贡献度的实证研究: 基于数字产业化和产业数字化视角 [J]. 税务与经济 (6): 47-53.

付伟, 2019. 中国数据产业发展研究 [D]. 北京: 北京邮电大学.

高金平, 2019. 数字经济国际税收规则与国内税法之衔接问题思考 [J]. 税务研究 (11): 70-76.

高琳, 田发, 2021. 数字经济下的税收治理现代化路径探究 [J]. 财会研究 (5): 13-16.

高三锡, 2020. 崭新的未来: 5G 超链接社会 [M]. 北京: 中国广播影视出版社.

高运根, 2014. BEPS 行动计划 1、成果 1 数字经济面临的税收挑战 [J]. 国际税收 (10): 15-17.

宫廷, 2019. 我国跨境 B2C 数字化服务增值税管辖权规则的检思与建构 [J]. 国际税收 (10): 41-49.

关会娟, 许宪春, 张美慧, 等, 2020. 中国数字经济产业统计分类问题研究 [J]. 统计研究, 37 (12): 3-16.

关晓桐, 2020. OECD 数字经济征税新提案的分析 [J]. 大众投资指南 (5): 226-227.

管彤彤, 2019. 数字服务税: 政策源起、理论争议与实践差异 [J]. 国际税收 (11): 58-63.

管治华, 陈燕萍, 李靖, 2019. 国际视域下数字经济国际税收竞争挑战的应对 [J]. 江淮论坛 (5): 85-93.

桂海滨, 邵哲一, 2019. 上海自贸试验区临港新片区设立对浙江的影响分析 [J]. 浙江海洋大学学报 (人文科学版), 36 (5): 44-48.

郭心洁, 张博, 高立群, 2015. 数字经济时代国际税收面临的挑战与对策 [J]. 国际税收 (3): 6-11.

国家税务总局青岛市税务局课题组, 史育红, 2022. 数字经济的特征与税收应对 [J]. 税收经济研究, 27 (1): 47-52.

何辉，2018. 挑战与对策：数字经济下税收征管的思考 ［J］. 经济研究参考（53）：46-48.

何湾，2021. 数字经济、跨境税收征管与国际税收秩序重塑 ［J］. 地方财政研究（8）：63-68.

何杨，陈瓅，2019a. 经济数字化的税收挑战 ［J］. 中国财政（18）：17-19.

何杨，陈瓅，刘金科，2019b. 经济数字化的所得税挑战与中国应对策略 ［J］. 财政科学（2）：20-27.

何杨，孟晓雨，2019c. 数字化商业模式与所得税解决方案探讨 ［J］. 国际税收（3）：14-19.

侯思捷，刘怡，2020. 应对经济数字化挑战的国际税收规则演进：市场国和新联结度 ［J］. 国际税收（9）：29-33.

胡连强，杨霆钧，张恒，等，2019. 基于数字经济的税收征管探讨 ［J］. 税务研究（5）：119-122.

胡翔，2022. 数字经济背景下落实税收法定原则的价值、难点与对策 ［J］. 税务研究（4）：90-96.

胡耘通，袁其梦，2021. 数字经济背景下税收征管实践、挑战及其完善 ［J］. 地方财政研究（4）：22-29.

湖北省国际税收研究会、武汉市国际税收研究会课题组，胡立升，刘晓东，等，2021. 税收促进我国数字经济发展的国际经验与借鉴 ［J］. 税务研究（1）：89-96.

黄丙志，朱雷檬，2022. 数字经济价值模式下国际税收"第一支柱"方案的影响与应对 ［J］. 国际贸易（4）：39-45.

黄俊铭，2013. 苹果公司节税术 ［J］. 经理人（7）：92-95.

黄立新，2019. 新时期世界税制改革发展的趋势和逻辑 ［J］. 财政研究（9）：121-129.

霍尔姆斯，桑斯坦，2011. 权利的成本：为什么自由依赖于税 ［M］. 毕竞悦，译. 北京：人民出版社.

贾康，2019a. 数字经济时代的企业转型 ［J］. 扬州大学学报（人文社会科学版），23（2）：15-20.

贾康，2019b. 数字经济与财税 ［J］. 财政监督（15）：21-24.

江小涓，2020a. 江小涓："十四五"时期数字经济发展趋势与治理重点［J］.山东经济战略研究（10）：48-50.

江小涓，2020b.江小涓：数字经济提高了服务业效率［J］.山东经济战略研究（11）：56-57.

江小涓，2021a.加强顶层设计 解决突出问题 协调推进数字政府建设与行政体制改革［J］.中国行政管理（12）：9-11.

江小涓，2021b.数字时代的技术与文化［J］.中国社会科学（8）：4-34，204.

江小涓，黄颖轩，2021c.数字时代的市场秩序、市场监管与平台治理［J］.经济研究，56（12）：20-41.

江小涓，靳景，2022.中国数字经济发展的回顾与展望［J］.中共中央党校（国家行政学院）学报，26（1）：69-77.

江小涓，罗立彬，龚华燕，2020c.网络时代的服务全球化：新引擎、加速度和大国竞争力（英文）［J］.中国社会科学（英文版），41（4）：5-23.

江一帆，2017.对数字经济背景下国际税收管辖权划分问题的分析与思考［J］.法制博览（9）：104-105.

蒋震，苏京春，杨金亮，2021.数字经济转型与税制结构变动［J］.经济学动态（5）：115-128.

金方剑，2019a.全球"最低有效税率"方案的"税率"设计问题研究：基于税收竞争 ZMW 模型的分析［J］.税收经济研究，24（5）：27-33.

金方剑，2019b.数字经济税收问题的第三条改革道路：对全球"最低有效税率"方案的研评［J］.国际税收（5）：31-36.

金辉，2020-01-07（008）.探索数字经济的税收治理方策［N］.经济参考报.

科夫勒，迈尔，施拉格，等，2018.数字经济税收："权宜之计"还是长效解决？［J］.陈新，译.国际税收（2）：6-16，2.

孔含笑，2022.应对数字经济税收挑战的国际方案比较［J］.财政科学（5）：134-145.

李恒，吴维库，朱倩，2014.美国电子商务税收政策及博弈行为对我国的启示［J］.税务研究（2）：74-78.

李凯，2019.分享经济增加值核算研究［D］.武汉：中南财经政法大学.

李平，2018.数字经济下新商业模式的税收治理探析［J］.国际税收

（5）：16-19.

李蕊，李水军，2020. 数字经济：中国税收制度何以回应 [J]. 税务研究（3）：91-98.

李文，邢丽，2020. 数字经济跨国企业所得课税探索及中国应对 [J]. 地方财政研究（2）：105-112.

李香菊，刘硕，姚琴，2020. 数字经济背景下税收征管体系的国际经验与政策建议 [J]. 经济体制改革（1）：156-163.

李旭红，田芸芸，许佳仪，2019. 经济数字化下的国际税收规则研究 [J]. 中国财政（18）：20-24.

李艺铭，2020.2020 年中国数字经济发展形势展望：数字化转型力求实效 [J]. 互联网经济（Z1）：12-17.

李子烜，2019. 论价值创造原则在全球税收分配中的应用 [D]. 北京：中央财经大学.

励贺林，2018. 对数字经济商业模式下收益归属国际税收规则的思考 [J]. 税务研究（7）：76-83.

励贺林，姚丽，2019. 法国数字服务税与美国"301 调查"：经济数字化挑战下国家税收利益的博弈 [J]. 财政科学（7）：153-160.

梁嘉明，2019. 法国数字税动因、进展及启示 [J]. 金融纵横（11）：64-69.

梁鲜珍，2017. 数字经济对税收的影响及其应对措施 [J]. 税收经济研究，22（3）：41-44.

梁潇，2019. 传统经济与数字经济下跨国公司转让定价问题研究[J]. 宏观经济研究（4）：144-152.

梁译心，马健宁，王丫，2021. 数字经济下新型灵活就业平台税收问题初探 [J]. 国际税收（10）：74-79.

廖益新，2014. 数字经济环境下跨境服务交易利润国际税收的原则与方案 [J]. 国际经济法学刊，21（3）：134-149.

廖益新，2015. 应对数字经济对国际税收法律秩序的挑战 [J]. 国际税收（3）：20-25.

廖益新，2021. 在供需利润观基础上重构数字经济时代的国际税收秩序 [J]. 税务研究（5）：17-30.

廖益新，宫廷，2019. 英国数字服务税：规则分析与制度反思 [J].

税务研究（5）：74-80.

林玮，于永达，2019. 数字经济领域投资潮涌与产能过剩机制：共享单车案例［J］. 甘肃行政学院学报（2）：116-125，128.

刘华玲，周赛君，张国祥，等，2019. 数字经济对我国经济社会的影响效应研究［C］//第十四届（2019）中国管理学年会论文集. 佚名：429-436.

刘奇超，2019a. 经济数字化税收政策体系建构的新观察与新思路：一个总体分析框架［J］. 国际税收（3）：25-33.

刘奇超，曹明星，王晶晶，2019b. 直面经济数字化国际税收改革真问题：利润分配新规则的重构、解构与建构［J］. 国际税收（8）：10-18.

刘尚希，2020. 刘尚希：数字财政或将重构财政体系［J］. 新理财（政府理财）（12）：42-43.

刘尚希，2021a. 新经济数字化金融化趋势与财税体制改革：以构建确定性应对新趋势下的不确定性［J］. 地方财政研究（4）：4-7，39.

刘尚希，2022. 加强数字财政建设 为财政治理现代化赋能［J］. 中国财政（4）：1.

刘尚希，梁季，施文泼，2021b. 经济数字化和金融化中的金融税制转型分析［J］. 财政科学（11）：5-11.

刘淑萍，2019. "互联网+"促进制造业升级机理与路径研究［D］. 武汉：中南财经政法大学.

刘思晋，2014. 数字经济时代的国际税收管理问题［D］. 厦门：厦门大学.

刘伟，许宪春，熊泽泉，2021. 数字经济分类的国际进展与中国探索［J］. 财贸经济，42（7）：32-48.

刘怡，1998a. 电子贸易对国际税收制度的影响［J］. 经济科学（6）：86-91.

刘怡，1998b. 电子贸易挑战传统税制［J］. 经济理论与经济管理（6）：43-47.

刘怡，2003. 税种选择对公民税收意识的影响［J］. 财政研究（8）：40-42.

刘怡，耿纯，张宁川，2019. 电子商务下的销售新格局与增值税地区间分享［J］. 税务研究（9）：25-34.

刘怡，侯思捷，严云扬，2018. 美国税改的国际税收解析 [J]. 财政研究（5）：99-106.

刘怡，聂海峰，张凌霄，等，2022. 电子商务增值税地区间分享和清算 [J]. 管理世界，38（1）：62-78.

刘怡，余向荣，2006. 现代税收的起源：税收意识的视角 [J]. 财政研究（2）：67-69.

刘禹君，2019. 促进数字经济发展的税收政策研究 [J]. 商业研究（10）：86-90，135.

刘志广，2012. 新财政社会学研究：财政制度、分工与经济发展 [M]. 上海：上海人民出版社.

卢艺，2019. 数字服务税：理论、政策与分析 [J]. 税务研究（6）：72-77.

陆秋丹，丁海峰，丁治浩，2020. 数字经济对跨境税收征管带来的挑战及相关建议：基于江苏税务部门的实践探索 [J]. 国际税收（6）：78-81.

路广通，2020. 解析数字税：美欧博弈的新战场 [J]. 信息通信技术与政策（1）：74-78.

罗以洪，2019. 大数据人工智能区块链等 ICT 促进数字经济高质量发展机理探析 [J]. 贵州社会科学（12）：122-132.

马海涛，曹明星，白云真，2022. 经合组织数字经济国际税收改革的方案逻辑与中国应对：一个基于新市场财政学的分析框架 [J]. 当代财经（1）：29-39.

马洪范，胥玲，刘国平，2021. 数字经济、税收冲击与税收治理变革 [J]. 税务研究（4）：84-91.

马骏，袁东明，马源，2019-10-10（004）. 数字化转型是由工业经济向数字经济演进的重大变革 [N]. 中国经济时报.

马奎升，2006. 关于税收伦理的思考 [J]. 税务研究（9）：91-92.

马丽，2019. 网络交易平台治理研究 [D]. 北京：中共中央党校.

马敏，2019. "互联网+税务"背景下税收征管现代化问题研究 [J]. 税务研究（2）：109-113.

毛恩荣，周志波，2021a. 数字经济全球税收治理内卷化：表征、根源与破局 [J]. 宏观经济研究（8）：28-47，114.

毛恩荣，周志波，许美利，2021b. 数字经济背景下的全球税收治理：内卷化与去内卷化 [J]. 税务研究 (10)：54-61.

毛瑞鹏，2018. 全球税收治理转型中的制度竞争：以 OECD 为中心的分析 [J]. 世界政治研究 (2)：122-142，207-208.

毛彦，2021. 数字经济时代的区际税收挑战：成因与应对路径 [J]. 财政科学 (5)：56-65.

茅孝军，2019. 从临时措施到贸易保护：欧盟"数字税"的兴起、演化与省思 [J]. 欧洲研究，37 (6)：58-77，6-7.

宁琦，励贺林，2014. 苹果公司避税案例研究和中国应对 BEPS 的紧迫性分析及策略建议 [J]. 中国注册会计师 (2)：107-113.

庞靓，2019. 网络生态与网络经济协调发展研究 [D]. 武汉：华中师范大学.

彭有为，管永昊，2018. 应对数字经济发展的税收政策研究 [J]. 税收经济研究，23 (3)：15-20，47.

亓坤，2020. 数字经济的税收治理，走向何方？：数字经济、治理难点与税收征管策略 [J]. 新理财 (1)：53-55.

秦思楠，2022. 数字经济对税收征管的挑战与对策研究 [J]. 南方金融 (3)：41-50.

邱峰，2020. 数字税的国际实践及启示 [J]. 西南金融 (3)：13-24.

全优，2019. OECD 及各国对数字经济税收问题解决方案探讨与展望 [J]. 中国财政 (18)：25-28.

赛斯，祖克曼，2021. 不公正的胜利 [M]. 薛贵，译. 北京：中信出版集团.

邵凌云，张紫璇，2020. 数字经济对税收治理的挑战与应对 [J]. 税务研究，2020 (9)：63-67.

沈亚军，2019. 美国联邦税视角下跨境数字经济税收复杂性分析 [J]. 经济研究参考 (3)：105-112.

圣塔曼，布朗，陈新，2020. 数字经济背景下的国际税收规则 [J]. 国际税收 (12)：19-25.

圣塔曼，梁若莲，2019. 数字化带来的税收挑战：盘点与展望 [J]. 国际税收 (8)：5-9.

师博，2020. 人工智能助推经济高质量发展的机理诠释 [J]. 改革

（1）：30-38.

石媛媛，2020. 论我国经济数字化的税收应对：基于企业所得税视角 [J]. 税务研究（3）：108-111.

孙红梅，2021. 关于数字经济时代全球税收治理的几点认识：基于"双支柱"方案达成共识的视角 [J]. 财政科学（11）：26-34.

孙益武，2019. 数字贸易与壁垒：文本解读与规则评析：以 USMCA 为对象 [J]. 上海对外经贸大学学报，26（6）：85-96.

孙颖，2019. "数字税"的推行对我国的影响及对策 [J]. 商业经济（12）：165-166，173.

孙永尧，2003. 论税收伦理 [J]. 财经问题研究（8）：65-70.

孙正，梁展硕，2022. "两化"背景下我国数字经济税收政策研究 [J]. 改革与战略，38（1）：107-116.

孙卓，潘寅茹，2013. 美国国会就避税质询苹果公司 [J]. 中国税务（7）：77-78.

泰普斯科特，2009. 数字化成长：3.0 版 [M]. 云帆，译. 北京：中国人民大学出版社.

泰普斯科特，蒂科尔，洛伊，2002. 数字资本与商务网：财富创造的两大要素 [M]. 孙予，陈建年，译. 上海：上海世界图书出版公司.

泰普斯科特，卡斯顿，1999a. 范式的转变：信息技术的前景 [M]. 米克斯，译. 大连：东北财经大学出版社.

泰普斯科特，洛伊，泰科尔，1999b. 数字经济蓝图：电子商务的勃兴 [M]. 陈劲，何丹，译. 大连：东北财经大学出版社.

泰普斯科特，威廉姆斯，2007. 维基经济学：大规模写作如何改变一切 [M]. 何帆，林季红，译. 北京：中国青年出版社.

谭书卿，2020. 数字经济税收征管的制度挑战及应对措施 [J]. 南方金融（6）：37-44.

田辉，2019. 法国征收数字服务税启示 [J]. 中国金融（22）：92-93.

田辉，2019-12-30（005）. 美欧数字税争议考验国际合作大智慧 [N]. 中国经济时报.

王宝顺，2021. 数字经济下强化税收意识和税法知识的思考 [J]. 税收经济研究，26（5）：50-56.

王宝顺，邱柯，张秋璇，2019. 数字经济对国际税收征管的影响与对策：基于常设机构视角［J］．税务研究（2）：86-91．

王春云，王亚菲，2019．数字化资本回报率的测度方法及应用［J］．数量经济技术经济研究，36（12）：123-144．

王鸿宇，蓝江，2021．数字资本主义时代的情感：从生活到生产，再到权力治理［J］．国外理论动态（1）：114-124．

王建冬，于施洋，窦悦，2020．东数西算：我国数据跨域流通的总体框架和实施路径研究［J］．电子政务（3）：13-21．

王劲杨，2019．构建跨境增值税数字化征管手段的思考：基于美国跨州销售税数字化征管机制的研究［J］．税务研究（3）：72-78．

王丽娜，2020．数字经济对企业税收遵从的影响及对策［J］．国际税收（12）：59-63．

王丽娜，2021．数字经济下税收征管数字化转型的机遇与挑战［J］．国际税收（12）：65-70．

王满仓，鲁世宗，葛晶，等，2018．网络经济发展水平监测指标体系及其对经济增长影响的研究：以陕西省为例［M］．北京：中国经济出版社．

王敏，彭敏娇，2020．数字经济发展对税收征纳主体行为的影响及政策建议［J］．经济纵横（8）：93-99．

王曙光，张泽群，王晰，2022．数字经济下"一带一路"税收征管质效初探［J］．国际税收（5）：77-81．

王卫军，朱长胜，2020．应对数字经济的挑战：从生产增值税到消费生产税［J］．税务研究（12）：61-67．

王怡璞，王丹，2020．数字经济税收征管的要素分析与设计［J］．财政监督（6）：15-21．

王雍君，2019．发展数字经济　构建生态友好型经济［J］．中国金融家（5）：140．

王雍君，2020．数字经济对税制与税收划分的影响：一个分析框架：兼论税收改革的核心命题［J］．税务研究（11）：67-75．

王雍君，王冉冉，2022．数字经济税收治理：辖区规则、财政自立与均等化视角［J］．税务研究（1）：49-58．

王振，等，2020．全球数字经济竞争力发展报告：2020［M］．北京：社会科学文献出版社．

魏姝明，2015．数字经济下特许权使用费的国际税收问题研究［D］．

上海：华东政法大学.

温芳芳，2019. 我国政府数据开放的政策体系构建研究［D］. 武汉：武汉大学.

吴东明，2019. 从欧盟电子商务增值税方案看我国数字经济税收发展［J］. 中国财政（18）：28-30.

习小琴，2019. 数字经济下软件交易的法律分析与非居民税收征管［J］. 国际税收（4）：47-49.

肖育才，杨磊，2022. 数字经济时代与工业经济时代税制的比较分析［J］. 税务研究（2）：81-85.

肖铮，2021. 数字经济时代数据资产税收治理研究［J］. 上海立信会计金融学院学报，33（6）：92-103.

谢波峰，2014. 对当前我国电子商务税收政策若干问题的看法［J］. 财贸经济（11）：5-12.

谢波峰，陈灏，2019. 数字经济背景下我国税收政策与管理完善建议［J］. 国际税收（3）：20-24.

谢芬，2022. 促进新型基础设施建设的税收政策研究［J］. 税务研究（5）：27-32.

谢红阳，2018. 数字经济时代税收常设机构规则研究［J］. 合作经济与科技（14）：180-181.

谢丽文，2020. 从税收变化看广东数字产业化竞争力［J］. 新经济，2020（1）：35-38.

邢丽，2021. 数字经济对税收制度的挑战及改革建议［J］. 财政科学（11）：12-15，25.

邢天添，2019. 数字经济发展中的国家税收变革［J］. 中国中小企业（4）：78-80.

熊励，2019. 上海率先构建全球数字贸易平台研究［J］. 科学发展（12）：31-41.

熊励，蔡雪莲，2020. 数字经济对区域创新能力提升的影响效应：基于长三角城市群的实证研究［J］. 华东经济管理，34（12）：1-8.

徐飞彪，陈璐，2016. 当前国际税收机制的变革及其发展前景［J］. 现代国际关系（9）：54-62，65，67.

徐岭，2020. 网络经济的逻辑：微观基础·运行机理·总图景［M］.

北京：首都经济贸易大学出版社.

徐全红，2021. 文明变迁与中国税收制度演变［M］. 北京：社会科学文献出版社.

许宪春，2020a. 数字经济、数字化技术和数据资产在经济社会发展中的作用［J］. 经济研究参考（24）：96-99.

许宪春，张美慧，2020b. 中国数字经济规模测算研究：基于国际比较的视角［J］. 中国工业经济（5）：23-41.

许宪春，张美慧，2022. 数字经济增加值测算问题研究综述［J］. 计量经济学报，2（1）：19-31.

延峰，冯炜，崔煜晨，2015. 数字经济对国际税收的影响及典型案例分析［J］. 国际税收（3）：15-19.

闫怡然，2019. 数字经济时代新经济业态的税收挑战［J］. 商讯（8）：119-120.

阎德利，等，2019. 数字经济：开启数字化转型之路［M］. 北京：中国发展出版社.

阳萍，2019. 数字经济下企业所得税面临的挑战及解决路径探析［J］. 当代会计（8）：141-142.

杨晶，严林，2017. 关于互联网第三方支付若干涉税问题的法律分析：以微信红包为例［J］. 法制与社会（10）：75-76.

杨磊，2021. 数字经济对传统税收的冲击和中国的应对策略［J］. 公共经济与政策研究（1）：190-199.

杨庆，2020. 数字经济对税收治理转型的影响与对策：基于政治经济学和治理理论分析视角［J］. 税务研究（10）：56-62.

杨晓雯，韩霖，2017. 数字经济背景下对税收管辖权划分的思考：基于价值创造视角［J］. 税务研究（12）：53-56.

杨扬，2019. 国外政府加强对数字企业的治理［J］. 科技中国（12）：49-51.

杨扬，杨晓倩，2015. 法国数字经济税收相关问题探析：基于全球BEPS行动计划［J］. 税收经济研究，20（4）：7-12.

杨卓凡，2019. 数字化转型带来的经济社会变革与监管挑战［J］. 新经济导刊（3）：64-68.

姚轩鸽，2019a. 数字经济对税收征管方式的挑战及对策研究［J］. 西部学刊（23）：30-34.

姚轩鸽，马岩，2019b. 税收道德的核心价值：国内税收伦理研究现状述评 [J]. 社会科学论坛（3）：202-214.

易高峰，2018. 数字经济与创新管理实务 [M]. 北京：中国经济出版社.

于芳，2019. 数字经济环境下 B2C 跨境服务交易的增值税挑战及应对措施 [J]. 中国财政（18）：31-33.

于施洋，王建冬，郭巧敏，2020. 我国构建数据新型要素市场体系面临的挑战与对策 [J]. 电子政务（3）：2-12.

余加喜，陈虎，2020. 论数字经济时代国内税法和国际税法的良性互动 [J]. 税务研究（1）：91-95.

袁从帅，2021，赵妤婕. 数字经济税收转移：机制、现状及国际经验借鉴 [J]. 国际税收（9）：65-72.

袁从帅，2022. 数字经济中的税收遵从：证据、模式与应对建议 [J]. 财经论丛（5）：24-33.

岳云嵩，齐彬露，2019. 欧盟数字税推进现状及对我国的启示 [J]. 税务与经济（4）：94-99.

张斌，2016. 数字经济对税收的影响：挑战与机遇 [J]. 国际税收（6）：30-32.

张斌，2020. "十四五"时期税制改革的背景分析 [J]. 财政科学（1）：11-15，24.

张斌，袁东明，2019-10-29（004）. 迈向数字时代的国家税收转型 [N]. 中国经济时报.

张春燕，2020. 法国数字服务税法案的出台背景及影响分析 [J]. 国际税收（1）：53-57.

张帆，何莞思，王逸雪，等，2022. 数字经济背景下电子发票对税收征管的影响研究：基于浙江经验 [J]. 商学研究，29（1）：54-61.

张巾，李昭，肖荣美，2020. 全球数字经济税收规则调整动态及思考 [J]. 税务与经济（4）：95-99.

张京民，李政，邵世宏，2006. 国家使命：共和国第一税案调查 [M]. 北京：作家出版社.

张美红，2019. 数字经济对特许权使用费跨境征税权分配原则的挑战及回应 [J]. 税务研究（10）：66-72.

张明，2019. 经济数字化税收问题的发展历程与最新进展 [J]. 商讯 (19)：13-15.

张苏，张美文，2021. 国外学者关于数字资本主义与数字异化问题的研究进展 [J]. 国外理论动态 (1)：104-113.

张文春，2019. 属地税制、数字化税收与国际税收新秩序：当前国际税收发展的三大问题 [J]. 国际税收 (6)：34-39.

张旭亮，王际超，谢丽敏，2019. 我国数字经济与实体经济深度融合的策略研究 [J]. 杭州电子科技大学学报（社会科学版），15 (5)：21-25.

张奕芳，2019. 互联网贸易能否缩小收入差距？：双异质模型及来自中国的经验 [J]. 经济问题探索 (6)：50-58.

张泽平，2015. 数字经济背景下的国际税收管辖权划分原则 [J]. 学术月刊，47 (2)：84-92.

张志勇，励贺林，2021. 数字经济、价值创造和财富分配：基于税收视角的分析 [J]. 国际税收 (9)：3-14.

赵春艳，2018. 电商税流失引争议 [J]. 法治与社会 (2)：44-45.

赵刚，2020. 高端装备制造企业智能化转型的关键影响因素作用机理研究 [D]. 哈尔滨：哈尔滨工程大学.

赵立斌，张莉莉，2020. 数字经济概论 [M]. 北京：科学出版社.

赵倩，2018. 跨国企业避税与反避税研究：以美国苹果公司为例 [J]. 齐鲁珠坛 (2)：40-42.

赵涛，2020. 数字化背景下税收征管国际发展趋势研究 [J]. 中央财经大学学报 (1)：12-20.

赵洲，2019. 跨境数字经济下"场所型常设机构"税收规则的解释性重塑 [J]. 中州学刊 (6)：50-60.

赵洲，周洁，2020. "虚拟常设机构"的税收协定规则构建研究：公平分享"一带一路"倡议下跨境数字经济税收利益 [J]. 西安交通大学学报（社会科学版），40 (3)：25-37.

郑自立，2020. 我国非正规文化经济发展的内在逻辑、现实问题与治理向度 [J]. 理论月刊 (3)：80-87.

中国社会科学院工业经济研究所未来产业研究组，2020. 中国新基建：未来布局与行动路线 [M]. 北京：中信出版社.

中国信息化百人会课题组，2018. 数字经济迈向从量变到质变的新阶段［M］. 北京：电子工业出版社.

周琛影，苏凌，2022. 数字经济的税收治理问题研究［J］. 财会研究（5）：22-29.

周克清，李霞，2018. 平台经济下的税收治理体系创新［J］. 税务研究（12）：73-77.

周克清，刘文慧，2019. 平台经济下个人所得的税收征管机制探索［J］. 税务研究（8）：83-88.

周克清，郑皓月，2021. 平台经济下个人所得税纳税遵从研究：基于信息不对称的视角［J］. 税务研究（1）：67-72.

周志波，曹琦欢，刘晔，2022. 差序格局、国家圈子和数字经济全球税收治理：基于社会学的视角［J］. 税务研究（1）：59-66.

朱军，2013. 我国电子商务税收流失问题及其治理措施［J］. 财经论丛（2）：42-49.

朱炎生，2019. 经合组织数字经济税收规则最新提案国家间利益博弈分析［J］. 国际税收（3）：5-13.

祖克曼，2016. 谁动了国家的奶酪？避税天堂调查［M］. 杜蘅，译. 上海：华东师范大学出版社.

附录 数字经济及其核心产业统计分类（2021）

一、分类目的

为贯彻落实党中央、国务院关于数字经济和信息化发展战略的重大决策部署，科学界定数字经济及其核心产业统计范围，全面统计数字经济发展规模、速度、结构，满足各级党委、政府和社会各界对数字经济的统计需求，制定本分类。

二、编制原则

（一）以党中央、国务院有关文件为依据。本分类贯彻落实党中央、国务院关于数字经济发展战略的重大决策部署，依据 G20 杭州峰会提出的《二十国集团数字经济发展与合作倡议》，以及《中华人民共和国国民经济和社会发展第十四个五年规划和 2035 年远景目标纲要》《国家信息化发展战略纲要》《关于促进互联网金融健康发展的指导意见》等政策文件，确定数字经济的基本范围。

（二）以国内外相关统计分类标准为参考。本分类充分借鉴国内外相关机构关于数字经济分类的方法，参照《新产业新业态新商业模式统计分类（2018）》《战略性新兴产业分类（2018）》《统计上划分信息相关产业暂行规定》等相关统计分类标准，最大程度反映与数字技术紧密相关的各种基本活动。

（三）以《国民经济行业分类》为基础。本分类基于《国民经济行业分类》（GB/T 4754-2017）同质性原则，对国民经济行业分类中符合数字经济产业特征的和以提供数字产品（货物或服务）为目的的相关行业类别活动进行再分类。

（四）以满足数字经济统计监测为目的。本分类立足现行统计工作实际，聚焦数字经济统计核算需求，充分考虑分类的可操作性和数据的可获得性，力求全面、准确反映数字经济及其核心产业发展状况。

三、概念界定和分类范围

数字经济是指以数据资源作为关键生产要素、以现代信息网络作为重要载体、以信息通信技术的有效使用作为效率提升和经济结构优化的重要推动力的一系列经济活动。本分类将数字经济产业范围确定为：01 数字产品制造业、02 数字产品服务业、03 数字技术应用业、04 数字要素驱动业、05 数字化效率提升业等 5 个大类。

数字经济核心产业是指为产业数字化发展提供数字技术、产品、服务、基础设施和解决方案，以及完全依赖于数字技术、数据要素的各类经济活动。本分类中 01-04 大类为数字经济核心产业。

四、结构和编码

本分类采用线分类法和分层次编码方法，将数字经济活动划分为三层，分别用阿拉伯数字编码表示。第一层为大类，用 2 位数字表示，共有 5 个大类；第二层为中类，用 4 位数字表示，共有 32 个中类；第三层为小类，用 6 位数字表示，共有 156 个小类。

本分类代码结构：

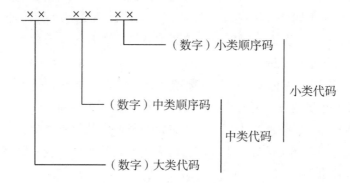

五、有关说明

（一）数字经济核心产业对应的 01-04 大类即数字产业化部分，主要包括计算机通信和其他电子设备制造业、电信广播电视和卫星传输服务、互联网和相关服务、软件和信息技术服务业等，是数字经济发展的基础；第 05 大类为产业数字化部分，指应用数字技术和数据资源为传统产业带来的产出增加和效率提升，是数字技术与实体经济的融合。

（二）本分类所涉及国民经济行业分类的具体范围和说明，与《2017国民经济行业分类注释》相一致。

六、数字经济及其核心产业统计分类

代码			名称	说明	国民经济行业代码及名称（2017）
大类	中类	小类			
★①01			数字产品制造业		
	0101		计算机制造		
		010101	计算机整机制造	指将可进行算术或逻辑运算的中央处理器和外围设备集成计算机整机的制造，包括硬件与软件集成计算机系统的制造、来件组装计算机的加工	3911 计算机整机制造
		010102	计算机零部件制造	指组成电子计算机的内存、板卡、硬盘、电源、机箱、显示器等部件的制造	3912 计算机零部件制造
		010103	计算机外围设备制造	指计算机外围设备及附属设备的制造，包括输入设备、输出设备和外存储备等制造	3913 计算机外围设备制造
		010104	工业控制计算机及系统制造	指一种采用总线结构，对生产过程及机电设备、工艺装备进行检测与控制的工具总称；工控机具有重要的计算机属性和特征，如具有计算机 CPU、硬盘、内存、外设及接口，并有操作系统、控制网络和协议、计算能力、友好的人机界面；工控行业的产品和技术非常特殊，属于中间产品，是为其他各行业提供可靠、嵌入式、智能化的工业计算机制造	3914 工业控制计算机及系统制造
		010105	信息安全设备制造	指用于保护网络和计算机中信息和数据安全的专用设备的制造，包括边界安全、通信安全、身份鉴别与访问控制、数据安全、基础平台、内容安全、评估审计与监控、安全应用设备等制造	3915 信息安全设备制造

---

① "★"为数字经济核心产业标识。

代码			名称	说明	国民经济行业代码及名称(2017)
大类	中类	小类			
		010106	其他计算机制造	指计算机应用电子设备(以中央处理器为核心,配以专业功能模块、外围设备等构成各行业应用领域专用的电子产品及设备,如金融电子、汽车电子、医疗电子、信息采集及识别设备、数字化3C产品等),以及其他未列明计算机设备的制造	3919 其他计算机制造
	0102		通信及雷达设备制造		
		010201	通信系统设备制造	指固定或移动通信接入、传输、交换设备等通信系统建设所需设备的制造	3921 通信系统设备制造
		010202	通信终端设备制造	指固定或移动通信终端设备的制造	3922 通信终端设备制造
		010203	雷达及配套设备制造	指雷达整机及雷达配套产品的制造	3940 雷达及配套设备制造
	0103		数字媒体设备制造		
		010301	广播电视节目制作及发射设备制造	指广播电视节目制作、发射设备及器材的制造	3931 广播电视节目制作及发射设备制造
		010302	广播电视接收设备制造	指专业广播电视接收设备的制造。不包括家用广播电视接收设备的制造	3932 广播电视接收设备制造
		010303	广播电视专用配件制造	指专业用录像重放及其他配套的广播电视设备的制造。不包括家用广播电视装置的制造	3933 广播电视专用配件制造
		010304	专业音响设备制造	指广播电视、影剧院、各种场地等专业用音、音响设备及其他配套设备的制造	3934 专业音响设备制造
		010305	应用电视设备及其他广播电视设备制造	指应用电视设备、其他广播电视设备和器材的制造	3939 应用电视设备及其他广播电视设备制造
		010306	电视机制造	指非专业用电视机制造	3951 电视机制造
		010307	音响设备制造	指非专业用智能音响、无线电收音机、收录音机、唱机等音响设备的制造	3952 音响设备制造
		010308	影视录放设备制造	指非专业用智能机顶盒、录像机、摄像机、激光视盘机等影视设备整机及零部件的制造,包括教学用影视设备的制造。不包括广播电视等专业影视设备的制造	3953 影视录放设备制造
	0104		智能设备制造		
		010401	工业机器人制造	指用于工业自动化领域的工业机器人的制造,如焊接专用机器人、喷涂机器人、工厂用物流机器人、机械式遥控操作装置(遥控机械手)等	3491 工业机器人制造

代码			名称	说明	国民经济行业代码及名称（2017）
大类	中类	小类			
		010402	特殊作业机器人制造	指用于特殊性作业的机器人的制造，如水下、危险环境、高空作业、国防、科考、特殊搬运、农业等特殊作业机器人	3492 特殊作业机器人制造
		010403	智能照明器具制造	指利用计算机、无线通信数据传输、扩频电力载波通信技术、计算机智能化信息处理及节能型电器控制等技术组成的分布式无线遥测、遥控、遥讯控制系统，具有灯光亮度的强弱调节、灯光软启动、定时控制、场景设置等功能的照明器具的制造	3874 智能照明器具制造
		010404	可穿戴智能设备制造	指由用户穿戴和控制，并且自然、持续地运行和交互的个人移动计算设备产品的制造，包括可穿戴运动监测设备的制造	3961 可穿戴智能设备制造
		010405	智能车载设备制造	指包含具备汽车车联网、自动驾驶、车内及车际通信、智能交通基础设施通信等功能要素，融合了传感器、雷达、卫星定位、导航、人工智能等技术，使汽车具备智能环境感知能力，自动分析汽车行驶的安全及危险状态目的的车载终端产品及相关配套设备的制造	3962 智能车载设备制造
		010406	智能无人飞行器制造	指按照国家有关安全规定标准，经允许生产并主要用于娱乐、科普等领域的智能无人飞行器的制造	3963 智能无人飞行器制造
		010407	服务消费机器人制造	指除工业和特殊作业以外的各种机器人的制造，包括用于个人、家庭及商业服务类机器人，如家务机器人、餐饮用机器人、宾馆用机器人、销售用机器人、娱乐机器人、助老助残机器人、医疗机器人、清洁机器人等	3964 服务消费机器人制造
		010408	其他智能消费设备制造	指其他未列明的智能消费设备的制造	3969 其他智能消费设备制造
	0105		电子元器件及设备制造		
		010501	半导体器件专用设备制造	指生产集成电路、二极管（含发光二极管）、三极管、太阳能电池片的设备的制造	3562 半导体器件专用设备制造
		010502	电子元器件与机电组件设备制造	指生产电容、电阻、电感、印制电路板、电声元件、锂离子电池等电子元器件与机电组件的设备的制造	3563 电子元器件与机电组件设备制造
		010503	电力电子元器件制造	指用于电能变换和控制（从而实现运动控制）的电子元器件的制造	3824 电力电子元器件制造
		010504	光伏设备及元器件制造	指太阳能组件（太阳能电池）、控制设备及其他太阳能设备和元器件制造。不包括太阳能用蓄电池制造	3825 光伏设备及元器件制造

代码			名称	说明	国民经济行业代码及名称（2017）
大类	中类	小类			
		010505	电气信号设备装置制造	指交通运输工具（如机动车、船舶、铁道车辆等）专用信号装置及各种电气音响或视觉报警、警告、指示装置的制造，以及其他电气声像信号装置的制造	3891 电气信号设备装置制造
		010506	电子真空器件制造	指电子热离子管、冷阴极管或光电阴极管或其他真空电子器件，以及电子管零件的制造	3971 电子真空器件制造
		010507	半导体分立器件制造	指各类半导体分立器件的制造	3972 半导体分立器件制造
		010508	集成电路制造	指单片集成电路、混合式集成电路的制造	3973 集成电路制造
		010509	显示器件制造	指基于电子手段呈现信息供视觉感受的器件及模组的制造，包括薄膜晶体管液晶显示器件（TN/STN－LCD、TFT－LCD）、场发射显示器件（FED）、真空荧光显示器件（VFD）、有机发光二极管显示器件（OLED）、等离子显示器件（PDP）、发光二极管显示器件（LED）、曲面显示器件以及柔性显示器件等	3974 显示器件制造
		010510	半导体照明器件制造	指用于半导体照明的发光二极管（LED）、有机发光二极管（OLED）等器件的制造	3975 半导体照明器件制造
		010511	光电子器件制造	指利用半导体光—电子（或电—光子）转换效应制成的各种功能器件的制造	3976 光电子器件制造
		010512	电阻电容电感元件制造	指电容器（包括超级电容器）、电阻器、电位器、电感器件、电子变压器件的制造	3981 电阻电容电感元件制造
		010513	电子电路制造	指在绝缘基材上采用印制工艺形成电气电子连接电路，以及附有无源与有源元件的制造，包括印刷电路板及附有元器件构成电子电路功能组合件	3982 电子电路制造
		010514	敏感元件及传感器制造	指按一定规律，将感受到的信息转换成为电信号或其他所需形式的信息输出的敏感元件及传感器的制造	3983 敏感元件及传感器制造
		010515	电声器件及零件制造	指扬声器、送受话器、耳机、音箱等器件及零件的制造	3984 电声器件及零件制造
		010516	电子专用材料制造	指用于电子元器件、组件及系统制备的专用电子功能材料、互联与封装材料、工艺及辅助材料的制造，包括半导体材料、光电子材料、磁性材料、锂电池材料、电子陶瓷材料、覆铜板及铜箔材料、电子化工材料等	3985 电子专用材料制造

代码			名称	说明	国民经济行业代码及名称（2017）
大类	中类	小类			
		010517	其他元器件及设备制造	指其他未列明的电子器件、电子元件、电子设备的制造	3979 其他电子器件制造 3989 其他电子元件制造 3990 其他电子设备制造
	0106		**其他数字产品制造业**		
		010601	记录媒介复制	指将母带、母盘上的信息进行批量翻录的生产活动	2330 记录媒介复制
		010602	电子游戏游艺设备制造	指主要安装在室内游乐场所的电子游乐设备的制造，包括电子游戏机等	2462*游艺用品及室内游艺器材制造
		010603	信息化学品制造	指电影、照相、幻灯、投影、医学和其他生产用感光材料、冲洗套药、磁、光记录材料，光纤维通信用辅助材料，及其专用化学制剂的制造	2664 文化用信息化学品制造 2665 医学生产用信息化学品制造
		010604	计算器及货币专用设备制造	指金融、商业、交通及办公等使用的电子计算器、具有计算功能的数据记录、重现和显示机器的制造，以及货币专用设备及类似机械的制造	3475 计算器及货币专用设备制造
		010605	增材制造装备制造	指以增材制造（3D打印）技术进行加工的设备制造和零部件制造	3493 增材制造装备制造
		010606	专用电线、电缆制造	指在声音、文字、图像等信息传播方面所使用的电线电缆的制造	3831*电线、电缆制造
		010607	光纤制造	指将电的信号变成光的信号，进行声音、文字、图像等信息传输的光纤的制造	3832 光纤制造
		010608	光缆制造	指利用置于包覆套中的一根或多根光纤作为传输媒质并可以单独或成组使用的光缆的制造	3833 光缆制造
		010609	工业自动控制系统装置制造	指用于连续或断续生产制造过程中，测量和控制生产制造过程的温度、压力、流量、物位等变量或者物体位置、倾斜、旋转等参数的工业用计算机控制系统、检测仪表、执行机构和装置的制造	4011 工业自动控制系统装置制造
★02			**数字产品服务业**		
	0201		**数字产品批发**		
		020101	计算机、软件及辅助设备批发	指各类计算机、软件及辅助设备的批发和进出口活动	5176 计算机、软件及辅助设备批发
		020102	通信设备批发	指各类电信设备的批发和进出口活动	5177 通信设备批发
		020103	广播影视设备批发	指各类广播影视设备的批发和进出口活动	5178 广播影视设备批发
	0202		**数字产品零售**		
		020201	计算机、软件及辅助设备零售	指各类计算机、软件及辅助设备的零售活动	5273 计算机、软件及辅助设备零售

代码			名称	说明	国民经济行业 代码及名称（2017）
大类	中类	小类			
		020202	通信设备零售	指各类电信设备的零售活动	5274 通信设备零售
		020203	音像制品、电子和数字出版物零售	指各类音像制品及电子出版物的零售活动	5244 音像制品、电子和数字出版物零售
	0203		数字产品租赁		
		020301	计算机及通信设备经营租赁	指各类计算机、通信设备的租赁活动	7114 计算机及通信设备经营租赁
		020302	音像制品出租	指各种音像制品的出租活动	7125 音像制品出租
	0204		数字产品维修		
		020401	计算机和辅助设备修理	指各类计算机和辅助设备的修理活动	8121 计算机和辅助设备修理
		020402	通信设备修理	指电话机、传真机和手机等通信设备的修理活动	8122 通信设备修理
	0205	020500	其他数字产品服务业	指其他未列明数字产品服务业	
★03			数字技术应用业		
	0301		软件开发		
		030101	基础软件开发	指能够对硬件资源进行调度和管理、为应用软件提供运行支撑的软件的开发活动，包括操作系统、数据库、中间件、各类固件等	6511 基础软件开发
		030102	支撑软件开发	指软件开发过程中使用到的支撑软件开发的工具和集成环境、测试工具软件等的开发活动	6512 支撑软件开发
		030103	应用软件开发	指独立销售的面向应用需求和解决方案等软件的开发活动，包括通用软件、工业软件、行业软件、嵌入式应用软件等	6513 应用软件开发
		030104	其他软件开发	指其他未列明软件的开发活动，如平台软件、信息安全软件等	6519 其他软件开发
	0302		电信、广播电视和卫星传输服务		
		030201	电信	指利用有线、无线的电磁系统或者光电系统，传送、发射或者接收语音、文字、数据、图像、视频以及其他任何形式信息的活动	6311 固定电信服务 6312 移动电信服务 6319 其他电信服务
		030202	广播电视传输服务	指利用有线广播电视网络及其信息传输分发交换接入服务和信号，以及利用无线广播电视传输覆盖网及其信息传输分发交换服务信号的传输服务	6321 有线广播电视传输服务 6322 无线广播电视传输服务
		030203	卫星传输服务	指利用卫星提供通信传输和广播电视传输服务，以及导航、定位、测绘、气象、地质勘查、空间信息等应用服务的活动	6331 广播电视卫星传输服务 6339 其他卫星传输服务
	0303		互联网相关服务		

代码			名称	说明	国民经济行业代码及名称（2017）
大类	中类	小类			
		030301	互联网接入及相关服务	指除基础电信运营商外，基于基础传输网络，为存储数据、数据处理及相关活动提供接入互联网的有关应用设施的服务活动	6410 互联网接入及相关服务
		030302	互联网搜索服务	指利用互联网查找、检索存储在其他站点上的信息的服务活动	6421 互联网搜索服务
		030303	互联网游戏服务	指各种互联网游戏服务活动，包括在线网络游戏、互联网电子竞技服务等	6422 互联网游戏服务
		030304	互联网资讯服务	指除基础电信运营商外，通过互联网提供网上新闻、网上新媒体、网上信息发布等信息服务的活动	8610＊新闻业 6429＊互联网其他信息服务
		030305	互联网安全服务	指各种互联网安全服务活动，包括网络安全集成服务、网络安全运维服务、网络安全灾备服务、网络安全监测和应急服务、网络安全认证检测服务、网络安全风险评估服务、网络安全咨询服务、网络安全培训服务等	6440 互联网安全服务
		030306	互联网数据服务	指以互联网技术为基础的大数据处理、云存储、云计算、云加工、区块链等服务活动	6450 互联网数据服务
		030307	其他互联网相关服务	指除基础电信运营商外，通过互联网提供网上音乐、网上视频、网上表演（直播）、网络动漫、网络艺术品等信息服务的活动，以及物联网服务、互联网资源写作服务、基于 IPv6 技术提供的网络平台服务等未列明的互联网服务活动。不包括互联网支付、互联网基金销售、互联网保险、互联网信托和互联网消费金融等互联网信息服务	6429＊互联网其他信息服务 6490 其他互联网服务
0304			**信息技术服务**		
		030401	集成电路设计	指企业开展的集成电路功能研发、设计等服务活动	6520 集成电路设计
		030402	信息系统集成服务	指基于需方业务需求进行的信息系统需求分析和系统设计，并通过结构化的综合布缆系统、计算机网络技术和软件技术，将各个分离的设备、功能和信息等集成到相互关联的、统一和协调的系统之中，以及为信息系统的正常运行提供支持的服务活动	6531 信息系统集成服务
		030403	物联网技术服务	指提供各种物联网技术支持的服务活动，包括物联网信息感知技术服务、物联网信息传感技术服务、物联网数据通信技术服务、物联网信息处理技术服务、物联网信息安全技术服务等	6532 物联网技术服务

代码			名称	说明	国民经济行业代码及名称（2017）
大类	中类	小类			
		030404	运行维护服务	指各种运行维护服务活动，包括基础环境运行维护、网络运行维护、软件运行维护、硬件运行维护、局域网安装调试服务、局域网维护服务以及其他运行维护服务、网络技术支持服务等	6540 运行维护服务
		030405	信息处理和存储支持服务	指供方向需方提供的信息和数据的分析、整理、计算、编辑、存储等加工处理服务，以及应用软件、信息系统基础设施等租用服务，包括在线企业资源规划（ERP）、在线杀毒、服务器托管、虚拟主机等	6550 信息处理和存储支持服务
		030406	信息技术咨询服务	指在信息资源开发利用、工程建设、人员培训、管理体系建设、技术支撑等方面向需方提供的管理或技术咨询评估服务活动，包括信息化规划、信息技术管理咨询、信息系统工程监理、测试评估、信息技术培训等	6560 信息技术咨询服务
		030407	地理遥感信息及测绘地理信息服务	指各类地理遥感信息服务活动和遥感测绘服务活动，包括互联网地图服务软件、地理信息系统软件、测绘软件、遥感软件、导航与位置服务软件、地图制图软件等地理遥感信息服务，以及卫星定位测量、导航定位服务等遥感测绘服务	6571 地理遥感信息服务 7441 遥感测绘服务 7449 其他测绘地理信息服务
		030408	动漫、游戏及其他数字内容服务	指将动漫和游戏中的图片、文字、视频、音频等信息内容运用数字化技术进行加工、处理、制作并整合应用的服务活动，以及数字文化、数字体育等其他数字内容服务	6572 动漫、游戏数字内容服务 6579 其他数字内容服务
		030409	其他信息技术服务业	指其他上述未列明的信息技术服务业，包括电信呼叫服务、电话信息服务、计算机使用服务等	6591 呼叫中心 6599 其他未列明信息技术服务业
	0305		**其他数字技术应用业**		
		030501	三维（3D）打印技术推广服务	指各类三维（3D）打印技术推广服务活动，包括3D打印服务、3D打印技术推广等	7517 三维（3D）打印技术推广服务
		030502	其他未列明数字技术应用业	指其他未列明的数字技术应用业	
★04			**数字要素驱动业**		
	0401		**互联网平台**		
		040101	互联网生产服务平台	指专门为生产服务提供第三方服务平台的互联网活动，包括工业互联网平台、互联网大宗商品交易平台、互联网货物运输平台等	6431 互联网生产服务平台

代码			名称	说明	国民经济行业代码及名称（2017）
大类	中类	小类			
		040102	互联网生活服务平台	指专门为居民生活服务提供第三方服务平台的互联网活动，包括互联网销售平台、互联网约车服务平台、在线旅游经营服务平台、互联网体育平台、互联网教育平台、互联网社交平台等	6432 互联网生活服务平台
		040103	互联网科技创新平台	指专门为科技创新、创业等提供第三方服务平台的互联网活动，包括网络众创平台、网络众包平台、网络众扶平台、技术创新网络平台、科技成果网络推广平台、知识产权交易平台、开源社区平台等	6433 互联网科技创新平台
		040104	互联网公共服务平台	指专门为公共服务提供第三方服务平台的互联网活动，包括互联网政务平台、互联网公共安全服务平台、互联网环境保护平台、互联网数据平台等	6434 互联网公共服务平台
		040105	其他互联网平台	指其他未列明的互联网平台	6439 其他互联网平台
	0402		互联网批发零售		
		040201	互联网批发	指批发商主要通过互联网电子商务平台开展的商品批发活动	5193 互联网批发
		040202	互联网零售	指零售商通过电子商务平台开展的零售活动。不包括仅提供网络支付的活动，以及仅建立或提供网络交易平台和接入的活动	5292 互联网零售
	0403		互联网金融		
		040301	网络借贷服务	指依法成立，专门从事网络借贷信息中介业务活动的金融信息中介公司通过互联网平台实现的直接借贷活动	6637 网络借贷服务
		040302	非金融机构支付服务	指非金融机构在收付款人之间作为中介机构提供的货币资金转移服务，包括第三方支付机构从事的互联网支付、预付卡的发行与受理、银行卡收单以及中国人民银行确定的其他支付等服务	6930 非金融机构支付服务
		040303	金融信息服务	指向从事金融分析、金融交易、金融决策或者其他金融活动的用户提供可能影响金融市场的信息（或者金融数据）的服务，包括征信机构服务	6940 金融信息服务
	0404		数字内容与媒体		
		040401	广播	指广播节目的现场制作、播放及其他相关活动，包括互联网广播	8710 广播
		040402	电视	指有线和无线电视节目的现场制作、播放及其他相关活动，包括互联网电视	8720 电视
		040403	影视节目制作	指电影、电视、录像（含以磁带、光盘为载体）和网络节目的制作活动，以及影视节目的后期制作。不包括电视台制作节目的活动	8730 影视节目制作

表（续）

代码			名称	说明	国民经济行业代码及名称（2017）
大类	中类	小类			
		040404	广播电视集成播控	指交互式网络电视（IPTV）、手机电视、互联网电视（OTT）等专网及定向传播视听节目服务的集成播控活动	8740 广播电视集成播控
		040405	电影和广播电视节目发行	指电影和影视节目的发行活动。不包括录像制品（以磁带、光盘为载体）的发行	8750 电影和广播电视节目发行
		040406	电影放映	指专业电影院以及设在娱乐场所独立（或相对独立）的电影放映等活动	8760 电影放映
		040407	录音制作	指可以在广播电台播放，或者制作成出版、销售的原版录音带（磁带或光盘），或者在其他宣传场合播放的录音节目的制作活动。不包括广播电台制作节目的活动	8770 录音制作
		040408	数字内容出版	指各类录音制品、电子出版物，以及利用数字技术进行内容编辑加工、并通过网络传播数字内容产品的出版服务	8624 音像制品出版 8625 电子出版物出版 8626 数字出版
		040409	数字广告	指在互联网平台投放，以广告横幅、文本链接、多媒体等形式，为外部客户提供宣传推广服务的活动	7251 互联网广告服务
	0405		信息基础设施建设		
		040501	网络基础设施建设	指光缆、微波、卫星、移动通信、工业互联网、物联网、5G等网络基础设施的建设活动	4851* 架线及设备工程建筑 4910* 电气安装
		040502	新技术基础设施建设	指人工智能、云计算、区块链等新技术基础设施的建设活动	4851* 架线及设备工程建筑 4910* 电气安装
		040503	算力基础设施建设	指以数据服务器、运算中心、数据存储阵列等为核心，实现数据信息的计算、存储、传递、加速、展示等功能的数据中心、智能计算中心等算力基础设施的建设活动	4790* 其他房屋建筑业 4851* 架线及设备工程建筑 4910* 电气安装 4999* 其他建筑安装
		040504	其他信息基础设施建设	指上述未列明的其他信息基础设施的建设活动	
	0406	040600	数据资源与产权交易	指对数据资源与数字产权的交易活动	7213* 资源与产权交易服务
	0407		其他数字要素驱动业		
		040701	供应链管理服务	指基于现代信息技术对供应链中的物流、商流、信息流和资金流进行设计、规划、控制和优化，将单一、分散的订单管理、采购执行、报关退税、物流管理、资金融通、数据管理、贸易商务、结算等一体化整合的服务	7224 供应链管理服务

代码			名称	说明	国民经济行业代码及名称（2017）
大类	中类	小类			
		040702	安全系统监控服务	指各类安全系统监控服务活动，包括消防报警系统监控服务、治安报警系统监控服务、交通安全系统监控服务和其他安全系统监控服务。不包括公安部门的活动和消防部门的活动	7272 安全系统监控服务
		040703	数字技术研究和试验发展	指大数据、互联网、物联网、人工智能、VR/AR、边缘计算、异构计算、工业视觉算法等新兴计算关键技术，SDN（软件定义网络）、网络切片等关键技术研究应用，以及量子通信和其他数字技术的研发与试验发展活动	7320 * 工程和技术研究和试验发展
05			数字化效率提升业		
	0501		智慧农业		
		050101	数字化设施种植	指精准播种、智能温室等利用遥感、地理信息系统、全球定位系统、物联网、人工智能、大数据、云计算、无人机等现代信息技术和智能化设施，对土壤、地形、地貌、温度、湿度等农作物生长环境信息进行采集、分析，实现精准控制和监测的农作物种植及相关活动	01 * 农业
		050102	数字林业	指利用遥感、地理信息系统、全球定位系统、物联网、无人机等现代信息技术和智能化设施，对土壤、地形、地貌、气候、温度、湿度等林业生长环境信息进行采集、分析，实现自动化、智能化的林业及相关活动	02 * 林业
		050103	自动化养殖	指利用 RFID 射频识别、自动进食、人工智能、大数据、云计算等现代信息技术，实现自动化、智能化的畜牧业及相关活动，包括牲畜饲养、家禽饲养、水产养殖、畜禽粪污处理等活动	03 * 畜牧业 04 * 渔业
		050104	新技术育种	指应用数字化、信息化、智能化等手段开展的种子种苗培育、林木育种育苗、畜牧良种繁殖、鱼苗及育种场等活动	0211 * 林木育种 0212 * 林木育苗 0511 * 种子种苗培育活动 0531 * 畜牧良种繁殖活动 0541 * 鱼苗及鱼种场活动
		050105	其他智慧农业	指利用物联网、大数据、互联网等现代信息技术对农林牧渔业生产经营进行管理的活动	05 * 农、林、牧、渔专业及辅助性活动
	0502		智能制造		

代码			名称	说明	国民经济行业代码及名称（2017）
大类	中类	小类			
		050201	数字化通用、专用设备制造	指利用数字孪生、人工智能、5G、区块链、VR/AR、边缘计算、试验验证、仿真技术等技术和设备，在通用、专用设备领域开展的生产和制造活动，包括个性定制、柔性制造等新模式。不包括计算器及货币专用设备制造、工业机器人制造、特殊作业机器人制造、增材制造装备制造、半导体器件专用设备制造、电子元器件与机电组件设备制造	34*通用设备制造业 35*专用设备制造业
		050202	数字化运输设备制造	指利用数字孪生、人工智能、5G、区块链、VR/AR、边缘计算、试验验证、仿真技术等技术和设备，在交通运输设备领域开展的生产和制造活动	36*汽车制造业 37*铁路、船舶、航空航天和其他运输设备制造业
		050203	数字化电气机械、器材和仪器仪表制造	指利用数字孪生、人工智能、5G、区块链、VR/AR、边缘计算、试验验证、仿真技术等技术和设备，在电气机械和器材制造、仪器仪表领域开展的生产和制造活动。不包括电力电子元器件制造、光伏设备及元器件制造、专用电线电缆制造、光纤制造、光缆制造、智能照明器具制造、电气信号设备装置制造、工业自动控制系统装置制造	38*电气机械和器材制造业 40*仪器仪表制造业
		050204	其他智能制造	指利用数字孪生、人工智能、5G、区块链、VR/AR、边缘计算、试验验证、仿真技术等技术和设备，在上述未列明的制造行业开展的生产和制造活动	C*制造业
	0503		**智能交通**		
		050301	智能铁路运输	指借助数字化技术和互联网平台进行的铁路安全管理、调度指挥、行车组织、客运组织、货运组织，以及机车车辆、线桥隧涵、牵引供电、通信信号、信息系统的运用及维修养护等活动	53*铁路运输业
		050302	智能道路运输	指借助数字化技术和互联网平台进行的道路运输、经营及运输维护活动，包括公路智能管理、交通信号联动、公交优先通行控制、智慧停车场等	54*道路运输业
		050303	智能水上运输	指借助数字化技术和互联网平台进行的水上旅客运输、水上货物运输和水上运输辅助活动，包括智慧港口、数字航道等	55*水上运输业
		050304	智能航空运输	指借助数字化技术和互联网平台进行的航空客货运输、通用航空服务和航空运输辅助活动，包括智慧民航等	56*航空运输业

代码			名称	说明	国民经济行业代码及名称（2017）
大类	中类	小类			
		050305	其他智能交通	指借助数字化技术和互联网平台进行的海底管道运输和陆地管道运输活动，以及由两种及以上的交通工具相互衔接、转运而共同完成的货物复合运输活动以及与运输有关的代理及服务活动	57＊管道运输业 58＊多式联运和运输代理业
	0504		智慧物流		
		050401	智慧仓储	指以信息化技术为依托的装卸搬运、仓储服务	59＊装卸搬运和仓储业
		050402	智慧配送	指利用信息化技术开展的邮政、快递服务	60＊邮政业
	0505		数字金融		
		050501	银行金融服务	指银行提供的发放贷款、理财、监管等服务活动，包括中央银行服务、货币银行服务、非货币银行服务、银行理财服务和银行监管服务。不包括典当和网络借贷服务	66＊货币金融服务
		050502	数字资本市场服务	指借助数字化技术和互联网平台进行的资本融通与交易市场的服务，包括证券市场服务、公开募集证券投资基金、非公开募集证券投资基金、期货市场服务、证券期货监管服务、资本投资服务，以及上述未列明的其他资本市场服务	67＊资本市场服务
		050503	互联网保险	指保险机构依托互联网订立保险合同、提供保险服务的保险经营活动	68＊保险业
		050504	其他数字金融	指上述未列明的其他金融业。不包括非金融机构支付服务、金融信息服务	69＊其他金融业
	0506		数字商贸		
		050601	数字化批发	指在商品流通环节中有数字化技术适度参与的批发活动。不包括主要通过互联网电子商务平台开展的商品批发活动	51＊批发业
		050602	数字化零售	指在商品流通环节中有数字化技术适度参与的零售活动，包括无人店铺零售、新零售等。不包括主要通过互联网电子商务平台开展的商品零售活动	52＊零售业
		050603	数字化住宿	指利用信息化技术开展的高效、精准、便捷的现代住宿活动	61＊住宿业
		050604	数字化餐饮	指利用信息化技术开展的高效、精准、便捷的现代餐饮活动	62＊餐饮业
		050605	数字化租赁	指利用信息化技术开展的租赁活动。不包括计算机及通信设备经营租赁、音像制品出租	71＊租赁业

代码			名称	说明	国民经济行业代码及名称（2017）
大类	中类	小类			
		050606	数字化商务服务	指利用信息化技术开展的商务咨询与调查、票务代理服务、旅游、人力资源服务、会议展览及相关服务等活动。不包括资源与产权交易服务、供应链管理服务、互联网广告服务、安全系统监控服务	72＊商务服务业
	0507		数字社会		
		050701	智慧教育	指利用数字化技术和信息化平台进行内容传播和快速学习的活动，包括在线教育、在线培训、网络学院、网络教育和以在线学习等为主的互联网学校教育和职业技能培训等	83＊教育
		050702	智慧医疗	指利用数字化技术和信息化平台开展的医学检查检验影像，以及在线医疗、远程医疗等服务活动	84＊卫生
		050703	数字化社会工作	指利用数字化技术和信息化平台开展的慈善、救助、福利、护理、帮助等社会工作的活动	85＊社会工作
	0508		数字政府		
		050801	行政办公自动化	指各级行政机关应用现代信息技术、网络技术、计算机等进行的内部办公活动	S＊公共管理、社会保障和社会组织
		050802	网上税务办理	指税部门通过互联网提供的税收缴纳服务和管理活动	9221＊综合事务管理机构
		050803	互联网海关服务	指海关通过互联网进行的通关管理、关税征收等活动	9221＊综合事务管理机构
		050804	网上社会保障服务	指社会保障部门通过互联网提供的各种社会保障服务，包括基本保险、补充保险及其他基本保险等	94＊社会保障
		050805	其他数字政府	指其他未列明的电子政务活动	S＊公共管理、社会保障和社会组织
	0509		其他数字化效率提升业		
		050901	数字采矿	指利用工业机器人、大数据、物联网、云技术等技术和设备开展煤炭、石油和天然气的开采、洗选、采选、分级等生产活动	B＊采矿业
		050902	智能化电力、热力、燃气及水生产和供应	指将大数据、物联网、云技术等技术和设备应用到电力、热力、燃气及水生产、处理、利用或供应活动中，实现生产、处理、利用或供应过程可视化智能实时监控预警等功能的生产活动	D＊电力、热力、燃气及水生产和供应业
		050903	数字化建筑业	指利用BIM技术、云计算、大数据、物联网、人工智能、移动互联网等数字技术与传统建筑业的融合活动	E＊建筑业

代码			名称	说明	国民经济行业 代码及名称（2017）
大类	中类	小类			
		050904	互联网房地产业	指利用互联网进行的房地产中介服务、房地产租赁经营，以及上述未列明的其他互联网房地产业	K＊房地产业
		050905	专业技术服务业数字化	指利用信息化技术，通过大数据、云计算等技术手段进行的专业技术服务，包括气象服务、地震服务、海洋服务、环境与生态监测检测服务、地质勘查、工程技术与设计服务及其他专业技术服务。不包括工程和技术研究和试验发展、测绘地理信息服务、三维（3D）打印技术推广服务	M＊科学研究和技术服务业
		050906	数字化水利、环境和市政设施管理	指通过信息技术和网络手段实现的水利、环境和公共设施管理，包括水利管理、公共设施管理、土地管理、生态保护和环境治理活动	N＊水利、环境和公共设施管理业
		050907	互联网居民生活服务	指利用信息化技术，通过互联网联络、承接业务、签单、付款等提供的家庭服务、托儿所服务、洗染服务、理发及美容服务、洗浴和保健养生服务、摄影扩印服务、婚姻服务、殡葬服务、代购服务、代驾服务、机动车和日用品修理服务、清洁服务等居民服务业。不包括计算机和辅助设备修理、通信设备修理	O＊居民服务、修理和其他服务业
		050908	互联网文体娱乐业	指充分渗透数字化技术的文化体育和娱乐活动，包括数字博物馆、数字图书馆等利用数字化技术和信息化平台、借助数字化设备进行的文化艺术活动，专业从事体育比赛、训练、辅导和管理的组织所进行的活动，体育中介代理活动，以及各种形式的彩票活动。不包括新闻业、音像制品出版、电子出版物出版、数字出版	86＊新闻和出版业 88＊文化艺术业 89＊体育 90＊娱乐业

注：因数字经济是全新的经济形态，与《国民经济行业分类和代码（2017）》不是完全对应关系，故"＊"表示该行业及代码最为接近数字经济核心产业及代码，以体现两者之间的差异。